En la boca del lobo

LFR
La ficción real

En la boca del lobo

La historia jamás contada del hombre que derrotó al cártel de Cali

William C. Rempel

Traducción de
Adriana Delgado

Papel certificado por el Forest Stewardship Council®

Título original: *At the Devil's Table*

Primera edición: marzo de 2012
Segunda reimpresión: junio de 2025

© 2011, William C. Rempel
© 2011, de la presente edición en castellano para todo el mundo:
Penguin Random House Grupo Editorial, S. A. de C. V.
Blvd. Miguel de Cervantes Saavedra n. 301, 1er piso,
colonia Granada, delegación Miguel Hidalgo, C. P. 11520,
Ciudad de México
© 2012, Penguin Random House Grupo Editorial, S. A. U.
Travessera de Gràcia, 47-49. 08021 Barcelona
© 2011, Adriana Delgado, por la traducción

Penguin Random House Grupo Editorial apoya la protección de la propiedad intelectual. La propiedad intelectual estimula la creatividad, defiende la diversidad en el ámbito de las ideas y el conocimiento, promueve la libre expresión y favorece una cultura viva. Gracias por comprar una edición autorizada de este libro y por respetar las leyes de propiedad intelectual al no reproducir ni distribuir ninguna parte de esta obra por ningún medio sin permiso. Al hacerlo está respaldando a los autores y permitiendo que PRHGE continúe publicando libros para todos los lectores. De conformidad con lo dispuesto en el artículo 67.3 del Real Decreto Ley 24/2021, de 2 de noviembre, PRHGE se reserva expresamente los derechos de reproducción y de uso de esta obra y de todos sus elementos mediante medios de lectura mecánica y otros medios adecuados a tal fin. Diríjase a CEDRO (Centro Español de Derechos Reprográficos, http://www.cedro.org) si necesita reproducir algún fragmento de esta obra.
En caso de necesidad, contacte con: seguridadproductos@penguinrandomhouse.com

Printed in Spain – Impreso en España

ISBN: 978-84-9992-064-1
Depósito legal: B-3.977-2012

Compuesto en Fotocomposición 2000, S. A.
Impreso en Liber Digital, S. L.
Casarrubuelos (Madrid)

Para Bill y Dorothy

Índice

Prólogo: número equivocado 11

PRIMERA PARTE: LOS AÑOS DE GUERRA DEL CÁRTEL (1989-1993)

Seis años y medio antes.. 19
Un estruendo terrible 33
«El Doctor» y los Caballeros 41
Bienvenido al cártel 49
Objetivo: Pablo 58
Prisionero de la niebla 68
Maternidad y ley marcial 76
La bruja sabe más 82
¿A cuántos ha matado? 90
Al servicio secreto del cártel 96
Te presento a tu rival... 105
La trampa del Dragonfly 113
Pásenme un tenedor... 122
En el mercado negro 129
El lado oscuro 139
Acechanzas.. 146
Un intento con el FBI 150
Demasiado profundo 158

SEGUNDA PARTE: EL HOMBRE DEL CÁRTEL (1993-1995)

Cadena perpetua.. 167
Los nuevos tratos 170

Todo menos heroico 176
Un hombre honesto 186
Sexo, espías y cintas de vídeo 196
La cuenta del «Buitre» 206
Se llamaba Emilia 216
Los chicos nuevos del barrio 227
El límite 239

TERCERA PARTE: LOS ÚLTIMOS DÍAS (MEDIADOS DE 1995)

Más del número equivocado 251
El ajetreado día de un sicario 254
El Dorado en un escritorio 263
El amor en tiempos de crisis 271
¿Quién es Pallomari? 278
Ya vienen 287
Por favor, no se vayan 296
Soy hombre muerto 309
Muy extraño 315
Los caballeros homosexuales 328
¡Adelante! 338
El ascenso del hijo 348
Azuzar al asesino 356
Un funeral de fin de semana 365
Sabemos lo que están haciendo 375
El hombre que solía ser 384

TRASFONDO: HISTORIAS DETRÁS DE LA HISTORIA

Jorge y yo 391

Epílogo: Conclusiones 399
Agradecimientos 411
Fuentes 413

Prólogo: número equivocado

Washington, D.C.
Lunes, 12 de junio de 1995

Una tardía tormenta de primavera había tornado gris y húmeda la capital de Estados Unidos. Al mediodía, las calles estaban tan oscuras bajo el cielo denso y plomizo que los conductores encendían las luces de sus coches. Pero en la Avenida C el sol brillaba en un rincón del Departamento de Estado, en la oficina del subsecretario para Asuntos Internacionales de Narcóticos y Cumplimiento de la Ley, a la que sus ocupantes se referían cariñosamente como la oficina del «secretario para drogas y rufianes». El personal a cargo del embajador Robert S. Gelbard estaba celebrando la noticia de que agentes antinarcóticos de Colombia y Estados Unidos acababan de capturar a uno de los peces gordos del cártel de Cali. Después de meses de interminables galanteos, exhortaciones e intimidaciones por parte de Gelbard, finalmente el gobierno colombiano había logrado apresar a un reconocido traficante que estaba en la mira hacía tiempo. En realidad, el golpe no era tan importante para la empresa criminal más rica del mundo. El jefe de jefes, la cabeza del cártel, seguía libre y, al parecer, bajo la protección de las fuerzas políticas más poderosas de Colombia. Sin embargo, Gelbard y su gente se atrevían a confiar en que era posible desmantelar la poderosa corporación caleña.

Al otro lado del río Potomac, en Langley, Virginia, una telefonista contestaba una llamada alrededor de la una y media de la tarde.

—Agencia Central de Inteligencia —dijo amablemente.

—Hola, sí. Perdone mi inglés —contestó en perfecto inglés una voz con marcado acento latino—. Llamo desde Colombia; tengo información importante sobre el cártel de las drogas de Cali... sobre el jefe del cártel. Sé dónde está.

—Sí, señor. ¿Con quién quiere que lo comunique?

—Pues, su agencia tiene gente acá, tratando de localizar a este hombre. Quiero ayudarles.

—Gracias, señor. ¿Con quién quiere que lo comunique?

Después de una larga pausa, el hombre dijo que no conocía a nadie en la CIA,* pero que gustosamente hablaría con cualquier persona que estuviera interesada en capturar a Miguel Rodríguez Orejuela, el padrino del negocio de la cocaína en Colombia. La telefonista no pareció ni escéptica ni impresionada. Sólo le pidió al hombre, con la misma amabilidad, que le dijera específicamente con que oficina, persona o extensión quería comunicarse. Él la presionó:

—¿Tienen un número de fax?

—Lo siento.

—¿Tienen un teléfono para recibir información de fuentes anónimas?

—No, lo siento. Tal vez usted pueda volver a llamar después.

Unos cuatro mil kilómetros al sur, el hombre que acababa de llamar a la CIA colgó un auricular negro. Era alto, de pelo oscuro y barba cuidadosamente arreglada. Su atuendo elegante pero informal, tan característico del trópico, no decía mucho sobre su proce-

---

* Central Intelligence Agency, Agencia Central de Inteligencia. *(N. de la T.)*

dencia. Para la gente que estaba en ese momento en el concurrido edificio de Telecom,* en el centro de la ciudad, bien habría podido pasar por un profesor universitario de mediana edad, un juez en su tiempo de descanso o el vicepresidente de un banco.

Se quedó unos momentos en la privacidad que le proporcionaba la cabina telefónica insonorizada. Todavía le temblaban las manos. Había arriesgado su vida por hacer esa llamada. Inhaló lenta y profundamente y repasó en su cabeza la conversación. Parecía absurda, hasta que se dio cuenta de que la telefonista no era una inepta; era su labor filtrar las llamadas. Él no era más que otro loco llamando, un pesado. Y tal vez, en realidad, había perdido la razón.

Si Miguel y los otros jefes del cártel de Cali llegaban siquiera a sospechar que él había llamado a la CIA, era hombre muerto. Sin juicio, sin defensa; solo unas cuantas balas directamente a la cabeza... si tenía suerte. Había peores maneras de morir; le había tocado ver algunas de cerca. Pero esa tarde de mediados de junio sabía lo que hacía. Estaba desesperado, pero no loco.

Tenía cuarenta y siete años, era un padre de familia, y durante los últimos seis años y medio había sido la mano derecha de uno de los jefes criminales más poderosos y despiadados del mundo. Pero ahora quería salirse del cártel..., salirse de una empresa que no toleraba el retiro ni la renuncia de sus empleados.

Al salir de la cabina, miró atentamente a su alrededor en busca de algún rostro familiar; tenía una excusa preparada para explicar por qué estaba en Telecom. Después de todo, había teléfonos del cártel cerca de allí. Pero esos no le servían: todos estaban intervenidos. Sabía mejor que nadie que en Cali no había ningún teléfono privado que en realidad lo fuera.

El hombre salió a los treinta grados de la húmeda tarde caleña. Al otro lado de la calle estaba ubicada la iglesia de San Fran-

---

* Empresa colombiana de telecomunicaciones. *(N. de la T.)*

cisco —una de las atracciones de la ciudad—, construida con ladrillo en el siglo XVIII, con su distintivo campanario de estilo mudéjar. Cruzó la calle, entró a la fría y poco iluminada nave principal y se dirigió al altar. Tenía que pensar su próximo movimiento. No le había confiado a nadie su plan desesperado de hacer caer al jefe del cártel; ni siquiera a su esposa, a pesar de que la estaba poniendo en grave peligro, lo mismo que a sus hijos. Se dijo que ella preferiría no saber, que se sentiría aterrorizada y, peor aún, que probablemente no sería capaz de disimular su miedo. Tendría que esconderle la verdad para protegerla, para protegerlos a todos. Nunca se había sentido tan solo.

Aparte del Padre, del Hijo y de la Madre Santísima, a quienes solía rezar, el hombre que esa tarde cayó de rodillas frente al altar de la iglesia de San Francisco no confiaba en nadie más que en la CIA... pero ni siquiera había conseguido ir más allá de la telefonista de Langley.

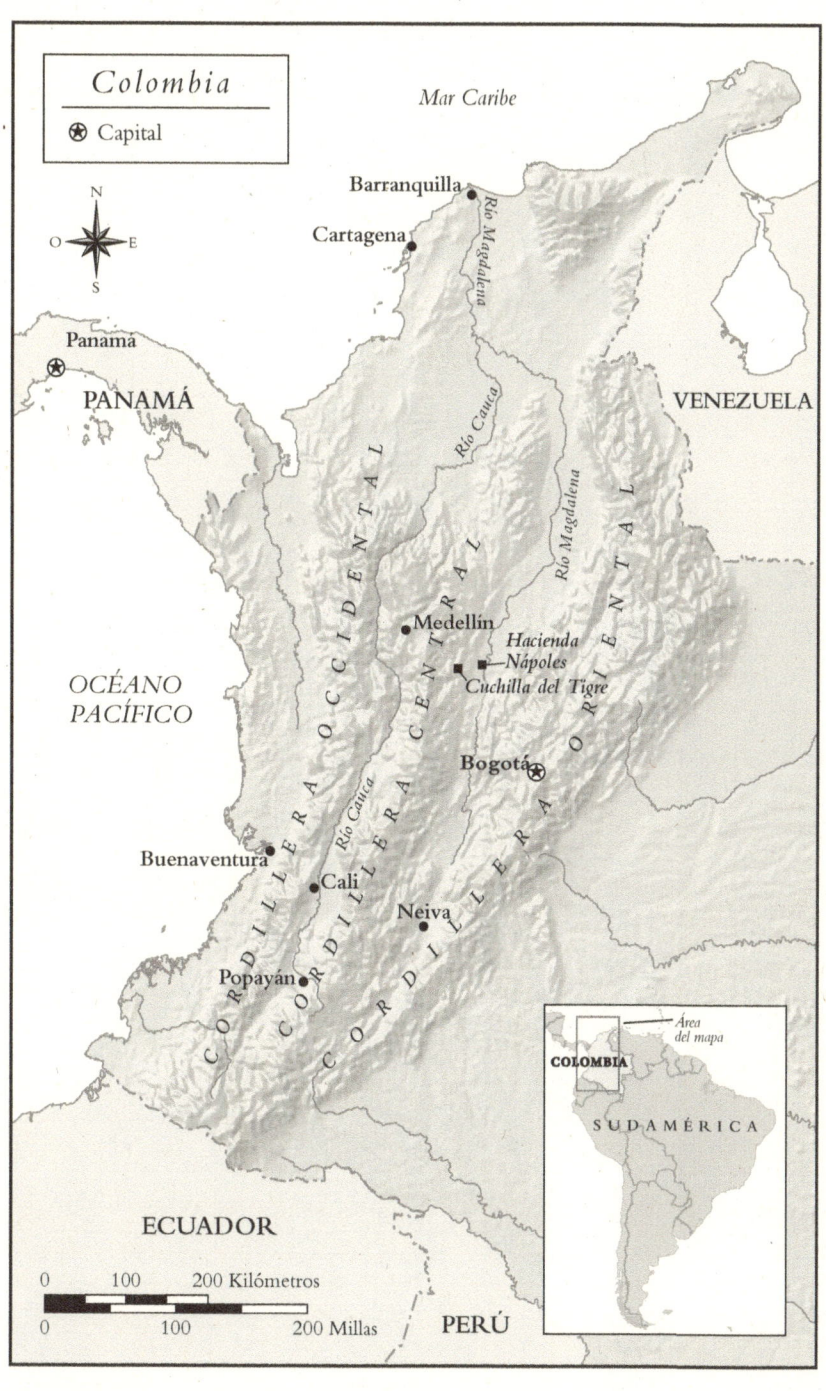

PRIMERA PARTE

LOS AÑOS DE GUERRA DEL CÁRTEL

(1989-1993)

Seis años y medio antes

Bogotá, Colombia
Mediados de enero de 1989

Jorge Salcedo guardó su equipaje de mano en el compartimento superior y se dejó caer en una de las sillas de la ventana de un viejo Boeing 727. Era un vuelo de Bogotá a Cali, a primera hora de la mañana, y él viajaba sin muchas ganas. Además de lo inconveniente de la hora, el hombre de negocios de cuarenta y un años no podía darse el lujo de quitarle tiempo a su empresa más reciente: el desarrollo de una pequeña refinería para reciclar aceite de motor usado. El proyecto llevaba retrasado y ahí estaba él, en un viaje misterioso. No sabía para qué volaba a Cali. De hecho, no había sabido su lugar de destino hasta el momento en que había llegado al aeropuerto El Dorado, una hora antes.

—Jorge, tienes que venir conmigo. Unas personas quieren conocerte —le había dicho enfáticamente su amigo Mario por teléfono.

También le había dicho que cogiera una muda y sus cosas de aseo. Después había colgado. Y ahora iban juntos en el avión.

—¿De qué se trata, Mario? —Jorge no pudo disimular su impaciencia al dirigirse a su amigo, que se había sentado en el asiento del pasillo—. ¿Qué estamos haciendo aquí?

Como Jorge, Mario tenía algo más de cuarenta años. Atlético e impecable, mostraba gran confianza en sí mismo. Incluso con su atuendo informal de civil, tenía un aire militar, como si fuera un actor en una audición. Pero Mario del Basto, mayor del ejército recientemente retirado, era un auténtico soldado con muchas condecoraciones.

—Hablaremos después del despegue —le aseguró a Jorge, e hizo una señal con la cabeza a unos hombres que todavía estaban de pie en el pasillo.

Jorge siempre había confiado en Mario. Se habían hecho buenos amigos poco tiempo después de que Jorge se alistara en la reserva del ejército, en 1984. Mario, un oficial del ejército en servicio regular, se había convertido en el comandante en jefe de la unidad de reserva a la que pertenecía Jorge, con base en Cali. El mayor confiaba en él como oficial de inteligencia con valiosas habilidades para el manejo de armamento, vigilancia electrónica, radiofrecuencia y fotografía.

La reserva del ejército era un trabajo voluntario y no remunerado, pero le permitía a Jorge probar algo de la carrera militar, como su padre, el general Jorge Salcedo. Este había sido considerado para ocupar el cargo de comandante general de las fuerzas militares de Colombia y seguía siendo una figura pública importante casi veinticinco años después de su retiro, ocurrido a mediados de los sesenta.

Jorge veía características de su padre en el mayor Del Basto: ambos eran oficiales de carrera militar, sus respectivos uniformes estaban colmados de medallas al valor y los dos tenían una amplia experiencia en la lucha contraguerrillera.

Ser hijo de un general le había dado a Jorge muchas ventajas, entre ellas seguridad financiera, respetabilidad social y múltiples oportunidades de viajar, incluyendo una larga temporada en Estados Unidos, mientras su padre estaba de comisión en Kansas. También había influido su visión de grupos guerrilleros como las Fuerzas Armadas Revolucionarias de Colombia (FARC), contra los que su padre tanto había luchado. Jorge veía a los guerrilleros como terroristas sin remedio y había llegado a compartir la frustración que se apoderaba de las fuerzas militares respecto de los diálogos de paz aprobados por el gobierno, por considerar que solo servían para que las guerrillas se reagruparan y se reabastecieran. «El gobierno es demasiado permisivo», le había dicho Mario, quejándose.

Incluso para un héroe militar como el mayor Del Basto, ese tipo de críticas a la supremacía del poder civil podían ser peligrosas. Por esa razón solo expresaba sus opiniones ante amigos cercanos cuando no podía seguir conteniendo la rabia. A finales de 1988 rechazó el ascenso a coronel, renunció al ejército y criticó fuertemente al presidente Virgilio Barco por su mano blanda con las FARC. Entonces desapareció. Jorge no había sabido nada de él durante varios días, hasta la misteriosa llamada que lo había llevado a abordar ese vuelo de Avianca.

—Vamos a reunirnos con unos tipos de Cali —empezó a decir Mario unos momentos después de que el avión despegara, reclinado sobre el asiento vacío que lo separaba de Jorge. El ruido del motor protegía su privacidad.

—¿Los conozco?

—Es posible. Son empresarios importantes de la región.

Jorge había vivido en Cali de niño, cuando su padre desempeñaba el cargo de comandante de la brigada militar con sede en esa ciudad. Había vuelto a vivir allí a principios de la década de los ochenta, trabajando como ingeniero en una fábrica de baterías —de la cual era socio— ubicada en las afueras de la ciudad, la tercera más grande de Colombia.

—Lo que puedo decirte —continuó Mario— es que estas personas tienen problemas con Pablo Escobar, que les está poniendo bombas en sus negocios y está amenazando a sus familias... Es una situación terrible.

De inmediato, la expresión de Jorge se endureció:

—No me digas... ¿Vamos a reunirnos con la gente del cártel de Cali?

En enero de 1989, todos los colombianos estaban al tanto de la lucha violenta entre el cártel de Medellín, de Pablo Escobar, y sus rivales de Cali. A lo largo de casi un año, los titulares anunciaban estremecedores relatos de bombas, desmembramientos y masacres. El número de inocentes muertos iba en aumento. Al igual que la mayoría de sus amigos y conocidos, civiles y militares, Jorge repudiaba y temía a Pablo Escobar. «El Patrón», como solía llamársele, le había declarado la guerra al gobierno colombiano con la intención de que derogara el tratado de extradición con Estados Unidos. Sus sicarios asesinaban a funcionarios públicos, policías, investigadores criminales y jueces. Una pérdida particularmente cercana a Jorge había sido el asesinato de uno de sus amigos de la infancia, el popular ministro de Justicia, Rodrigo Lara Bonilla, a manos de asesinos del cártel de Medellín.

Jorge no conocía mucho sobre los rivales caleños de Escobar, apenas su reputación. Se decía que no eran tan violentos; al menos no mataban a personajes públicos. De hecho, a estos capos del sur se les conocía comúnmente como los «Caballeros de Cali». Sin embargo, nunca había considerado la posibilidad de tomar partido. La guerra entre los cárteles no tenía nada que ver con él.

—Debiste habérmelo contado —dijo—. Es posible que yo no quisiera reunirme con ellos.

—Pero ellos quieren reunirse contigo —le respondió Mario, encogiéndose de hombros.

Jorge sacudió la cabeza, desconcertado. Una gran empresa del crimen organizado quería conocerlo. ¿Por qué? Mario miró a su alrededor para asegurarse de que nadie estaba escuchando, y continuó.

Le contó a Jorge que poco después de renunciar al ejército lo habían llamado de Cali y le habían ofrecido el cargo de jefe de seguridad de la familia Rodríguez Orejuela. Él reconoció los apellidos. Eran dueños de una cadena de droguerías de descuento con sucursales en todo el país y de un equipo de fútbol profesional, entre otros muchos negocios legales. Pero todo el mundo sabía que también eran grandes traficantes de drogas. Al igual que Escobar, negaban cualquier vínculo con el narcotráfico. A diferencia de Escobar, mantenían un perfil bajo.

—Estos hombres temen por sus vidas y las de sus familias —continuó Mario—. Pablo está tratando de matarlos: a hombres, mujeres y niños; a todos.

Dijo que esta situación resultaba particularmente injusta porque los Rodríguez Orejuela «no eran personas violentas», y comentó que el objetivo de su nuevo trabajo era mantener a las mujeres y los niños inocentes lejos del alcance de los sicarios de Pablo Escobar.

—Y piensan que tú puedes ayudar también.

—Entonces no quieren hablar conmigo sobre el negocio de drogas del cártel —dijo Jorge, evidentemente aliviado.

—No, por supuesto que no —respondió Mario, y bajó tanto la voz que Jorge apenas pudo escucharlo—. Pero no hables de cárteles. Detestan la palabra. El cártel de Cali no existe, ¿entendido? Estos hombres son empresarios.

—Ya veo. Pero ¿por qué yo?

Jorge se consideraba a sí mismo un empresario que reciclaba aceite de motor y un ingeniero que diseñaba sistemas de producción o se entretenía con radios y cámaras. En la reserva del ejército se había especializado en vigilancia e inteligencia, un área de interés relativamente nueva para él. Aun así, no veía ninguna razón evidente para que los hombres del cártel quisieran reunirse con él. Entonces preguntó de nuevo:

—¿Por qué?

Mario sonrió, se recostó en su asiento y guardó silencio.

Jorge no estaba buscando trabajo aquella mañana de enero. Tenía varios negocios en marcha, incluyendo algunos potencialmente lucrativos con las fuerzas militares. Hacía poco tiempo había empezado a representar a algunas compañías europeas interesadas en obtener contratos de defensa tanto en Colombia como en otros países de América Latina. Había conseguido estos clientes el año anterior, mientras asistía a una feria internacional de proveedores militares en Londres. Regresó al país con muestras de equipos de visión nocturna, receptores de radio encriptados y aparatos de vigilancia que esperaba poder vender a los encargados de aprovisionamiento del ejército.

Pero lo que más le llamó la atención a uno de los generales con los que Jorge se reunió fue la tarjeta de presentación de David Tomkins, un pintoresco traficante de armas que vivía cerca de Londres. Tomkins y un equipo de soldados retirados de las fuerzas especiales británicas ofrecían entrenar al ejército colombiano en técnicas antiguerrilleras, y era Jorge quien transmitía la propuesta.

—Estos entrenadores, ¿también son mercenarios? —preguntó el general, que había sido asistente del padre de Jorge; sabía que podía confiar en el hijo del viejo general—. ¿Tus contactos considerarían la posibilidad de llevar a cabo una misión secreta contra las FARC?

A los pocos días Jorge volaba de regreso a Inglaterra, para presentarle a Tomkins la misión propuesta: destruir Casa Verde, el cuartel general de las FARC, ubicado en medio de las montañas. El ejército apoyaría secretamente el ataque proveyendo armas, explosivos y medios de transporte; pero todo tendría que llevarse a cabo de tal manera que se pudiera negar cualquier vínculo.

Los mercenarios británicos tenían una filosofía flexible que se acomodaba a una amplia gama de clientes, pero tendían a ser firmemente anticomunistas. Así, para cerrar el trato, Jorge resaltó el hecho de que las FARC contaban con el apoyo de Fidel Castro desde hacía mucho tiempo. Entonces los británicos aceptaron de buena gana. Su líder era un escocés llamado Peter McAleese, un rudo ex sargento y paracaidista del Servicio Aéreo Especial (SAS)* que había sobrevivido a un salto con un paracaídas que no se abrió.

Las FARC tenían muchos enemigos. Frentes guerrilleros habían atacado pueblos remotos; retenían a campesinos, mineros y hacendados para pedir rescate e, incluso, se habían atrevido a secuestrar a narcotraficantes. Cuando los comandos británicos llegaron a Colombia fueron recibidos por una improbable alianza de ricos ganaderos y mineros y capos del cártel de Medellín. El principal financiador de la misión fue José Rodríguez Gacha, gran terrateniente y socio de Pablo Escobar en el negocio del tráfico de drogas. Con un grupo de militares disidentes que proveían armas y municiones, los británicos se vieron respaldados por un equipo fáustico, lo que algunos llamaron la «Mesa del Diablo».** Y Jorge hizo las veces de jefe de comedor.

A mediados de 1988, Jorge, cuyo alias era «Richard», servía de contacto secreto entre los mercenarios y sus colaboradores colombianos. Si su misión se hacía pública, el ejército negaría tener conocimiento de ella. Jorge era responsable de alimentar, alojar y abastecer a los británicos, así como de mantenerlos lejos de la atención pública. Una de las pocas personas con quienes compartió detalles de la operación fue Mario del Basto, a quien llevó a los campos de entrenamiento en la selva y relacionó con Tomkins y McAleese.

Los preparativos del ataque duraron meses. Los británicos estaban listos, pero los militares colombianos vacilaban. Temían una reacción política contraproducente y, en última instancia, no estaban dispuestos a arriesgar sus carreras. Al final, los mismos oficiales que habían ideado el plan decidieron cancelarlo.

---

* Special Air Service. *(N. de la T.)*
** En español en el original. *(N. de la T.)*

Sin embargo, los mercenarios se fueron del país felices y bien remunerados, gracias a los adinerados hacendados y traficantes de Medellín, que los compensaron por haber entrenado a los variopintos miembros de sus ejércitos privados. Incluso uno de los jefes del cártel había enviado a su hijo a la selva para que recibiera entrenamiento en combate. Tomkins y McAleese fueron los últimos en irse a casa, en noviembre de 1988. En una reunión de despedida, abrazaron a Jorge y le dijeron que estaban ansiosos por participar en otra misión en el futuro cercano.

—¡Hasta la próxima! —se despidió McAleese.

Acto seguido, Jorge volvió a prestarle atención a sus negocios; pero ahora, ocho semanas después, se encontraba volando hacia Cali y preguntándose por qué.

Un coche del hotel Intercontinental los estaba esperando en el aeropuerto internacional Alfonso Bonilla Aragón de Cali. También los esperaban suites de lujo con arreglos de flores y frutas frescas, cortesía de la familia Rodríguez Orejuela. Encontraron en el hotel un mensaje que decía que su reunión de la tarde con los Caballeros había sido pospuesta y que un coche los recogería alrededor de las diez de la noche.

La hora no era casual. Entre las luces del tráfico nocturno era más fácil detectar cualquier vehículo que intentara seguirlos. Jorge conocía bien Cali e inmediatamente se dio cuenta de que estaban conduciendo en círculos, volviendo atrás y cerciorándose de que nadie los seguía. Entonces sintió una primera oleada de ansiedad. Desde la infancia era propenso a sufrir ataques de claustrofobia. En el asiento trasero de un auto del cártel de Cali, sintió que la garganta se le cerraba. Respiró profundamente y se secó en el pantalón el sudor de una de sus manos. No quería que Mario se diera cuenta, pero tampoco podía evitar sentir que su amigo lo había puesto en una situación difícil.

Los rodeos terminaron en un complejo amurallado. El auto entró por una gran puerta que se cerró tras ellos. Jorge se apeó y miró alrededor. Identificó fallos de seguridad por todas partes. Había docenas de guardaespaldas armados hasta los dientes, pero parecían estar muy ocupados espantando moscas. Nadie revisó el coche. Le pareció curioso que todos los centinelas estuvieran dentro de la muralla. No había visto ninguno afuera.

A pesar de la oscuridad, pudo ver que el aparcamiento estaba lleno de vehículos, la mayoría sedanes y camionetas medianas de la marca Mazda, estacionados sin orden alguno. Unos cuantos autos más pequeños bloqueaban eficientemente a los otros. Si se presentaba una emergencia, la mayoría de los vehículos no podrían salir.

Uno de los hombres de seguridad del cártel los recibió en la puerta de la casa principal. Era José Estrada, un sargento retirado del ejército, de unos cuarenta años. Él escoltó a Jorge y a Mario dentro de la casa, aparentemente vacía. El suelo de mármol blanco relucía. Las paredes y los techos blancos estaban recién pintados. Los muebles eran de lujoso cuero blanco. Jorge no vio libros, juguetes ni niños; ningún vestigio de vida familiar. La casa parecía una sala de exhibición de muebles o el estudio de un diseñador de interiores. El estilo le dio a Jorge las primeras señales sobre las costumbres y los gustos de los capos del cártel de Cali: prácticos, eficientes, empresariales.

Los visitantes fueron conducidos hasta una amplia oficina donde los esperaban cuatro hombres. «Así que estos son los padrinos del cártel de Cali», pensó Jorge, hombres que pueden jugar a ser Dios con la vida de otros mortales, que pueden dictar políticas gubernamentales e influir en la economía del país. Ninguno de los cuatro era particularmente imponente en su apariencia; con su metro ochenta de estatura, Jorge era el más alto en la habitación. A medida que Mario hacía las presentaciones, Jorge saludaba a cada hombre con una sonrisa y un apretón de manos. Parecían contentos de conocerlo, y completamente inofensivos, casi afables.

Pacho Herrera, de treinta y siete años, era el más joven de los cuatro. Esa era una de sus casas, con sus tonalidades blancas y sus habitaciones estériles. Parecía recién salido de una revista de moda masculina. El único soltero de los padrinos era homosexual. Jorge pensó que Pacho tenía el trato empático y fácil de un sacerdote joven. No sabía que el gángster gay lideraba el ala más sanguinaria del cártel.

Chepe Santacruz, de cuarenta y siete años, estaba vestido con tejanos y camisa de algodón; parecía un granjero recién llegado de los establos. Tenía un aire jovial y poco presumido, ligeramente malicioso. Pero a veces llevaba demasiado lejos su gusto por las bromas. Su ramplonería se hacía evidente en lo vulgar de su conversación, y resultaba obvio que se enorgullecía de no ser sofisticado. Era un tipo pendenciero y solía excederse en las peleas, lo mismo que en las bromas; era su marca personal.

Gilberto Rodríguez Orejuela, de cincuenta años, el encargado de hablar, era un conversador consumado con la apariencia de un profesor bien alimentado. Tranquilizó a Jorge rápidamente. Parecía ser el anfitrión oficial, el jefe que presidiría la reunión. A lo largo de la noche, Jorge reconoció la autoridad tácita de Gilberto, puesto que los demás lo trataban con deferencia.

El hermano menor de Gilberto, Miguel, de cuarenta y siete años, era un hombre de rostro severo que parecía estar cansado todo el tiempo. Decía poco, pero no se le escapaba nada. Por deferencia a su posición en el cártel, lo llamaban «don Miguel» o sencillamente «el Señor». A Chepe le gustaba llamarlo «Limón», por su expresión fruncida y su trato amargo. Nadie más se atrevía a dirigirse a él con ese apodo. Miguel se encargaba de las operaciones cotidianas del cártel, lo que lo convertía en el jefe de jefes. Sin embargo, él y Gilberto eran socios cercanos, y todos los asuntos importantes del cártel eran discutidos por la cúpula de cuatro que había recibido a Jorge y a Mario.

Los dos visitantes se sentaron en sillones de cuero blanco. Una empleada doméstica vestida de blanco ofreció zumos de fruta fríos.

Los Caballeros de Cali entraron en materia de inmediato. En primer lugar, querían ayuda para su seguridad personal.

—Pablo es un bandido... un criminal... un loco —comentó Chepe; le dijo a Jorge que Escobar había amenazado con matar a todas las personas que tuvieran algún vínculo con la cúpula de Cali: esposas, hijos, amigos—. Nadie está a salvo —concluyó.

—Sí, yo sé —respondió Jorge, pensando en su antiguo compañero de escuela, el ministro de Justicia asesinado—. Escobar mató a mi amigo Rodrigo Lara Bonilla, un buen hombre.

Jorge sintió que la emoción lo embargaba. Casi no había hablado con nadie sobre la muerte de su amigo, pero aquí, en compañía de los enemigos de Escobar, había redescubierto su profunda rabia. No sentía la necesidad de reprimirla. Era evidente que todos los presentes compartían un poderoso sentimiento: odio.

Gilberto pareció sorprendido y a la vez encantado al escuchar acerca de la pérdida personal de Jorge a causa de Escobar.

—Fue una tragedia terrible —dijo en tono compungido—. Y también un acto estúpido. A veces Pablo hace caso omiso de lo que le conviene. Le declara la guerra a todo el mundo y espera ganar amigos de esa manera. Es un imbécil, pero un imbécil peligroso.

La conversación prosiguió hacia el estado actual de las defensas del cártel. Estrada, el hombre que Jorge y Mario habían conocido en la puerta, estaba muy ocupado encargándose de proteger a la cúpula. El otro jefe de seguridad era un oficial retirado del ejército al que se referían en tono impaciente como el mayor Gómez. Evidentemente, no satisfacía las expectativas de sus jefes. Su red de inteligencia era lamentable, y él no era lo suficientemente agresivo. La desconfianza en él era unánime, y su ausencia esa noche resultaba muy obvia. Jorge no estaba seguro todavía de qué era lo que querían de él los capos de Cali, hasta que Miguel dijo:

—Queremos muerto a Pablo Escobar.

—Y queremos que usted y sus comandos británicos lo maten —añadió Gilberto.

Jorge recorrió la habitación con la mirada. Todos estaban esperando su respuesta. Obviamente, Mario les había contado sobre sus contactos secretos con los británicos. En ese momento entendió la razón de la convocatoria en Cali. No le importó que su amigo hubiera compartido el secreto. Se sintió más halagado que preocupado.

Hasta ese momento, a Jorge nunca se le había ocurrido vengar la muerte de su amigo. Hacer cumplir la ley era labor de la policía y de los tribunales. Desafortunadamente, todos los funcionarios que habían intentado imputarle cargos a Escobar habían terminado muertos. El caso seguía estando oficialmente sin resolver. Si bien la invitación de Gilberto lo había tomado por sorpresa, también lo había hecho cuestionarse. Después de todo, tal vez sí era posible hacer justicia.

Jorge casi pudo escuchar la canción de su película favorita, *Los siete magníficos*.* La idea de cabalgar hasta el pueblo con un grupo de pistoleros forasteros para desterrar al villano Escobar excitaba sus fantasías de heroísmo patriótico. Y apelaba a las mismas pasiones por las cuales se había alistado en la reserva del ejército: las ansias de acción y de aventura... al servicio de Dios y del país. Quería oír más sobre el plan de los padrinos.

Resultó que ya habían decidido el blanco: Nápoles, la hacienda de casi tres mil hectáreas que Escobar tenía a lo largo del río Magdalena. Era una especie de parque de atracciones con lagos artificiales para practicar deportes acuáticos, enormes piscinas, un aeropuerto y un zoológico que albergaba leones, elefantes, cebras e hipopótamos; estos últimos se reproducían con gran celeridad. Se trataba del lugar favorito de Escobar para jugar, cenar y festejar. Gilberto, que había sido huésped de la hacienda alguna vez, comentó que cuando Pablo estaba en Nápoles, bien podía suponerse que estaría ebrio todos los días.

---

* *The Magnificent Seven*. (N. de la T.)

Jorge preguntó por el transporte. Iba a necesitar helicópteros.

—Los tendrá —respondió Gilberto.

Jorge preguntó por pilotos.

—Tenemos pilotos que conocen el área —respondió Gilberto de nuevo.

Jorge resaltó la importancia de contar con una buena red de inteligencia y equipos de comunicación de la más alta calidad, radiotransmisores cuya recepción no fallara ni en áreas remotas de difícil geografía.

—Se hará cuanto sea necesario. Además, contará con la eterna gratitud de todos los presentes esta noche.

Era evidente que el dinero no representaba un problema. A Jorge le sorprendió el contraste: a veces el ejército colombiano no tenía combustible para sus helicópteros, pero el cártel de Cali podía financiar una invasión armada. Y le soprendió otro contraste: a pesar de todo su dinero, estos cuatro multimillonarios le tenían pánico a Pablo Escobar.

Fue un momento emocionante para Jorge. Se sintió importante: lo habían escogido para llevar a cabo una misión de gran trascendencia, una enorme aventura… y un servicio público. También lo complacía tener la oportunidad de volver a ver a sus amigos del comando británico. Y la perspectiva de que cuatro de los hombres más ricos del país le estarían en deuda, le pareció que no tenía precio. Sin embargo, no estaba convencido.

Otro aplazamiento podía poner en riesgo su incipiente empresa de reciclaje de aceite de motor. Tenía la esperanza de empezar a construir una pequeña refinería a principios de año. Y esto sin pensar en Lena Duque, su novia, con quien tenía planeado casarse pronto. La misión de matar a Escobar también podría retrasar los planes de matrimonio.

Los padrinos le aseguraron a Jorge que la preparación del ataque no duraría más que unos cuantos meses. Después de que Escobar estuviera muerto, él podría regresar a Bogotá «con más dinero del que pudiera necesitar el resto de su vida», como le dijo Gilberto.

La reunión se extendió hasta bien pasada la medianoche. Jorge sabía que tenía que tomar una decisión. Estaría trabajando para criminales reconocidos, de vuelta en la Mesa del Diablo. Pero se dijo que sería por poco tiempo y que no tendría nada que ver con el narcotráfico. Consideró que el negocio de la refinería podría irse a pique, pero a cambio tendría nuevos amigos poderosos y mejores oportunidades de negocio en el futuro. Entonces pensó en su familia. Tal vez no valía la pena arriesgar su reputación por trabajar tan de cerca con los capos de la mafia. En ese momento consideró no aceptar la propuesta.

Varias veces durante la velada los cuatro hombres habían contado anécdotas familiares, hablado sobre sus esposas, sus ex esposas y sus múltiples hogares, y expresaron sus temores por la seguridad de sus seres queridos. La información no fue tan detallada como para que Jorge pudiera, por ejemplo, identificar a la tercera esposa de Miguel, pero la habían compartido en un ambiente de tal confianza que le resultaba incómodo echarse para atrás ahora.

Por un momento se imaginó disculpándose y diciendo: «Gracias, pero no, gracias». Y entonces ¿qué? ¿Lo verían como una amenaza a su seguridad? Después de todo, había trabajado hombro con hombro con los socios de Escobar que financiaron la misión para atacar Casa Verde. No tenía ninguna duda de que los Caballeros de Cali conocían esa parte del plan también. Si decía que no, era posible que lo tomaran como un rechazo personal o, aun peor, como un signo de lealtad a los capos de Medellín. ¿Terminaría en el maletero de uno de esos autos estacionados afuera? Un estremecimiento lo recorrió.

Entonces Jorge se dio cuenta de que temía decir que no. Gracias a Dios. Porque, muy en el fondo, sabía que no quería rechazar la oferta. Sintió un enorme alivio cuando se oyó decir:

—Sí, lo haré.

Un estruendo terrible

Se trata de la democracia más antigua en América Latina, un centro regional de educación superior y una potencia económica. Pero debajo de esa apariencia de sofisticación y modernidad, la Colombia del siglo XX era uno de los lugares más violentos del mundo.

Una guerra civil, venganzas personales y bandas criminales sembraban el caos. Colombia tendía a ser líder en secuestros y asesinatos en el hemisferio occidental incluso antes de convertirse en el centro del narcotráfico internacional. Los cárteles de cocaína más ricos, grandes y peligrosos del mundo operaban desde dos de sus principales ciudades: Medellín, en el norte, y Cali, en el sur. Guerrillas de izquierda y escuadrones de la muerte de derecha aterrorizaban ciudades y áreas rurales por igual. En la campaña presidencial de 1990, tres candidatos fueron asesinados.

Jorge Salcedo nació en 1947, cuando a Colombia se la conocía más por el café que por la cocaína. Pero ni siquiera entonces podía considerársele un paraíso tropical. Los primeros años de Jorge coincidieron con uno de los períodos políticos más sangrientos en la historia del país. Fue como si en Estados Unidos los republicanos y los demócratas hubieran tomado las armas para liquidarse entre sí. Entre 1946 y 1957, época conocida como La Violencia,* unas trescientas mil personas murieron en la contienda política. Los militares tomaron el poder por un tiempo. La demo-

---

* En español en el original. *(N. de la T.)*

cracia se restableció gracias a un acuerdo entre los partidos Liberal y Conservador, por el cual estos se alternarían la Presidencia.

Durante lo más duro de La Violencia, el padre de Jorge fue emboscado en el patio delantero de su casa, en Bogotá, por un escuadrón de francotiradores. Se desató un tiroteo en la entrada de la casa de los Salcedo. Dentro, la madre de Jorge trataba de proteger a su bebé, que no paraba de llorar, aterrorizado por el terrible estruendo. Otros militares llegaron a auxiliar a Salcedo y pusieron en fuga a los atacantes. Ese fue el primer contacto de Jorge con la violencia de su país.

Jorge comenzó los estudios en Neiva, la ciudad natal de su madre, donde compartió pupitre con Rodrigo Lara Bonilla, el futuro ministro de Justicia. Su amistad se vio interrumpida cuando la familia Salcedo se mudó a un vecindario más seguro: Fort Leavenworth, Kansas.* El padre de Jorge, junto con varios futuros generales de otras nacionalidades, pasaría dos años estudiando en el U. S. Army's Command and General Staff College, como parte de su ascenso en la carrera militar. Mientras su padre aprendía a mandar, Jorge aprendía inglés. Asistía a una pequeña escuela católica de ladrillo que quedaba cerca del fuerte; casi olvidó su lengua materna.

Tenía siete años cuando su padre le regaló su primera arma, un rifle Winchester calibre 22. Mató a su primer venado a los doce años, en un viaje de caza con el general. Cuando se graduó de la secundaria, sus padres le regalaron una valiosa pistola de tiro olímpico hecha en Estados Unidos. Su fascinación por las armas se convirtió en la base de su interés por el diseño y la mecánica de la maquinaria de precisión. Estudió simultáneamente ingeniería mecánica y economía en la Universidad de los Andes. Uno de sus primeros trabajos fue el diseño de montacargas. Después se mudó a Cali y se hizo socio de una fábrica de baterías. También

---

* Complejo de entrenamiento del ejército estadounidense. *(N. de la T.)*

empezó a interesarse en radiotransmisores y sistemas de comunicación. Se convirtió en un inventor aficionado que desmontaba y volvía a montar cualquier aparato que cayera en sus manos.

Su matrimonio con María, su novia de la universidad, estaba naufragando, y Jorge sospechaba que había otro hombre. Puso en práctica sus conocimientos para intervenir el teléfono de ella. Fue una terrible violación de la confianza marital, pero confirmó las peores sospechas de Jorge. Se separaron y acordaron compartir la custodia de su hija de cuatro años, hasta que María, sin previo aviso, regresó a Bogotá llevándose a la niña. La batalla por la custodia en los tribunales caleños le dio a Jorge una primera demostración de la parcialidad de la justicia: el novio de su ex mujer tenía amigos influyentes. Tras perder la custodia de su pequeña, Jorge nunca olvidó la sensación de ser víctima de un poder corrupto.

Sin su esposa y sin su hija, Cali le parecía fría, vacía. Consideró la posibilidad de enrolarse en el servicio militar. Años atrás, cuando estaba decidiendo qué carrera estudiar, Jorge había pensado seguir los pasos de su padre en la milicia. El general Salcedo se opuso rotundamente. Su brillante carrera militar había llegado a un abrupto final en 1966, cuando un rival suyo fue nombrado ministro de Defensa y lo pasó por alto: en lugar de designarlo comandante de las fuerzas militares, había escogido para el cargo a un oficial con menos experiencia.

—Tengo muchos amigos que harían todo lo que esté a su alcance para ayudarte —le dijo a Jorge—. Pero también he hecho enemigos y ellos encontrarán la manera de lastimarte para lastimarme a mí. Entra a la universidad, estudia otra carrera y después sí, piénsalo.

Decidió alistarse en la reserva del ejército. Solicitó unirse al Batallón Pichincha, con sede en Cali. El fin de semana antes de convertirse oficialmente en reservista, Jorge estaba paseando en bote en el lago Calima, al norte de la ciudad. Allí rescató un bote encallado a bordo del cual iban varias mujeres, entre ellas una hermosa chica de veinticuatro años con traje de baño negro, que a duras penas pareció percatarse de la existencia de Jorge, a pesar de su heroísmo. Dos días más tarde, él formaba parte de un grupo de cerca de cuarenta voluntarios a los que un general daba la bienvenida a la reserva del ejército. El oficial se vio interrumpido por una puerta que se abrió de golpe para dar paso a una recluta que había llegado tarde y ahora se unía al grupo, justo al lado de Jorge.

Era Lena Duque, la chica del traje de baño negro. Jorge se quedó mirándola; su sonrisa espontánea lo dejó sin aliento. El discurso de bienvenida del general se diluyó hasta quedar convertido en un zumbido ininteligible. Todos los sentidos de Jorge se concentraron en la mujer a su lado. Era joven, era bella y era militar. Estuvieron de pie durante toda la ceremonia, sus brazos casi en contacto, alistándose al mismo tiempo en la reserva del ejército.

El cortejo comenzó tras otro encuentro fortuito unos días después. Jorge se dirigía al edificio administrativo de la reserva con los brazos colmados de libros y manuales técnicos que le había pedido un militar amigo de su padre. Llevaba demasiados y algunos se le cayeron justo en el momento en que Lena pasaba por ahí.

—Lo siento, no sé qué pasó —le dijo Jorge mientras se agachaba para tratar de recoger los libros que habían ido a parar a los pies de ella.

—Tú eres el tipo del bote —le dijo Lena, sonriendo.

Jorge aprovechó la oportunidad, y mientras ella le ayudaba a recoger los libros, la invitó a cenar. Lena era abogada bancaria y, al igual que Jorge, estaba separada y tenía un hijo pequeño. Fumaba, pero él trató de hacer caso omiso del asunto. Económicamente estaban en situaciones similares; eran independientes y tenían una vida cómoda, aunque ninguno de los dos era rico. La joven caleña le presentó a Jorge a sus padres, a sus hermanos y a sus amigos cercanos. Él empezó a sentir que Cali era de nuevo su hogar.

La violencia en Colombia llegó a un punto álgido en los ochenta, cuando aumentaron los ataques de las guerrillas. Las FARC, que era la más grande, operaban desde la década de los sesenta desde Casa Verde, su cuartel general, situado en el sur del país. Sus raíces populares se hallaban en conflictos derivados de la época de La Violencia. Una guerrilla relativamente nueva era el Movimiento 19 de Abril, o M-19, nacido como consecuencia de las controvertidas elecciones presidenciales de 1970, en las que, según los críticos, el Partido Conservador había hecho fraude para ganar. El M-19 evolucionó a lo largo de la década hasta convertirse en un grupo nacionalista con inclinaciones marxistas.

Ambos grupos guerrilleros cometían actos terroristas y se financiaban por medio de secuestros. Pero el joven M-19, bien consciente de la importancia de los titulares, solía llamar la atención más que las vetustas FARC. La nueva guerrilla se inauguró a mediados de los setenta con el espectacular robo de la espada y las espuelas de Simón Bolívar del museo que las albergaba, acto destinado a simbolizar su pretensión de ser un levantamiento ciudadano en contra de un régimen injusto. En 1980 la guerrilla tomó la embajada de República Dominicana y retuvo durante semanas a catorce rehenes del cuerpo diplomático, hasta que la mediación de Cuba le puso fin al secuestro.

Jorge vio de cerca la violencia cuando el M-19 tomó Yumbo, una pequeña ciudad industrial al norte de Cali. Sacó su metralleta Thompson y corrió a unirse a su unidad de reserva. A las afueras de Yumbo encontraron los restos todavía humeantes de un Renault agujereado por balas. En su interior yacían los cuerpos sin vida de una niña y dos adolescentes. Jorge especuló que los chicos se habían topado con un retén del M-19 y sintió que le hervía la sangre. Detestaba cualquier clase de discurso que justificara la muerte de tres jóvenes. Los asesinos no estaban por ninguna parte y no había nada que él pudiera hacer. Detestaba eso también.

Cuando Rodrigo Lara Bonilla fue nombrado ministro de Justicia, a mediados de 1983, Jorge se sintió de lo más orgulloso. A pesar de la distancia, había mantenido la amistad con Lara, una estrella ascendente de la política, y aunque sus carreras los habían puesto en caminos diferentes, sus familias seguían siendo vecinas en Neiva.

El nuevo ministro tenía intenciones reformistas y de inmediato entabló pelea con Pablo Escobar, entonces congresista, y con los otros miembros de la cúpula del cártel de Medellín. Lara los amenazaba con lo que más temían: la extradición a Estados Unidos, donde a la mayoría les esperaban cargos por narcotráfico. El sistema judicial estadounidense era menos vulnerable a intimidaciones y a sobornos; de ahí que Escobar repitiera con frecuencia: «Prefiero una tumba en Colombia que una cárcel en Estados Unidos».

Lara Bonilla empezó a recibir incontables amenazas de muerte, pero no cedió: «Nunca más volveré a negar la extradición de un perro de esos», dijo. Una vez tomó posesión de su cargo, aprobó y envió para firma del presidente una petición para extraditar a Estados Unidos a Carlos Lehder, pionero del narcotráfico en Colombia. Además, canceló el permiso de vuelo a cincuenta y siete aeronaves relacionadas con el cártel.

La noche del lunes 30 de abril de 1984, como de costumbre, el ministro de Justicia dejó su oficina en Bogotá a bordo de un Mercedes Benz oficial de color blanco. Se acomodó en el asiento trasero y dejó a un lado el chaleco antibalas, que rara vez usaba a pesar de las súplicas de su familia.

El conductor se incorporó al congestionado tráfico nocturno, seguido por dos camionetas Toyota Land Cruiser en las que iban los guardaespaldas armados. Los autos, uno detrás de otro, iban paso a paso. Entonces una motocicleta roja con dos hombres, pasando de un carril a otro, alcanzó al Mercedes. El que iba de paquete sacó una metralleta Ingram MAC-10 y antes de que ninguno de los escoltas pudiera hacer nada, abrió fuego e hizo volar en mil pedazos la ventanilla. Más de doce cartuchos calibre 45 hicieron impacto en el puesto trasero.

A poco más de trescientos kilómetros de distancia, en Cali, Jorge Salcedo se disponía a regresar a casa después de un día de trabajo en la fábrica de baterías. Estaba lloviendo, pero bajó la ventanilla del coche para saludar al guardia del aparcamiento. El hombre no lo miró; no podía despegar la atención de su radio portátil mientras un locutor anunciaba: «El ministro de Justicia, Rodrigo Lara Bonilla, acaba de ser baleado por sicarios. No se conoce su condición».

En su apartamento, Jorge seguía las noticias en radio y televisión cuando se confirmó la temida noticia: su amigo estaba muerto. Lo habían alcanzado siete impactos de bala, tres de ellos en la cabeza. El chaleco antibalas no lo hubiera salvado. Jorge prefirió no asistir al funeral e hizo el duelo en la soledad de su hogar. Era la primera vez que Escobar atacaba a un ministro del gobierno. Y también fue una primera vez para Jorge: la primera vez que se tomó a título personal uno de los homicidios de la sangrienta lista de Escobar.

Los asesinatos eran el pan de casi cada día en el país a finales de los ochenta. Los sicarios profesionales de Escobar parecían querer competir con los guerrilleros por obtener los titulares más llamativos. En Bogotá, el juez encargado de la investigación del asesinato de Lara Bonilla fue tiroteado también. Al año siguiente, otro juez fue asesinado en Medellín, tras firmar una orden judicial que vinculaba a Pablo Escobar con la muerte de dos agentes del gobierno colombiano en 1976. Un magistrado de la Corte Suprema de Justicia que apoyaba la extradición fue emboscado y asesinado en una calle concurrida. En una autopista en las afueras de la ciudad, un escuadrón de sicarios interceptó y asesinó al jefe de la unidad antinarcóticos de la policía cuando regresaba de vacaciones con su familia.

En noviembre de 1985, una cuadrilla del M-19 tomó el Palacio de Justicia y retuvo a trescientos rehenes. Durante la toma, destruyeron una enorme cantidad de registros criminales, incluyendo archivos de extradición, lo que hizo sospechar al gobierno de Estados Unidos que Escobar había ayudado a financiar el ataque, algo que nunca se confirmó. Más de cien rehenes murieron, entre ellos once magistrados de la Corte Suprema, cuando tropas del ejército entraron en el palacio para recuperarlo.

La indignación por la creciente ola de violencia era alimentada por la agresiva cobertura de los medios, particularmente de *El Espectador*, el diario más antiguo de Colombia. Su director, Guillermo Cano, eminencia periodística de cabellos plateados, había sido galardonado con un premio nacional al principio del año por sus columnas y sus editoriales que condenaban a las mafias del narcotráfico. Cano apoyaba la extradición porque veía en ella la posibilidad de que el país se deshiciera de los traficantes más violentos. Nueve días antes de la Navidad de 1986 le preguntaron en una entrevista sobre el peligro de provocar a Escobar y sus secuaces, y respondió: «El problema con nuestro oficio es que nunca se sabe si uno va a volver a casa en la noche». Al día siguiente, fue asesinado a tiros frente a las oficinas de *El Espectador*.

En medio del caos calculado, una atemorizada Corte Suprema de Justicia dictaminó que el tratado de extradición entre Colombia y Estados Unidos era inconstitucional. Aunque casi de inmediato se expidió un decreto presidencial que instauró otra vez la figura, parecía que la campaña de violencia emprendida por Pablo Escobar contra el gobierno estaba dando resultado.

Tiempo después, a finales de 1987, en plena guerra de los capos de Medellín contra el gobierno a causa de la extradición, Escobar decidió iniciar otra pelea, esta vez con sus rivales del cártel de Cali.

«El Doctor» y los Caballeros

Todo empezó en Nueva York. Dos mandos medios del narcotráfico se enamoraron de la misma mujer. Uno de ellos mató al otro. En Colombia, la sangre derramada llamaba a la sangre. Los amigos del traficante muerto eran aliados de Pablo Escobar y acudieron a él para que los ayudara a cobrar venganza. El capo sentenció que el asesino era hombre muerto.

Éste, atemorizado, acudió a otro capo, Hélmer «Pacho» Herrera, en busca de protección. Pacho y el sentenciado por Escobar habían compartido celda en una prisión en Estados Unidos y seguían siendo buenos amigos. A los treinta y seis años y nativo del sur del país, Herrera era un exitoso distribuidor de cocaína que tenía fuertes lazos con Chepe Santacruz y los otros padrinos de Cali. Poseía casas de cambio que resultaban muy eficaces a la hora de lavar dinero, y gracias a sus contactos con contrabandistas mexicanos y a su red de distribución en Estados Unidos, era un negociante en rápido ascenso, próximo a convertirse en multimillonario.

Hasta ese momento, la cooperación entre las bandas de Cali y Medellín era frecuente. En 1984, Gilberto Rodríguez Orejuela había sido arrestado en España junto a Jorge Luis Ochoa, socio del cártel de Medellín. Los dos estaban en busca de oportunidades para el tráfico en Europa. Anteriormente habían sido dueños conjuntos de un banco panameño que todos los cárteles utilizaban para lavar dinero. Pero ese espíritu de cooperación se esfumó cuando Pacho se interpuso en la orden de ejecución que Escobar había dictado por cuenta del triángulo amoroso de Nueva York.

A ojos de Escobar, esa actitud desafiante era una afrenta a su poder y a su autoridad. «El Doctor», como le decían los campesinos de los alrededores de Medellín, se consideraba a sí mismo el don o el zar de todos los traficantes colombianos. La insolencia de Pacho era mucho más que una falta de respeto: era un insulto personal. Y tenía que ser castigada. Los dos cárteles estaban empezando a competir agresivamente por el mercado de la cocaína en Nueva York; ese fue otro de los factores que desataron el baño de sangre.

Escobar anunció que si Pacho Herrera se empeñaba en intervenir, moriría también. En ese momento, los capos del cártel de Cali decidieron que había que hacer algo. Acogieron a Pacho bajo su protección y hablaron con sus amigos en Medellín para que trataran de calmar a Escobar. Por teléfono, Gilberto le dijo a Pablo que una muerte en Queens no justificaba un derramamiento de sangre en Colombia. Pero ninguno de los dos bandos quiso ceder. Pablo finalmente cortó la conversación de forma tajante:

—Entonces estamos en guerra... Y voy a matarlos a todos ustedes, hijueputas.

Los de Cali atacaron primero. En enero de 1988 enviaron a Medellín a Andrés «el Pecoso» Vélez, uno de los sicarios más leales del cártel de Cali, con un auto cargado de explosivos. «El Pecoso» estacionó el coche en el Mónaco, el edificio de ocho pisos en cuyo lujoso ático vivía Escobar con su familia. La explosión dejó en la calle un cráter de casi cinco metros, rompió las ventanas de todo el barrio, mató a dos celadores y le causó una pérdida permanente de audición a Manuela, la hija de Escobar, que entonces tenía cuatro años.

En venganza, Escobar ordenó una serie de ataques con explosivos contra la cadena de droguerías La Rebaja, propiedad de la familia Rodríguez Orejuela. Las droguerías eran un blanco fácil, pero la mayoría de las víctimas de las bombas fueron clientes, vecinos y transeúntes. Aunque el miedo mantuviera alejados a los compradores, La Rebaja cumplía eficientemente su propósito: lavar dinero del cártel. Lo que en realidad les preocupaba a los padrinos de Cali era la seguridad de sus familiares.

La guerra se intensificó. La cúpula de Cali envió un equipo de siete asesinos a sueldo para dar caza a Escobar. Más o menos una semana después, los padrinos recibieron cajas que contenían partes humanas: los restos de los siete hombres. A finales de 1988, una explosión destruyó tres casas en un barrio de clase alta en Cali. Miguel Rodríguez Orejuela escuchó la ensordecedora explosión desde su residencia a un kilómetro de distancia: él era el blanco. Dos espías del cártel de Medellín, que estaban preparando un coche bomba destinado a explotar cuando Miguel pasara en dirección a su oficina, murieron al detonar la carga antes de tiempo.

La noche que Jorge Salcedo se sumó a la lucha contra Pablo Escobar, los cuatro capos que lo habían reclutado controlaban la empresa criminal de más rápido crecimiento en el mundo: algo así como el Wal-Mart o el Google del narcotráfico. El jefe del departamento antinarcóticos de Estados Unidos* diría que se trataba de «la corporación criminal mejor organizada y financiada de la historia».

La asociación entre los traficantes de Cali y el norte del Valle del Cauca floreció de una larga relación criminal entre viejos amigos. Chepe Santacruz y los hermanos Rodríguez Orejuela empezaron como ladrones de coches y secuestradores. En la década de los setenta pasaron a comerciar con cocaína, casi al mismo tiempo que Pablo Escobar y sus socios del cártel de Medellín. Chepe permaneció largas temporadas en Estados Unidos creando redes de distribución, mientras los hermanos Rodríguez Orejuela desarrollaban laboratorios para el procesamiento de la coca en Perú,

---

* Drug Enforcement Agency (DEA). *(N. de la T.)*

en el sur de Colombia y en la selva amazónica. Para finales de los ochenta también habían empezado a pasar de contrabando cocaína refinada. El cártel de Cali se especializó en el envío de cantidades de droga nunca antes vistas, cargamentos de hasta diez o doce toneladas camufladas en todo tipo de mercancías, desde postes huecos de madera o cemento hasta brócoli o pescado congelado.

El genio corporativo detrás del cártel de Cali era Gilberto, el mayor de los tres hermanos Rodríguez Orejuela. Afable y ambicioso, era un visionario con un agudo sentido empresarial, conocido en el mundo de las drogas como «el Ajedrecista». Su estilo era completamente opuesto al de Escobar. Pablo, que se había lanzado como candidato al Congreso y había sido elegido, buscaba llamar la atención, mientras que Gilberto prefería comprar a los políticos y mantener un bajo perfil, como un hombre de negocios cualquiera. Pablo pagaba por el asesinato de policías y jueces; Gilberto prefería sobornarlos.

Pocas veces la habilidad y el poder del cártel de Cali se hicieron tan evidentes como en 1986, cuando Gilberto Rodríguez Orejuela y Jorge Luis Ochoa, presos en una cárcel de Madrid desde su arresto por narcotráfico en 1984, enfrentaron la posibilidad de ser transferidos a Florida debido a una petición de extradición elevada por Estados Unidos. El cártel solicitó la intervención del Ministerio de Justicia colombiano, pero como Gilberto no era requerido por la justicia en el país, el ministerio no tenía fundamentos para pedir su custodia legal. Entonces se le encausó por un delito falso: tráfico de ganado de pura raza. La solicitud de extradición colombiana pesó más que la estadounidense y los españoles mandaron a Gilberto de vuelta a casa. Un juez de Cali lo absolvió. El cártel, en agradecimiento, les pagó a sus amigos en el Ministerio de Justicia un millón de dólares.

Durante la larga detención de Gilberto en España, el manejo de las operaciones diarias del cártel quedó en manos de Miguel, un adicto al trabajo que parecía disfrutar de las extensas jornadas laborales. Miguel demostró estar mejor equipado para un trabajo tan minucioso, así que Gilberto le delegó permanentemente esas funciones. Nunca hubo luchas de poder ni discusiones serias entre los dos hermanos, y rara vez mostraban algún desacuerdo en público. Compartían el sueño de conquistar el mercado de la cocaína por completo, desde la producción hasta la venta en las calles, tanto en Colombia como en el resto del mundo.

Pablo Escobar se interponía entre los Rodríguez Orejuela y su sueño. Sin embargo, la guerra que el Doctor le había declarado al cártel de Cali iba a resolver la cuestión de una u otra manera.

El cártel de Cali era un laberinto de responsabilidades bien delimitadas. Los laboratorios de la selva operaban de manera independiente y su administrador informaba directamente a Miguel. Cada célula de distribución —en cierto momento hubo hasta doce solo en la ciudad de Nueva York— también informaba directamente a Miguel. En cuanto al transporte, cada ruta —la del brócoli, la del café, la de la baldosa brasileña— estaba a cargo de una persona, y esta informaba directamente a Miguel. Había jefes regionales en el sur de la Florida, Nueva York, Panamá y Guatemala, entre otras zonas. Estos coordinaban el envío, la entrega y el pago de la droga en sus áreas. Por supuesto, todos informaban directamente a Miguel. El almacenaje de los cargamentos, el lavado de dinero, la seguridad del cártel, las reuniones de inteligencia, los informes de los subordinados, la información confidencial, absolutamente todo pasaba por el jefe supremo, un administrador minucioso enganchado al teléfono y que con frecuencia tenía reuniones hasta bien entrada la madrugada.

Más de una docena de traficantes en Cali y el Valle del Cauca conformaban una federación de pequeños y grandes operadores. El comité administrativo estaba compuesto por Miguel y Gilberto Rodríguez Orejuela, Chepe Santacruz y Pacho Herrera, pero el cártel tenía al menos treinta peces gordos.

Los socios administraban los riesgos que implicaba el comercio de las drogas tal como lo hacía el cártel de Medellín: compartiendo los despachos. Pero los jefes permitían que amigos, asociados y empresarios, incluyendo miembros de la élite caleña, invirtieran en envíos individuales. Pequeñas sumas de dinero podían multiplicarse por mil. Para quienes invertían en el negocio era como ganar la lotería, y no se sentían criminales, porque era como haber participado en una apuesta entre amigos. Esta práctica fomentó en la comunidad una actitud de vivir y dejar vivir, y los hermanos Rodríguez Orejuela fueron acogidos por la mayoría de la clase alta caleña.

El dinero del narcotráfico fue una bendición para la economía de Cali. A diferencia de Escobar, que era conocido por almacenar grandes cantidades de efectivo en contenedores que luego enterraba o escondía, sin importarle que el moho o las ratas se comieran literalmente parte de sus ganancias, el cártel de Cali se especializaba en reinvertir rápidamente. Lavaban todos sus ingresos lo más pronto posible con negocios legales: compraban y desarrollaban bienes raíces, negociaban inventarios y, en suma, convertían el efectivo en instrumentos financieros. Los capos tenían innumerables negocios lícitos: además de la cadena nacional de droguerías, eran dueños de emisoras de radio, supermercados, edificios de apartamentos, complejos de oficinas y un equipo de fútbol profesional.

Poseían tal cantidad de propiedades en Cali, que con frecuencia Gilberto enviaba a alguno de sus agentes a comprar un inmueble que le había llamado la atención, sólo para descubrir que ya le pertenecía a él o a alguno de sus socios. A finales de los años ochenta, el cártel de Cali era responsable de casi el cuarenta por ciento del desarrollo comercial de la ciudad.

Invertir con presteza tenía el objetivo de legitimar el patrimonio de la familia Rodríguez Orejuela. Los padrinos parecían decididos a evitar que sus hijos y su familia extensa tuvieran la misma vida azarosa que ellos habían escogido. Tanto Miguel como Gilberto enviaron a sus hijos a estudiar en las mejores universidades de Estados Unidos, como Stanford, Harvard y Boston College.

Cuando el hijo mayor de Gilberto, Fernando Rodríguez Mondragón, terminó en una cárcel de Cali por un asunto relacionado con las drogas, su padre fue a verlo, pero no para pagar la fianza. Se quitó el cinturón y azotó a su hijo durante varios minutos frente a los demás detenidos. Los padrinos estaban tratando de comprar un futuro mejor para sus hijos.

Los capos del cártel y sus familias vivían como potentados. Sus hogares eran complejos amurallados del tamaño de condominios, por lo general con campos de fútbol, pistas de tenis y piscinas. Algunas de sus casas de campo o de fincas tenían bolera, discoteca, establos, ruedo para peleas de gallos y playas privadas.

Los hermanos Rodríguez Orejuela podían darse el lujo de conducir Maseratis, pero en vez de eso tenían una flota de Mazdas. Sus pocos autos de lujo, más que nada Mercedes Benz, casi siempre habían sido prestados a políticos y a líderes sociales. Usaban escasas joyas y tenían como regla general nunca ponerse un reloj. Miguel solía vestirse igual todos los días: camisa azul de manga larga, pantalones negros y mocasines Bally, a veces con hebilla de oro.

Chepe Santacruz se sentía cómodo enfundado en un mono con peto y casi nunca se ponía calcetines. Sufría de un trastorno en la piel de los brazos que disimulaba con camisas de manga larga. Aparte de esto, parecía preocuparse poco por su apariencia. Excepto una vez: a principios de los años ochenta, cuando le fue negado su ingreso en el exclusivo Club Colombia de Cali. Santacruz, que había mandado matar a un periodista de habla hispana en Nueva York por haber osado escribir en tono crítico sobre él, le respondió al club con un arquitecto en lugar de un asesino. El multimillonario capo consiguió las medidas exactas del club y construyó una réplica, incluso con piscina y pistas de tenis, en una de sus propiedades.

Lo que quería, lo compraba. Esa era también la actitud del cártel. En enero de 1989, los padrinos querían un ejército privado para dar de baja a Pablo Escobar, así que hicieron los arreglos para comprar a Jorge Salcedo y a su equipo de mercenarios británicos.

Bienvenido al cártel

Jorge se entregó de lleno a su nueva labor. Mientras preparaba el viaje a Londres para reclutar a los mercenarios, él y Mario del Basto comenzaron a ocuparse de las necesidades de protección más urgentes de los Rodríguez Orejuela. Por todas partes veían fallos en la seguridad.

Un problema obvio era el director de Seguridad Hércules, el mayor Gómez. Esta empresa, uno de los muchos negocios lícitos del cártel, tenía cerca de cien guardias armados legalmente, la mayoría de los cuales trabajaban en la cadena de droguerías. La empresa también proveía los esquemas de protección para los padrinos y sus familias, labor que se había vuelto cada vez más importante desde el inicio de la guerra entre los cárteles. En su primera semana de trabajo, Mario y Jorge recomendaron algunos cambios elementales.

Durante esos primeros días, Jorge también reconstruyó la historia detrás de las cajas con restos humanos que Escobar les había hecho llegar a los padrinos. Lo hizo por curiosidad personal y profesional, y por el deseo de aprender de los errores ajenos.

El mayor Gómez había dirigido la misión. Los siete asesinos a sueldo que envió a Medellín para matar a Escobar eran sargentos retirados del ejército. Los hombres le siguieron la pista al capo hasta Envigado y allí pusieron en marcha su plan. Llegaron juntos: siete extranjeros viajando en grupo. Ese fue el primer error. Ninguno de ellos era de Medellín y su acento caleño los delataba. Además, se movían por el reino de Pablo Escobar en autos con placas de Cali. Jorge pensó que había sido un trabajo de inteligencia de lo más estúpido.

Antes de viajar a Londres, Jorge tuvo que ir a Bogotá. Lena tenía cita con su médico y quería que él la acompañara. Los exámenes de laboratorio confirmaron que estaba embarazada.

—No son noticias tan malas —bromeó ella cuando vio que Jorge tenía los ojos húmedos.

—Nunca me había sentido tan feliz —le respondió él, abrazándola.

Estaban a punto de salir del consultorio, cogidos de la mano, cuando Lena se detuvo en seco, abrió su bolso y sacó una cajetilla de cigarrillos medio vacía, que le dio al médico.

—Se acabaron mis días de fumadora. Por mí y por el bebé.

Jorge sabía que Lena nunca volvería a fumar. Su tenacidad era motivo de orgullo y fortaleza para él, lo mismo que la confianza que ella tenía en las decisiones que él tomaba. Lo había apoyado, aunque no de forma entusiasta, cuando había traído a los comandos británicos para la ofensiva contra las FARC. Tenía la esperanza de que reaccionara de la misma manera cuando le contara sobre la nueva misión que había aceptado.

—Mario y yo... necesitamos a los británicos de nuevo; esta vez para darle protección a una gente de Cali.

Jorge no explicó a quién se refería con «una gente»; no hacía falta. Lena sabía quiénes en Cali necesitaban protección y tenían los medios para contratar a Jorge y a Mario. Mientras trataba de convencerla de que no correría ningún peligro, ella clavó el rostro en su pecho y lo abrazó. Guardaron silencio durante un largo rato.

—Prométeme algo —dijo Lena por fin.

—Por supuesto... lo que sea.

—Nunca me digas qué estás haciendo. Por favor, hazlo por mí. No quiero saber nada de nada. ¿Me entiendes? No quiero estar preocupada todo el tiempo. —Jorge le dio un abrazo tranquilizador y asintió—. Además, tú sabes lo que haces.

Él guardó silencio.

La discreta sede de Seguridad Hércules estaba ubicada en una próspera zona comercial del sur de Cali. La compañía no estaba creciendo. Tenía un solo cliente: la familia Rodríguez Orejuela. El mayor Gómez llegaba a su oficina a las siete de la mañana todos los días, en un vehículo blindado conducido por un chófer.

Una mañana, un camión estaba bloqueando parcialmente la entrada de la oficina, por lo que el mayor Gómez tuvo que caminar una corta distancia desde la seguridad de su auto blindado hasta la puerta principal. Cuando iba a mitad de camino, cinco hombres armados con rifles M-16 se alzaron de la parte trasera del camión y abrieron fuego. El mayor se derrumbó en un charco de sangre.

Jorge y Mario estaban en Londres cuando supieron la noticia.

—¿En qué nos hemos metido? —comentó Jorge, sacudiendo la cabeza.

Aunque en ese momento era una pregunta puramente retórica, Jorge estuvo reflexionando sobre el asunto muchas veces durante las semanas siguientes. Le sorprendió que sus nuevos jefes no estuvieran molestos por la pérdida de uno de sus empleados de más alto rango. No hubo expresiones de tristeza; por el contrario, la actitud de todos fue más bien de indiferencia. Y la cúpula no perdió tiempo en hacerles saber a Jorge y a Mario que ellos asumirían las funciones del mayor.

Jorge no estaba seguro de quién había matado a Gómez, pero cuanto más escuchaba, más preocupado se sentía. Los sicarios habían desaparecido sin dejar rastro; un truco de lo más sofisticado, teniendo en cuenta que supuestamente no eran de la ciudad y que se habían dado a la fuga en un camión. Era casi seguro que el ataque había requerido de un informante en Cali que conociera los hábitos del mayor. Y no había duda de que el hombre se había vuelto prescindible ahora que Mario y Jorge iban a hacerse cargo de muchas de sus responsabilidades.

Los dos amigos bromearon diciendo que tal vez un escuadrón armado con M-16 era la manera que tenía el cártel de Cali de solucionar el pobre desempeño laboral de sus empleados. Ambos se rieron, pero para Jorge el humor escondía una sensación de malestar.

David Tomkins era el contacto de Jorge con el mundo de los mercenarios británicos. Accedió a reunirse con él y con Mario en el hotel Sherlock Holmes de Londres para discutir la nueva propuesta. Jorge no había podido ser específico por teléfono, cuando llamó desde el otro lado del océano para acordar la cita.

El traficante de armas, de casi cincuenta años de edad, era una inmensa contradicción: un personaje al estilo Rambo con un toque de rancia clase inglesa. Su experiencia militar era completamente extracurricular. Era un mercenario que nunca había prestado servicio militar; su mayor cercanía a algún tipo de entrenamiento formal había sido un corto período como marino mercante. Sus modales de caballero escondían un duro pasado. Se había hecho experto en explosivos por cuenta propia y había empleado esa habilidad para abrir cajas fuertes. De joven, había pasado ocho años en prisión. Incluso sus tatuajes eran contradictorios. En los dedos de la mano derecha, justo debajo de los nudillos, tenía tatuadas las letras «AMOR», mientras en la muñeca izquierda se leía «ODIO».

Tomkins era el encargado de manejar los explosivos y a los mercenarios; su socio, Peter McAleese, era a quien Jorge tendría que convencer. El musculoso escocés era un estratega brillante, un soldado sólidamente entrenado y con amplia experiencia en escenarios bélicos. Sus hombres lo seguirían a cualquier parte, incluso a Colombia, si Jorge lograba persuadirlo.

—Queremos dar de baja a un terrorista. Es uno de los criminales más buscados del mundo, un narcotraficante, un asesino y una amenaza para mi país: Pablo Escobar —dijo Jorge.

McAleese tenía el perfil físico y la voluntad obstinada de un defensa de fútbol americano. Jorge pensó, además, que el escocés parecía albergar un terrible resentimiento contra los comunistas, pues había combatido muchas guerrillas de izquierda a lo largo y ancho del planeta. Pero no había ningún comunista que combatir en la Hacienda Nápoles. Jorge tuvo que esperar a que Tomkins y McAleese discutieran el tema en privado.

Los dos británicos parecían querer trabajar con él. A pesar de que la misión contra las FARC había quedado inconclusa en lo militar, había sido satisfactoria en lo económico. Ambos confiaban en Jorge y disfrutaban de su compañía. McAleese había adquirido la costumbre de llamarlo «nuestro galante coronel Ricardo», a pesar de que el rango era tan ficticio como el alias: Ricardo o Richard. Jorge no tuvo que esperar la respuesta mucho tiempo. Rápidamente, McAleese le manifestó que Pablo Escobar era un villano «suficientemente peligroso» como para justificar sus servicios.

A finales de febrero de 1989, Tomkins y McAleese aterrizaron en Cali para formalizar el contrato con los padrinos del cártel. Su primera reunión con ellos fue similar a la de Jorge: se retrasó hasta después de las diez de la noche y se llevó a cabo en la casa blanca de Pacho Herrera. De nuevo, los cuatro padrinos estaban allí, ahora con Jorge y Mario y con dos hermanos de Pacho: William y Álvaro Herrera.

Gilberto presidió la discusión, que nuevamente se extendió hasta pasada la medianoche. Jorge hacía las veces de traductor. Se llegó a un rápido acuerdo sobre los objetivos estratégicos y las tácticas básicas. Como Gilberto había pensado desde un principio, los comandos harían una incursión a la luz del día en la Hacienda Nápoles y llegarían en helicópteros identificados con las insignias del ejército y de la Policía Nacional. McAleese tendría que crear un plan detallado, pero se acordó el procedimiento general.

Entonces llegó el momento de hablar de pesos.* Las negociaciones de este tipo eran el teatro de operaciones de Tomkins. Se metió una mano en el bolsillo y sacó una cajetilla de cigarrillos. Como no vio ningún cenicero, preguntó cortésmente:

—¿Les importa si...?

Todos los ojos se volvieron hacia Miguel, quien frunció el ceño y negó con la cabeza.

—El Señor es muy sensible al humo. Es alérgico —explicó Jorge.

De hecho, nadie fumaba delante de los padrinos; en su presencia no se bebía en exceso ni se usaban drogas. Ellos no toleraban que sus empleados se dieran ninguna clase de licencia durante las horas de trabajo.

Sin inmutarse, Tomkins continuó. Mencionó los muchos desafíos que implicaba el plan, la cantidad de hombres que se necesitarían para realizarlo y el tiempo estimado del entrenamiento.

—Podemos llevar a cabo la misión sin cometer errores, pero —hizo una pausa para lograr un efecto dramático y miró a los ojos a cada uno de los padrinos— ... les costará, señores, un... millón... de... dólares.

Si Tomkins quería que los capos de Cali se asombraran, se quedó con las ganas. Gilberto se encogió de hombros y respondió:

—No hay problema. Les vamos a pagar dos o tres veces esa cantidad, más una bonificación, si las cosas salen como queremos.

A Jorge le pareció que era Tomkins el que se había asombrado, pero no fue sino hasta más tarde, cuando estuvieron a solas en el auto, que los mercenarios dieron rienda suelta a su entusiasmo.

—¡Este plan nos puede dejar con tres... o cinco millones, más bonificación! —exclamó Tomkins—. ¡Es increíble! ¡Histórico!

* En español en el original. *(N. de la T.)*

En el asiento trasero, McAleese se echó hacia delante y le puso en el hombro una manaza a Jorge, que iba conduciendo.

—Ricardo —le dijo—, no lo vamos a defraudar.

Tomkins volvió a casa para reunir a sus hombres y preparar el equipo que necesitarían. Mientras tanto, Jorge hizo los arreglos necesarios para que McAleese pudiera ver la Hacienda Nápoles desde el aire. Volaron juntos en una avioneta Cessna 210M Centurión, de seis plazas, que llevaba una cámara Nikon F-1 en la parte inferior del fuselaje.

Los reclutas británicos empezaron a llegar a Cali de uno en uno o de dos en dos. Algunos habían participado en la misión inconclusa contra las FARC. Todos eran mercenarios experimentados, la mayoría entrenados por McAleese en la Brigada de Paracaidistas 44 de Sudáfrica. Entre ellos había hombres que lucharon en la Legión Extranjera, en la infantería ligera de la antigua Rodesia, en la guardia escocesa y en las fuerzas especiales británicas, SAS. Todos llegaron a vivir en dos lujosos apartamentos que los padrinos les asignaron. Ninguno hablaba español. Les recomendaron que se mantuvieran cerca de los pisos francos, que se comportaran como turistas y que cuidaran sus modales. Esto último resultó ser de lo más difícil, particularmente después de sus visitas al Gran Desastre Americano, el bar de un estadounidense expatriado. Los hombres mezclaban licor con política, lo que conducía a debates airados que la mayoría de las veces terminaban en pelea.

Preocupado por la seguridad de la misión, Jorge decidió trasladar a los hombres a la Hacienda Pensilvania, el rancho de Miguel en las montañas del occidente de Cali, muy cerca de la sinuosa carretera principal que conduce a la costa pacífica y al puerto de Buenaventura. La hacienda era como un complejo turístico de lujo, con un clima más fresco gracias a la altura. Tenía gimnasio, sala de pesas, bolera de cinco pistas, sauna y baño turco, así como dos cocineras que prestaban servicio de restaurante las veinticuatro horas del día.

Un día, Jorge y Mario recibieron una furgoneta, regalo de Pacho Herrera. La reluciente bodega de aluminio era un arsenal móvil lleno de rifles automáticos, pistolas, granadas, cohetes anticarro y detonadores. McAleese dijo que era «una cueva de Aladino» del más sofisticado equipo militar: armas nuevas, municiones y explosivos, casi todo de muchísima mayor calidad que lo que les había suministrado el ejército para la misión contra las FARC.

El plan de ataque de McAleese anticipaba que se encontrarían al menos con cien hombres armados protegiendo la Hacienda Nápoles, por lo cual cada mercenario iría equipado con dos ametralladoras, un arma corta, granadas y otros explosivos. En total, los comandos llevarían un poder de fuego combinado para matar a más de tres mil guardias de Escobar.

Desde la misión contra las FARC, Jorge había quedado muy impresionado con el régimen de entrenamiento de los mercenarios. Corrían y hacían ejercicio todos los días, se sometían a la instrucción militar con disciplina y eran interrogados constantemente sobre los detalles de su plan de batalla, por lo que se iban a la cama exhaustos todas las noches. Cuando Jorge no estaba, algunas veces robaban botellas de vino de la colección privada de Miguel. Al Señor eso no le agradaba en lo más mínimo; sin embargo, matar a Pablo Escobar era más importante para él que cualquiera de sus burdeos.

Lo que más intranquilizaba a Jorge eran sus asuntos familiares sin resolver. Como Lena estaba embarazada, quería casarse con ella pronto. Eso significaba realizar un viaje al extranjero porque en aquella época, por ley, en Colombia solo era posible casarse una vez. Por lo general, las segundas nupcias se llevaban a cabo en Panamá. A Jorge no le importaban las convenciones sociales, pero casarse con Lena garantizaba que si le pasaba algo a él, ella y el bebé heredarían su modesto patrimonio.

Una noche, Jorge dio vueltas y vueltas en la cama tratando de dormir. En sus sueños lo seguía un hombre armado, un extraño sin rostro que se le acercaba cada vez más, hasta ponerle el enorme cañón del arma a milímetros del rostro. Se despertó sobresaltado, bañado en sudor.

Nunca le contó a Lena, pero fue esa pesadilla lo que lo motivó a hablar con sus jefes. Les insistió en que necesitaba unos días libres. Iría a Panamá un fin de semana, para casarse. Los padrinos estallaron en carcajadas y le desearon lo mejor.

—¡Y yo que pensé que era un tipo inteligente! —le dijo en broma Chepe, que se había casado dos veces; Pacho fue el primero en darle un apretón de manos; entonces Chepe bramó, refiriéndose al capo homosexual—: Pacho es el único listo en esta habitación, ¡no tiene mujeres!

Miguel, el hombre con cuatro esposas, no se unió a la celebración, pero aprobó la licencia concedida a Jorge.

—Vuelva pronto —fue lo único que le dijo.

Objetivo: Pablo

Los comandos británicos habían entrenado durante casi diez semanas y estaban listos física y mentalmente. Corría mayo de 1989. Lo único que tenían que esperar era que Pablo Escobar decidiera ir a su hacienda. El expectante tedio se vio interrumpido una mañana, cuando Jorge fue citado a Cali. Parecía urgente.

Cuando llegó a la oficina de los Rodríguez Orejuela, se encontró con un ansioso Gilberto que caminaba de un lado a otro. Miguel hablaba por teléfono, como de costumbre. Casi nunca lo invitaban a la oficina interna cuando Miguel estaba haciendo negocios por teléfono, lo que a él le parecía perfecto. El comercio de las drogas no le despertaba curiosidad, y le parecía que lo mejor para él era mantenerse tan alejado como fuera posible. Aunque no le importaba proteger a narcotraficantes de asesinos, ni planear la muerte de Pablo Escobar, Jorge trazaba su límite en el tráfico. No quería formar parte del «negocio». Una cosa era lo que él hacía por el cártel, y otra muy distinta lo que los socios del cártel hacían para ganarse la vida. Jorge no se consideraba un narco y, por tanto, no era uno de ellos. No era un criminal.

Cuando Miguel por fin colgó, Gilberto puso con impaciencia un pedazo de papel entre las manos de Jorge. Los hermanos esperaron mientras Jorge observaba los números garabateados en el papel blanco. Obviamente era un número de teléfono, pero Jorge no pudo reconocerlo. Esperaba una explicación. Gilberto sonrió.

—Es el teléfono móvil de Pablo Escobar —le dijo, casi alegremente—. ¿Qué puede hacer con él?

Desde que Jorge había empezado a trabajar con el cártel hacía casi cuatro meses, se había hecho cargo del sistema de comunicación inalámbrica de la organización, al tiempo que atendía las necesidades cotidianas de los mercenarios británicos. Él y Mario estaban tratando de convencer a los padrinos de la importancia de proveer a los guardaespaldas de la familia con equipos de última tecnología, argumentando que una buena comunicación era clave para garantizar la seguridad.

Jorge había conocido a un caleño experto en electrónica que se llamaba Carlos Alfredo. Aunque confiaba plenamente en sus habilidades, sus clientes podían ser motivo de preocupación para los hermanos Rodríguez Orejuela: era el encargado del mantenimiento de los equipos de comunicaciones de la Policía Nacional.

—Pero trabaja para Dios y para el Diablo —le había asegurado a Gilberto.

Carlos Alfredo empezó a fabricar aparatos electrónicos para filtrar y rastrear la señal del teléfono móvil de Escobar. Al poco tiempo, el cártel tenía el equipo necesario para interceptar las llamadas del capo, grabar sus conversaciones y ubicar el teléfono geográficamente desde una estación portátil de seguimiento monitorizado. Jorge y Carlos Alfredo se equiparon con aparatos electrónicos, incluidas cuatro antenas direccionales, y una avioneta Cessna 210M propiedad del cártel, a la que convirtieron en una plataforma de vigilancia aérea.

En tierra, los espías caleños interceptaban la señal del teléfono móvil de Escobar desde un escondrijo que miraba hacia Medellín. Mientras el Patrón lograba eludir a la policía y a todo el aparato de seguridad nacional, el cártel de Cali lo acechaba desde su propio reino. La mayor preocupación de Jorge seguía siendo mantener en secreto la presencia de los mercenarios. Una docena de británicos, por más fuertes y hábiles que fueran en combate, solo podrían vencer a un número de guardias armados que podía ser de cuatro a seis veces superior con la ayuda de la confusión y el caos, efectos secundarios de la sorpresa.

Una tarde, después de una sesión de entrenamiento en las montañas, los mercenarios se detuvieron en una tienda del camino para comprar Coca-Colas. Los pálidos británicos, con sus camisetas blancas y sus botas de combate, llamaron la atención de un agente de tráfico que pasaba por ahí en su motocicleta. El policía se detuvo y fue a ver de qué se trataba. Al encontrarse con que ninguno hablaba español, quiso inspeccionar los vehículos, entre los cuales estaba la «cueva de Aladino» llena de armas. Mario del Basto mostró su identificación de mayor retirado del ejército, pero el agente no se impresionó e insistió en revisar los vehículos. Mario le impidió el paso. Al cabo de unos momentos, Jorge vio que dos de los mercenarios se disponían a sacar sus armas.

—Controla a tus hombres —le dijo a McAleese por lo bajo en tono urgente—. Que no hagan una estupidez.

Mario hizo una llamada por su radioteléfono. Durante los siguientes veinte minutos, él y Jorge se mantuvieron entre el agente de tráfico y los mercenarios, hasta que un mensajero en motocicleta llegó trayendo consigo una pequeña bolsa. Del Basto la recibió y se la dio al policía, quien la abrió y sopesó el contenido por unos momentos. Entonces la cerró, se montó en su motocicleta y se fue, permitiendo que le compraran la curiosidad con dinero en efectivo. Jorge no se sorprendió demasiado: como muchos colombianos, no era la primera vez que sobornaba a un agente de tráfico. Pero nunca antes el riesgo había sido tan alto.

Después de ese incidente que casi arruina la misión, el entrenamiento se trasladó a un campamento en la selva del lado occidental de las montañas. Se trataba de un terreno plano y relativamente seco en medio de una zona predominantemente pantanosa. A cambio de la privacidad del lugar, los mercenarios tenían que convivir con arañas gigantes, ranas y serpientes, algunas venenosas. Por la noche podían escuchar los chirridos y los gemidos de las guaguas, roedores asustadizos de gran tamaño que pueden llegar a pesar quince kilos.

—Las guaguas son deliciosas —les aseguró Jorge a los británicos, pero ellos prefirieron mantener su dieta tradicional: bistec y huevos, bistec y huevos... y más bistec y más huevos.

Los británicos bautizaron a su nuevo hogar «La Guagua». Jorge lo llamaba «Ninguna Parte, Colombia». Para protegerse de serpientes e insectos, construyeron una cabaña de madera en la cual dormían. También hacía las veces de aula táctica, enfermería y lugar de reuniones. Estaba completamente empapelada con fotos de Pablo Escobar.

Jorge tenía sus momentos de duda, no en relación con los mercenarios, con sus capacidades o con el plan de batalla. Lo que le preocupaba era que Escobar jamás volviera a Nápoles. Si los padrinos del cártel de Cali pensaban que la hacienda era una trampa perfecta, muy probablemente el Doctor pensaba lo mismo.

El fútbol vino en auxilio del cártel de Cali el 31 de mayo de 1989. El Club Atlético Nacional de Medellín ganó al Olimpia de Paraguay y se convirtió en el primer equipo colombiano en conseguir la Copa Libertadores de América, prestigioso torneo que entonces cumplía cuarenta y un años. Pablo Escobar, el dueño del equipo, estaba exultante. Los espías en Medellín informaron a los padrinos de Cali que Escobar estaba organizando una fiesta de celebración... en la Hacienda Nápoles.

—¡Vamos! —ordenó Gilberto.

Quedaban algunas cosas por resolver. La más importante era la falta de un helicóptero: un segundo Bell 205 Huey estaba siendo acondicionado y reparado en Brasil. El plan requería dos Hueys de la época de la guerra de Vietnam, pintados como helicópteros de la policía, para transportar hasta el lugar del ataque la pesada carga de hombres y armas. Otro helicóptero, un Hughes 500 de cuatro plazas, mucho más pequeño, serviría a McAleese de puesto de mando aéreo. Pero sin el segundo Huey, el Hughes 500 tendría que volar con más peso del aconsejable.

Ambos pilotos se mostraban reacios a sobrecargar los helicópteros, al igual que McAleese, pero Gilberto no quería ceder. Después de esperar tanto a que Escobar apareciera, el padrino no estaba dispuesto a perder la primera buena oportunidad que se les presentaba.

—Claro que pueden transportar la carga adicional, ¿no es cierto? —los presionó.

Después de una larga discusión sobre cómo redistribuir el peso de los pasajeros y de su carga, los dos pilotos estuvieron de acuerdo en que era posible.

—¡En marcha, entonces! —exclamó Gilberto, encantado.

—Esta puede ser nuestra única oportunidad —concedió McAleese.

En ese punto, el Ajedrecista anunció un cambio de último minuto, una especie de póliza de seguro. Una vez que los comandos estuvieran en tierra y la invasión se hubiera puesto en marcha, una avioneta Cessna 208 Caravan con doce o más hombres armados del cártel aterrizaría en el lado opuesto de la hacienda. Se trataba de sicarios a las órdenes de Pacho Herrera. El capo a quien Escobar había jurado matar enviaba su propio equipo para saldar una deuda personal y para aumentar el número de rivales caídos. No hubo objeciones por parte de los otros padrinos.

El Día D llegó el 3 de junio de 1989. McAleese se dirigió a sus hombres, reunidos cerca de los helicópteros. Estaban vestidos con el uniforme camuflado del ejército colombiano y tenían los bolsillos del chaleco llenos de granadas y municiones.

—«Ignoro si hemos de volvernos a ver —empezó McAleese, citando a Bruto, en *Julio César*, de Shakespeare—. Por tanto, démonos un eterno adiós. ¡Por siempre y para siempre, adiós! Si volvemos a vernos, pues, sonreiremos. Si no, bien hecha ha sido esta despedida.»

Momentos después, en medio del rugido de los motores, los dos helicópteros sobrecargados remontaron un cielo completamente despejado. La «Operación Fénix», como la llamó McAleese, acababa de ponerse en marcha. Estaban a solo dos horas y media de vuelo del lugar de aterrizaje y reaprovisionamiento de combustible, cerca de la Hacienda Nápoles.

En Cali, al otro lado de la Cordillera Occidental, Jorge se acomodó en el asiento del copiloto de la Cessna 210M, cuyo nombre clave era «Telstar», y que serviría como centro aéreo de comunicaciones durante la operación. Saludó a Irma, la única mujer piloto del cártel, quien hizo despegar la nave suavemente y se enfiló hacia el norte, con dirección al valle del río Magdalena. Si los cálculos de velocidad y distancia habían sido correctos, llegarían al lugar de aterrizaje justo antes que los helicópteros, que venían desde la costa.

Un técnico de radio manipulaba una serie de receptores electrónicos sin quitarse los auriculares. Uno de los aparatos permitía escuchar las llamadas del teléfono móvil de Escobar, mientras otro podía ubicar, con un margen de pocos metros, dónde se estaba usando el teléfono. Este último ya había confirmado que el móvil de Escobar estaba en alguna parte de la hacienda, lo que era suficiente para que los comandos empezaran su incursión; pero antes se requería una última labor de inteligencia: confirmar que Pablo también estuviera allí.

Los padrinos de Cali habían hecho los arreglos necesarios para que alguien llamara a Escobar a las once de la mañana en punto, cuando Telstar ya debía de estar lo suficientemente cerca como para interceptar la señal. Si el técnico no escuchaba la voz de Pablo, se cancelaría la misión. Irma mantuvo la avioneta en un curso estable. Jorge vio la hora en su reloj varias veces; a las once, se volvió para mirar al técnico, que presionó los auriculares contra las orejas y escuchó con atención. Al cabo de unos momentos, alzó la mirada hacia Jorge y le sonrió, al tiempo que levantaba los pulgares en señal de aprobación. Jorge abrió el radioteléfono y exclamó:

—¡Va a haber fiesta!*

En una oficina de Cali llena de capos ansiosos, la noticia fue recibida con júbilo. Los cuatro hombres se habían reunido para escuchar las comunicaciones en directo desde la escena de los hechos.

—¡Bueno! ¡Bueno!** —respondió Gilberto por el radioteléfono.

En la avioneta, Jorge cambió de frecuencia y repitió el mensaje en inglés para que los comandos entendieran.

Al cabo de un momento, McAleese respondió:

—Habrá fiesta. Confirmado.

En el Hughes 500, McAleese levantó el puño en señal de triunfo hacia los tres hombres que iban apiñados en la parte trasera. En el helicóptero de cuatro plazas se habían acomodado cinco hombres grandes; los de atrás estaban sentados sobre las cajas de municiones. Se habían retirado los dos asientos traseros. También los cinturones de seguridad, pero ninguno de los hombres sentados sobre los explosivos se quejó por la ausencia de ese elemento de protección.

La primera fase de la operación eran las casi tres horas de ascenso por las espectaculares montañas de la Cordillera de los Andes hasta llegar a «Kiko», el nombre clave de la finca abandonada que serviría de escala y lugar de reaprovisionamiento de combustible. Gilberto la había comprado en secreto con el fin de guardar allí

---

* En español en el original. *(N. de la T.)*
** En español en el original. *(N. de la T.)*

tanques de cincuenta y cinco galones de combustible de aviación JP4. Estaba a ocho minutos de vuelo de la Hacienda Nápoles.

La segunda fase, el ataque, empezaría con un bombardeo a las torres perimetrales de vigilancia: ráfagas de ametralladora y explosivos lanzados desde el Hughes 500. Tomkins maniobraría la poderosa ametralladora M240 que iba montada sobre un trípode que Jorge había diseñado, sujeto a uno de los patines de aterrizaje del helicóptero. Un coronel de la Policía Nacional le había prestado la ametralladora a Gilberto con todo tipo de recomendaciones, por lo que el padrino le había pedido a Jorge una y otra vez que tuviera mucho cuidado con ella.

McAleese esperaba que los ocupantes de la hacienda confundieran los helicópteros del ataque con los de las fuerzas militares. En medio de la incertidumbre, los comandos podrían moverse rápidamente para tomar la casa, reducir a los guardias armados y capturar o matar a Escobar.

La tercera fase consistía en reagruparse, y la cuarta, en retirarse. McAleese y sus hombres tenían planeado irse cuanto antes, salir de Colombia lo más pronto posible, pasando por Panamá antes de volver a casa.

En el helicóptero de comando, McAleese miraba hacia atrás con frecuencia, para verificar cómo estaban sus tres camaradas, apretujados en el espacio para dos. Se sentía aliviado de que el despegue no hubiera presentado contratiempos, a pesar del exceso de peso. Al lado de Mario del Basto y David Tomkins, el tercer hombre era Omar Sánchez, uno de los sicarios de Chepe. Había sido la envidia de los mercenarios durante las sesiones de entrenamiento, al llegar en un Porsche 911 con todos los accesorios. Omar aprendió inglés mientras vendía drogas en las calles de Los Ángeles. Iba en ese helicóptero para ayudar con la traducción... y con la matanza.

«Tigre», el piloto, era un teniente de la policía de veintinueve años, originario de Bogotá. McAleese admiraba su estilo temerario y fanfarrón, aunque Mario se quejaba de él porque le parecía que pecaba de imprudente. Era hijo de un general retirado de la policía pero tenía problemas con las figuras de autoridad, lo que lo había convertido en el favorito de los mercenarios. Para consternación de Mario, ellos le daban cuerda constantemente. La noche antes del ataque, McAleese cubrió el asiento del piloto con una piel atigrada de ocelote o tigrillo,* como lo llaman en Colombia.

Los helicópteros, volando en formación uno junto al otro, siguieron con rumbo al norte, casi a lo largo del río Cauca. Al Bell 205 Huey, que llevaba diez mercenarios y un piloto veterano, cuyo nombre clave era «Toyco», lo habían pintado de verde y blanco, los colores de la Policía Nacional. El Hughes iba pintado del verde característico del ejército. Si llegaban a ser interceptados por alguna fuerza armada legítima, su coartada era que estaban trabajando en una operación encuerbierta antidrogas.

Después de casi tres horas de vuelo, los helicópteros estaban a punto de llegar a Kiko por el occidente. Una acumulación de nubes densas oscureció la cima de la última cadena montañosa antes de llegar al lugar de aterrizaje, mientras un fuerte viento empezaba a soplar contra las aeronaves, que entraban y salían de las formaciones nubosas. Ninguno de los helicópteros estaba equipado para volar con instrumentos, así que los pilotos se vieron obligados a ascender en busca de cielos despejados.

Desde su asiento en la Cessna 210M, Jorge tenía una excelente visión panorámica. Podía ver a ambos helicópteros volando sobre las nubes, algunas veces desapareciendo brevemente entre las capas blancas. Como la avioneta volaba mucho más alto, Jorge podía ver mejor que los pilotos de los helicópteros dónde terminaba la formación nubosa. Estaban casi al otro lado.

—Buenas noticias, Tigre: cielo abierto a pocos metros —dijo Jorge en su radioteléfono, pero Tigre no recibió el mensaje.

---

* En español en el original. *(N. de la T.)*

Acababa de cambiar la frecuencia para notificar un hecho alarmante: el Hughes se estaba quedando sin combustible.

—Las botellas de leche están casi vacías —informó.

El ascenso con la gran cantidad de peso que llevaban había consumido demasiado combustible.

Ahora Tigre quería descender. Ambos pilotos vieron una abertura en las nubes.

—¿Ve el hoyo? —preguntó Toyco por el radioteléfono.

—Voy a descender hasta él —respondió Tigre.

Jorge perdió de vista los helicópteros. La siguiente radiotransmisión que escuchó fue de Toyco, que estaba casi a punto de aterrizar en Kiko.

—¿Dónde está Tigre?

En la cabina de la Cessna, Irma dejó escapar un gemido de temor. Jorge respondió:

—No lo vemos. Vamos a regresar... a ver qué pasó.

Irma ladeó la avioneta y regresó hacia la cadena montañosa. No habían recibido ninguna señal de alarma, ningún informe de aterrizaje de emergencia, y tampoco se veían señales de fuego en las montañas. Sin embargo, el Hughes 500 seguía sin salir de las nubes.

Prisionero de la niebla

Jorge miraba hacia abajo. Iban volando a poca altura, a lo largo del borde de una nube, inspeccionando el terreno irregular que se extendía a sus pies. Las montañas estaban cubiertas de interminables ramilletes verdes; McAleese las llamaba «selva de brócoli». Jorge contuvo la respiración, con la esperanza de ver al rudo comandante británico y a sus acompañantes en algún claro entre los gigantes tallos verdes. De repente, una voz conocida salió del receptor de radio:

—¡Jorge, Jorge! ¿Puedes vernos?

—Mario, ¡gracias a Dios! ¿Qué pasó?

—Nos estrellamos. ¿Puedes vernos?

—No, los estoy buscando. ¿Alguien murió?

—Una persona —respondió Mario—. Puedes adivinar quién.

—¿Tigre?

—Sí. Y Peter está herido. ¿Puedes vernos? —preguntó Mario, suplicante.

Jorge no veía más que una mancha verde de selva ininterrumpida. Le pidió a Mario que tratara de guiarlos hacia el lugar del accidente. Mientras Irma sobrevolaba el área, Mario narraba lo que podía ver y escuchar desde tierra.

—Deben de estar cerca, Jorge. Sí, puedo verlos. Giren un poco a la derecha, sí… Ahora derecho… Se están acercando… Más… Sí, más. Ya casi están acá… ¡Sí! ¿Ahora sí nos ves?

—No, lo siento —respondió Jorge.

—¿No? ¡Pero si acaban de pasar por encima de nosotros! —exclamó Mario, enfadado.

—Cálmate, Mario. Cálmate, o no lograrás salir de la selva —le dijo Jorge.

Mientras Irma empezaba un nuevo rodeo por el área, Jorge cambió de frecuencia para comunicar a los padrinos las malas noticias. Decidió que lo mejor era hacerlo sin rodeos:

—Tigre se estrelló. Está muerto. El helicóptero cayó en la selva. Peter está herido. Tenemos que abortar la misión.

Esperó a que los hombres asimilaran las noticias. Al cabo de unos momentos, Gilberto, decepcionado, dio por recibida la información y estuvo de acuerdo en cancelar la misión. No quedaba otra alternativa.

La avioneta voló en círculos por la zona hasta que finalmente Jorge logró ubicar a lo lejos los restos del Hughes 500. No había manera de aterrizar en ningún lugar cercano debido a la tupida vegetación y a que el helicóptero había caído en una pendiente muy empinada. Toyco, que se había reabastecido de combustible y había regresado para unirse al rescate, informó sobre un claro en la falda de la montaña. Un paso estrecho corría hasta allí.

—¿Podrían buscar la quebrada y seguirla hasta el claro? —le preguntó Jorge a Mario.

—Nosotros sí, pero Peter no.

Los repetidos vuelos sobre la zona le habían permitido a Irma establecer la ubicación exacta del accidente: los mercenarios se encontraban a 16,4 millas náuticas al sur oriente de la torre VOR de Abejorral, cerca de Sonsón, a unos noventa y seis kilómetros de Medellín. Toda actividad aérea sería advertida. Jorge debía ser cuidadoso para no atraer la atención al lugar del accidente. El rescate tenía que realizarse con discreción, sin investigadores aéreos, sin los equipos de búsqueda de Sonsón y sin la cobertura de los medios.

Si Jorge lograba llevar a cabo el rescate en secreto, tal vez no todo se había perdido. Quizá dentro de algunos meses podrían intentar de nuevo matar a Pablo.

En tierra, todo era devastación. Cuando Tigre maniobró a través del agujero en las nubes, fue a estrellarse de frente contra una selva envuelta en niebla. No tuvo oportunidad de cambiar el rumbo antes de que el parabrisas se reventara en mil pedazos por el impacto contra un árbol. El helicóptero dio vueltas violentamente y se deslizó sobre el techo cuesta abajo entre la vegetación, destrozado por los árboles centenarios que encontró a su paso y por la fuerza de sus rotores.

El cinturón de seguridad impidió que McAleese saliera expulsado de la nave. Ahora sentía un dolor desgarrador en la espalda. El rugido del motor agonizante ahogaba los terribles chirridos que producían la madera y el metal al desgarrarse. Finalmente, el maltrecho helicóptero se detuvo con los patines hacia el cielo. McAleese se encontró colgando a pocos metros del suelo, todavía sujeto al asiento. Miró por encima de su cabeza y vio el suelo selvático.

Los tres hombres apiñados en la parte trasera sobrevivieron al accidente con apenas algunos rasguños y moretones, y lograron salir gateando entre las grietas del fuselaje. Tigre gemía, casi sin moverse. McAleese se soltó el cinturón y cayó pesadamente al suelo. Tenía cinco costillas rotas y una luxación severa de la columna. Estaba cubierto de sangre, pero no suya sino de Tigre. El joven piloto estaba vivo cuando Tomkins y Mario lo acomodaron en el suelo. Al parecer, una de las hélices le había amputado parte del brazo izquierdo y la pierna izquierda a la altura de la cadera.

McAleese rebuscó entre los escombros hasta encontrar el kit de primeros auxilios del helicóptero, preparó una jeringa y le inyectó a Tigre en el brazo sano una dosis de morfina, con el fin de mitigar el dolor. Era imposible detener la hemorragia. Nadie sabía cómo administrar la extremaunción. Minutos más tarde, Tigre había muerto.

Los supervivientes, varados en una saliente plana en medio de un terreno completamente escarpado, consideraron su situación. El accidente podía haber sido mucho peor. Los árboles habían amortiguado el impacto inicial y la tupida vegetación había evitado que el helicóptero hubiera seguido rodando cuesta abajo cientos o miles de metros. Se encontraban a unos dos mil metros de altura, en la ladera de una cadena montañosa cuyo nombre le venía a la perfección: Cuchilla del Tigre.

Estaban en el corazón del reino de Pablo Escobar. Eran cuatro hombres y un cadáver colgando de la ladera de una montaña: lo único en lo que podían pensar era en el rescate. Cuando se escuchó a la distancia el motor de la avioneta, Mario buscó el radioteléfono y llamó a Jorge.

Mario, Omar y Tomkins emprendieron la marcha cuesta abajo con la intención de encontrarse con los otros hombres y guiar al equipo de rescate hasta el lugar del accidente. La distancia no era larga pero se trataba de un terreno difícil, por lo que la caminata se convirtió en una odisea que duró toda la noche. Sin darse cuenta, se habían llevado los únicos radioteléfonos que funcionaban, así que McAleese se quedó incomunicado y solo con el cadáver de Tigre, en medio de los espeluznantes sonidos del Hughes atrapado entre los árboles.

Toyco y los tripulantes de su aeronave se guarecieron en la improvisada pista de aterrizaje abajo de la saliente para esperar a los supervivientes, mientras Jorge regresaba a Cali. Poco después del amanecer, los tres supervivientes llegaron, tambaleantes, al encuentro con el piloto y los nerviosos británicos. A nadie se le había ocurrido incluir el vasto arsenal un machete que les hubiera sido de gran ayuda para abrirse paso en el camino de subida. Emprendieron el ascenso de todas maneras; les llevó horas avanzar unos cuantos cientos de metros. De repente escucharon gritos en español y Toyco los llamó de vuelta al helicóptero, parcialmente camuflado.

—Esto no me gusta nada. Nos vamos de aquí —dijo.

Jorge propuso enviar un pequeño equipo de rescate que no llamara la atención. Un teniente del cártel, ayudado por unos pocos campesinos de la zona, podría sacar a McAleese hasta algún lugar seguro donde lo pudieran recoger. Jorge estaba optimista: dos días después, el accidente no se había filtrado a los medios.

Los capos accedieron a que se informara a la familia de Tigre. Le demostrarían sus condolencias y su solidaridad al padre, el general retirado, con un generoso regalo en efectivo, suficiente para garantizar total discreción en cuanto a las circunstancias de la muerte del piloto. Sin embargo, lo que más parecía preocuparles era la ametralladora M240 que les habían prestado. En medio de tantas angustias de vida y muerte, a Jorge no se le había ocurrido preguntar si esta se había averiado o se había destruido durante el accidente. Si bien entendía la importancia de devolverla, le sorprendió la intensidad de la preocupación de los padrinos.

Le faltaba mucho por aprender sobre las prioridades del cártel.

Las montañas andinas donde McAleese pasó en soledad la primera noche después del accidente forman parte de un microclima típico de las alturas en las regiones tropical y subtropical. Se les llama bosques de niebla y se caracterizan por temperaturas sorprendentemente bajas y por una densa neblina que puede mantenerse largo tiempo, causando lloviznas constantes.

McAleese aprovechó las últimas luces del día para volver a los restos del helicóptero. Estaba helado y los escalofríos hacían que terribles oleadas de dolor le recorrieran la espalda y el pecho. Notó que el cuerpo de Tigre estaba poniéndose azul. Rebuscó entre la carga del helicóptero hasta encontrar varios paquetes de C-4 —Demex, lo llaman los británicos—, un poderoso explosivo plástico que habían llevado para volar las torres de vigilancia de Escobar. Con apariencia de arcilla, se usa mucho para demoliciones y atentados por su fuerza destructiva, pero también puede emplearse como combustible sin correr el riesgo de una explosión. De vuelta en su saliente, McAleese se calentó las manos en una fogata encendida con C-4.

Como nadie fue a buscarlo el segundo día, empezó a racionar las provisiones. No tenía manera de saber cuánto tiempo más debía esperar hasta que pudieran rescatarlo.

La segunda noche durmió a intervalos y se despertó incontables veces, a merced del viento gélido que azotaba las montañas. Por la mañana, todo estaba en silencio. La niebla se asentó en medio de los árboles y McAleese comprendió que la poca visibilidad retrasaría cualquier intento de rescate. Adolorido, regresó a los escombros del Hughes para sacar bolsas de suero, dulces y una ametralladora Uzi cargada. Si los hombres de Pablo Escobar lo encontraban primero, les daría pelea. La niebla matutina se convirtió en llovizna y después en lluvia. Calado hasta los huesos y helado, McAleese se preparó para otro día de agonía. Estaba prisionero de la niebla.

Después de tres noches en la montaña, el escocés empezó a hablar solo. Se le estaba acabando el suero, así que tendría que recolectar agua de lluvia. Consideró la posibilidad de emprender la marcha cuesta abajo, pero no tenía radioteléfono ni brújula. Entonces escuchó ruidos: un machete abriéndose paso entre la vegetación, voces en español. No había duda. Un grupo de hombres se acercaba por la empinada pendiente. McAleese tomó su arma. Al asomarse por la saliente vio a alguien y espetó una advertencia:

—¡Alto! *Stop right there, you son of a bitch!*

Uno de los rescatadores vio la Uzi y levantó las manos, aterrorizado.

—¡Amigo, amigo! —gritó—. ¡Capitán Ricardo, amigo Ricardo!*

McAleese bajó el arma y le dio la bienvenida al grupo de rescate. Los hombres se quedaron solo el tiempo suficiente para quitarle al mercenario las botas y ponerle unos zapatos deportivos ligeros. Uno de ellos encontró la ametralladora M240 todavía sujeta al patín del Hughes. Ya no se veía nueva, pero por lo menos podrían devolverla en una sola pieza. Dejaron el cadáver de Tigre en la montaña.

Ninguno de los cinco rescatadores hablaba inglés. Durante la mayor parte del descenso siguieron la quebrada que había guiado a Tomkins, Mario y Omar. Con la espalda lastimada y las costillas rotas, McAleese necesitaba ayuda cada vez que debían pasar una cascada, y había muchas. Tenían que amarrarlo por la cintura con una cuerda para bajarlo, y el dolor lo dejaba sin aire. Para cuando llegó al final del camino, odiaba las cascadas.

Caminaron hasta bien entrada la noche, con linternas para iluminar la ruta, y durmieron a la orilla del río. Continuaron la marcha al amanecer. Unas seis horas más tarde, los rescatadores guiaron a McAleese hacia una colina cubierta de hierba donde lo esperaba un helicóptero. Cuando el rudo escocés se dispuso a subir, la ráfaga de viento de la hélice lo tumbó de espaldas. Minutos más tarde, fue llevado hasta un pequeño aeropuerto en las cercanías; allí lo esperaba Jorge en otra avioneta Cessna para llevarlo al médico. El mercenario subió a la avioneta con gran esfuerzo y se dejó caer en el asiento detrás de Jorge, que no recordaba haberse sentido más aliviado de ver a nadie antes. Se dieron la mano. Aunque herido, el escocés conservaba su fuerza de acero.

* En español en el original. *(N. de la T.)*

Quedaban algunos asuntos sin resolver. El padre de Tigre quería recuperar el cuerpo de su hijo, por lo que, diez días después del accidente, Jorge mandó al mismo equipo de rescate a por el cadáver. El general quedó agradecido y guardó silencio. Las probabilidades de que alguien encontrara por casualidad el lugar del accidente parecían tan altas como las de encontrar a Amelia Earhart.* Pablo Escobar no supo nada de lo que estuvo a punto de sucederle.

---

* Piloto estadounidense que desapareció cuando sobrevolaba el Océano Pacífico en 1937. *(N. de la T.)*

Maternidad y ley marcial

El departamento de Antioquia era el centro del reino de Pablo Escobar, y Medellín era su capital. El gobernador, Antonio Roldán Betancur, estaba harto de los asesinatos y urgía a la policía a hacer cumplir la ley más enérgicamente. El 4 de julio de 1989, el popular funcionario daría un discurso para denunciar la violencia que aquejaba a su departamento y cuyos efectos conocía muy bien. Necesitaba un equipo de guardaespaldas armados para llegar al evento en el cual expresaría su indignación.

Tres escoltas recogieron a Roldán en su casa aquella mañana y lo acompañaron hasta el coche que conducía un chófer. Dos calles más adelante pasaron junto a un auto que estaba preparado para explotar en ese preciso momento. Solo sobrevivió el chófer, aunque muy mal herido. Culparon a Pablo Escobar y el clima de violencia no amainó.

Unas dos semanas después, tres sicarios en motocicleta interceptaron el auto de una jueza que transitaba por una calle de Medellín y descargaron sobre él doscientos tiros de ametralladora. La jueza, María Elena Díaz Pérez, de treinta y ocho años, recientemente había firmado una orden de detención contra Escobar. La orden expiró con su muerte.

Las noticias de los asesinatos ahondaban la pena de Jorge Salcedo por el frustrado ataque a la Hacienda Nápoles el mes anterior. Tanto él como los padrinos de Cali estaban ansiosos de intentar un nuevo golpe, pero el equipo necesitaba helicópteros.

Peter McAleese estaba casi completamente recuperado de su luxación de columna y de la rotura de sus costillas. David Tomkins había reclutado a un par de pilotos de helicóptero británicos para reemplazar a Tigre. Los mercenarios seguían llevando una vida relativamente lujosa y tranquila, financiada por el cártel, mientras esperaban en Panamá. Pero a finales de julio la mayoría de ellos empezaban a ponerse nerviosos.

Jorge tampoco se sentía tranquilo. Le parecía que estaba haciendo el trabajo de una niñera: alimentar a los británicos, hospedarlos y evitar que se metieran en problemas. Se habían mudado a Panamá con el fin de mantener un bajo perfil durante la interminable espera. Eso significaba que con frecuencia Jorge tenía que dejar sola a su esposa embarazada, a veces durante semanas enteras.

Entonces decidió mandar a buscar a Lena, que llegó a la ciudad de Panamá radiante con un collar de perlas y un vestido premamá. Tenía siete meses de embarazo. Dos de los mercenarios, que habían acompañado a Jorge a recogerla al aeropuerto, la saludaron como si fuera parte de la realeza británica.

Camino a la ciudad, Lena iba sentada atrás con la ventanilla abierta, su pelo ondeando en la fresca brisa. Jorge no hacía más que mirarla por el espejo retrovisor. En un semáforo en rojo, un ladrón callejero se acercó a ella y le arrancó el collar. Momentos después el hombre corría por su vida, seguido por dos enormes británicos enfurecidos. No logró llegar muy lejos. Cuando Jorge los alcanzó, le estaban dando una paliza tremenda. Era importante no llamar la atención de la policía local, por lo que insistió en que soltaran al ladrón. Volvieron al auto y se fueron tan rápido como pudieron. Lena sostenía con fuerza sus perlas recobradas.

A Jorge le inquietaba la seguridad de la misión. La ciudad de Panamá estaba llena de agentes leales a Manuel Antonio Noriega. Los vínculos del hombre fuerte de Panamá con Pablo Escobar y con el cártel de Medellín le preocupaban particularmente a Jorge.

También le preocupaba que los mercenarios fueran tomados por espías estadounidenses, ahora que las tensiones entre Panamá y Estados Unidos iban en aumento. Entonces decidió sacarlos de la ciudad por unos días. Hizo los arreglos para que tomaran un curso de entrenamiento en buceo en Portobelo, en la costa caribeña de Panamá, al norte de la capital.

Allí, en medio de las ruinas de los fuertes españoles del siglo XVI, tiempo atrás saqueados por piratas y corsarios británicos, los mercenarios trabajaron largos días para obtener su certificación como buzos. El regreso de la disciplina militar fue bien recibido. Como no se bebía antes de bucear, no hubo peleas durante semanas. Todo iba tan bien que Jorge decidió que podía tomarse un fin de semana para ir a casa.

Aterrizó en Bogotá al atardecer del viernes 18 de agosto, con la intención de quedarse una o dos noches. Llegó a casa sin avisar, lo que hizo muy feliz a Lena. Ella encendió la radio y sintonizó una emisora de salsa, música alegre para animar su tan anhelado tiempo a solas. De pronto, un boletín de noticias interrumpió la programación.

El candidato presidencial Luis Carlos Galán había sido herido en un mitin al sudoeste de Bogotá. Representante del Partido Liberal, era el candidato con más probabilidades de ganar las elecciones de 1990. Apoyaba de manera vehemente la extradición y estaba en franca oposición a Pablo Escobar y a los cárteles de la droga. Boletines informativos siguieron interrumpiendo la programación radiofónica. Galán había sido trasladado a un hospital. Galán se encontraba en estado crítico. Galán luchaba por su vida. Galán había muerto.

El presidente Virgilio Barco, en un discurso televisivo, declaró la ley marcial, impuso el toque de queda y ordenó la movilización de todas las unidades de reserva del ejército. Con renuencia, Jorge se dispuso a marcharse: debía pasar el informe a su superior. Se quedó unos momentos más en la puerta, besando a Lena. De pronto, ella jadeó. Había roto aguas: empezaba el trabajo de parto.

A las diez de la noche, todo en Bogotá estaba cerrado y nadie podía andar por la calle, pero Jorge necesitaba llegar a la clínica. Usó su identificación militar para pasar los varios retenes donde los detuvieron. En la clínica solo había una enfermera de turno. Después de llamar al médico de Lena, Jorge se dedicó a recorrer los pasillos vacíos. Finalmente, a las tres de la mañana, nació su hijo, un mes antes de lo esperado. El pequeño Jorge y su madre estaban bien. Con su bebé en brazos, Jorge a duras penas registró la noticia de que César Gaviria, el jefe de campaña de Galán, lo había reemplazado como candidato presidencial.

El asesinato de Galán dio origen a cientos de operaciones militares y policiales a lo largo y ancho del país en busca de posibles actividades de narcotráfico. Agentes antinarcóticos inundaron las zonas rurales y detuvieron a casi diez mil personas en sus pesquisas para dar con el paradero de Escobar y sus secuaces. El presidente Barco aceptó la primera de una serie de ofertas que le hizo la administración de George Bush padre para dar a Colombia un nutrido apoyo financiero, militar y de inteligencia destinado a la lucha contra el narcotráfico.

Escobar consideró que las medidas adoptadas por el gobierno eran una afrenta personal, a pesar de que la campaña estaba dirigida contra todos los narcotraficantes. Para disgusto del cártel de Cali, las autoridades detuvieron más de ochenta naves de su flota, lo que restringió seriamente las operaciones durante semanas. Jorge se quedó tres días con su esposa y con su hijo recién nacido antes de regresar a Panamá.

Varios problemas esperaban a Jorge en la ciudad de Panamá. El gerente del hotel estaba tan enfadado que casi no podía hablar. Jorge lo siguió en silencio desde la recepción hasta el ascensor y después hasta la suite del último piso. El apartamento más lujoso del hotel estaba patas arriba y el gerente quería desalojar a los británicos. Exigía que se fueran de inmediato.

Jorge llevaba consigo una gran cantidad de dinero del cártel en efectivo, sobre todo en dólares estadounidenses. Novecientos dólares cubrían una semana de hotel, más cincuenta dólares diarios para cada uno de los combatientes. Esa suma no representaba casi nada para el cártel, pero era suficiente para satisfacer las necesidades de los hombres en cuanto a comida, bebida y prostitutas. Cuando la puerta de la suite se abrió y Jorge vio el estado en que se encontraba, examinó los daños con calma —una lámpara rota acá, una silla y una mesa reducidas a astillas allá, horribles manchas en la alfombra, la puerta corrediza del balcón resquebrajada y otros destrozos varios— y le preguntó al gerente si le parecía que quinientos dólares cubrirían los arreglos. El hombre se ablandó un poco. Jorge le dio cincuenta dólares más por sus molestias y trató de sonar sincero al decir:

—No volverá a suceder.

El tiempo pasaba y Escobar no había vuelto a Nápoles desde el día del ataque fallido, casi cuatro meses atrás. Las medidas tomadas por el gobierno tras el asesinato de Galán hacían cada vez más improbable que eso ocurriera. Algunos de los mercenarios se habían aburrido de esperar y habían vuelto a casa. Los otros pasaban el tiempo bebiendo, contratando prostitutas y peleando entre sí.

La Policía Nacional le dio el golpe final al proyecto cuando incautó la hacienda de Escobar. Todo el entrenamiento y la preparación para tomar Nápoles habían sido en vano; Jorge tendría que pensar en un nuevo plan. Pero mantener a los mercenarios británicos esperando en Panamá mientras se decidía otro esquema se volvió imposible.

Algunos de los hombres que regresaron primero a casa contaron sus historias en la CNN y en otros medios de comunicación, adornando sus coloridos relatos con fotos de los campos de entrenamiento. McAleese estaba furioso por la violación de la confidencialidad, pero ya era demasiado tarde.

Sin embargo, los hermanos Rodríguez Orejuela todavía parecían optimistas. Al menos la publicidad le haría llegar a Escobar el mensaje de que lo estaban acechando. Gilberto bromeaba con que tal vez eso le causaría a Pablo una indigestión. En una última cena en la ciudad de Panamá, ante unas langostas, Tomkins y McAleese estuvieron de acuerdo en que lo mejor era cancelar el asunto, descansar un poco y, como sugirió Jorge, «esperar tiempos mejores».

Para octubre de 1989 era evidente que el proyecto Pablo Escobar, que en un principio se había pensado que iba a tomar unos pocos meses, requeriría un año, si no más tiempo. Jorge se dio cuenta de que ya no tenía sentido retomar sus negocios en Bogotá después de haberlos abandonado durante tantos meses. Lo que más le preocupaba era la cobertura del plan frustrado en los medios.

Se preguntó cuánto tiempo se necesitaría para que Escobar descubriera el papel que él había desempeñado. ¿Cuánto tiempo pasaría antes de que el hombre que asesinaba policías, jueces y candidatos presidenciales se enterara de que Jorge Salcedo había estado tratando de matarlo?

Decidió que era hora de mudarse a Cali: la seguridad era mejor allí que en Bogotá. No era así como esperaba que resultaran las cosas. Se suponía que el trabajo iba a ser temporal y que su familia no iba a verse involucrada. Pero él había puesto en tal peligro a sus seres queridos, que ahora todos necesitaban la protección del cártel de Cali.

La bruja sabe más

Pablo Escobar estaba escondido y era prófugo de la ley, lo que hacía extremadamente difícil montar otro ataque militar en su contra. Sin embargo, los padrinos de Cali siempre estaban alerta por si se presentaba alguna ocasión. Los mercenarios británicos les habían dicho que, si surgía la oportunidad, estaban dispuestos a dejar lo que estuvieran haciendo y correr de vuelta a Colombia. Entre tanto, Jorge concentró su atención en la seguridad del cártel, decidido a mantener a sus jefes lejos de los sicarios de Escobar. Esta determinación lo acercó más, en lo profesional y en lo personal, a la familia Rodríguez Orejuela.

Jorge y su familia se mudaron al mismo edificio donde vivía doña Rita, la madre de Gilberto y Miguel, que tenía ochenta años. La matriarca le hacía carantoñas al bebé cada vez que lo veía con Lena en la recepción o en el ascensor, y siempre saludaba a Jorge como si fuera de la familia. Los Rodríguez Orejuela habían llegado a considerarlo el guardián de las mujeres y de los niños del clan. También era el mago de los radioteléfonos, el precursor tecnológico de los teléfonos móviles y el objeto de deseo de todas las esposas, ex esposas y adolescentes de la familia.

La red de telecomunicaciones que Jorge concibió le permitió al cártel comunicarse sin temor a que sus mensajes fueran interceptados por las autoridades o por los espías de Escobar. Haciendo alarde de un instinto digno de un espía o de un criminal profesional, ideó la manera de usar la señal de radio de empresas legales del Valle del Cauca: servicios de ambulancia, refinerías de azúcar, molinos de papel... cualquier negocio era útil, siempre que operara veinticuatro horas. El cártel podía utilizar esas frecuencias en todo momento sin despertar sospechas.

Los radioteléfonos Motorola eran sus favoritos, porque los transmisores de baja potencia, en particular de un vatio, eran casi imposibles de ubicar con equipos electrónicos de localización direccional. Jorge montó repetidores en edificios altos de la ciudad y escondió otros en las montañas de las afueras de Cali para ampliar la red de cobertura, algo increíblemente ingenioso y audaz a la vez.

Un complejo sistema cifrado disimulaba aún más la presencia no autorizada del cártel en los canales de radio. Así, cuando robaban la señal de un servicio de ambulancia, todos los mensajes del cártel eran formulados en jerga médica. Si un equipo de seguridad estaba esperando a Miguel en el hotel Intercontinental, podía recibir una llamada que le avisaba que el Señor estaba llegando por la avenida Tercera Norte en estos términos: «Paciente en camino. Por favor, que el especialista espere en la entrada norte». Si estaban usando la frecuencia de uno de los ingenios azucareros para informar de un retén en la calle Novena, el que llamaba podía decir: «Tenemos un problema en la caldera nueve». «Se rompió una manguera de vapor» indicaba que había un retén del ejército; «Se rompió una manguera de agua», que el retén era de la policía. «Tenemos un charco de diez centímetros» significaba que en el retén había diez oficiales.

Jorge también se aseguró de que los teléfonos, los transmisores y las antenas estuvieran escondidos. Fabricó sistemas de radiotransmisión manos libres para utilizarlos en motocicletas y encontró la manera de esconder los cables de antena en los tapices y en los adornos de los autos. Para ser un ingeniero de mediana edad que se había pasado la vida cumpliendo las reglas, estaba demostrando una increíble capacidad para violar la ley. Tenía un don a la hora de idear operaciones encubiertas; era muy bueno para los secretos.

Los hermanos Rodríguez Orejuela y su familia extensa requerían un equipo de seguridad permanente de ciento cincuenta personas. El sistema de radiofonía de Jorge solo podía crecer en la medida en que pudieran instalarse repetidores y transmisores adicionales, pero él recibía constantes peticiones de miembros del cártel que querían tener acceso al limitado número de aparatos. Miguel, el jefe supremo, decidía personalmente a quién le correspondía el privilegio de recibir alguno de los Motorolas nuevos.

Los hermanos eran quienes tenían más familiares por proteger. Tres de las cuatro esposas de Miguel vivían en Cali; entre todas tenían ocho hijos del capo. El mayor era William Rodríguez Abadía, un estudiante de derecho que andaba por la mitad de los veinte. La menor era Andrea Rodríguez Echeverri, de tres años. Gilberto también tenía ocho hijos, la mayoría más crecidos, y tres esposas. Los hermanos además cuidaban a su anciana madre, a tres hermanas y a un hermano menor, Jorge Eliécer, a quien apodaban cariñosamente «Cañengo».*

Dos de las mujeres de Miguel competían por su atención y por su tiempo. Amparo, a quien Jorge llamaba «Esposa Número Dos», era la madre de tres de los hijos del Señor. Vivía en su propia casa, que también requería protección, pero pasaba mucho tiempo en la casa principal de Miguel, al sur de Cali. La «Esposa Número Cuatro», Martha Lucía, ex reina de belleza, era la madre de Andrea y parecía ser la favorita de Miguel. Su casa también requería seguridad las veinticuatro horas del día, aunque ella se quedaba en la casa de Miguel cuando Amparo no estaba.

A Bertha, la siempre alegre ama de llaves y cocinera de la casa de Miguel, le correspondía regular el tráfico conyugal para evitar

---

* Término coloquial del Valle del Cauca que significa «encarte» o «estorbo». *(N. de la T.)*

vergüenzas. Cumplía sus labores con la ayuda de una cámara Polaroid. Después de la visita de cada esposa, Bertha fotografiaba todos los ángulos de la habitación y organizaba todo de la misma manera antes de la siguiente visita de esa esposa. Una vez se le pasó guardar las pantuflas rosadas de Martha Lucía, y Amparo casi sufrió una conmoción cuando las encontró debajo de la cama. Algo así jamás volvió a suceder.

Jorge no conoció a la madre de William, la primera esposa de Miguel. El muchacho parecía más cercano a Martha Lucía, que también era la favorita de los guardaespaldas. Era una mujer hermosa y de modales elegantes que trataba a sus chóferes y a sus escoltas con un respeto poco común. Una vez le pidió a Jorge que llevara a Lena a tomar el té con ella:

—Escuché que tu esposa es una persona encantadora. Me gustaría mucho conocerla.

La reunión salió bien, pero Lena tenía su propio círculo de amigos y prefería mantenerse lejos de la familia de los padrinos. No hizo esfuerzos por hacerse amiga de ninguna de las esposas del cártel, y muy de vez en cuando acompañaba a Jorge a los eventos sociales de los capos. Jorge lo prefería así también, pues en esas ocasiones siempre estaba muy concentrado en la seguridad como para divertirse.

La «Esposa Número Tres» de Miguel le parecía a Jorge particularmente intrigante. Fabiola Moreno era bruja. Cuando Jorge tuvo que ir a su casa para investigar sus necesidades de seguridad, encontró amuletos y talismanes por todas partes. Plantas de sábila colgaban en las puertas; vasos de agua con un huevo crudo flotando dentro se veían detrás de las puertas y debajo de las mesas. Las habitaciones olían a incienso almizclado y toda la casa estaba decorada con cintas y bolas de cristal rojas. Para la buena suerte, le explicó la mujer.

—Si necesitas cualquier tipo de energía especial, ven a mí —le insistió Fabiola.

—Gracias —le respondió Jorge—, pero siempre he sido bendecido con buena fortuna.

—Nunca se sabe —le dijo ella—. La suerte puede cambiar de un momento a otro.

La mañana del 27 de noviembre de 1989, el vuelo 203 de Avianca despegó de Bogotá en su ruta habitual hacia Cali. Cinco minutos después, y a casi cuatro mil metros de altura en su ascenso, una bomba en la cabina hizo estallar en pedazos el Boeing 727. Las primeras sospechas recayeron sobre Pablo Escobar; pronto las pesquisas confirmaron que se había tratado de un atentado del cártel de Medellín. Aparentemente, el objetivo del ataque era César Gaviria, pero el candidato no iba en el avión. Entre las ciento diez personas que murieron se encontraba uno de los mandos medios del cártel de Cali, un capitán retirado del ejército que había sido contratado recientemente como director de Seguridad Hércules. Dos de las víctimas eran ciudadanos estadounidenses, lo que le dio razones al gobierno de ese país para declarar que Pablo Escobar y sus socios del cártel de Medellín constituían una amenaza terrorista para su seguridad.

Semanas después del atentado, Jorge recibió un radioteléfono Motorola ligeramente rayado. Había pertenecido al director de Seguridad Hércules y lo habían recuperado entre los restos del avión. Jorge lo abrió recelosamente, sin poder evitar imaginarse el terror que había invadido a su dueño durante esos últimos momentos sobre Bogotá. Tampoco pudo evitar pensar que, de no haber sido por la maniobra imprudente de Tigre aquel día de junio, los mercenarios británicos habrían podido matar a Pablo Escobar y habrían salvado a esas ciento diez personas. Este tipo de razonamientos le ayudaba a reducir sus dilemas morales a números y ecuaciones, mucho más fáciles de digerir para él como ingeniero. El objetivo que se quería alcanzar con la muerte de Escobar era salvar vidas. Las ciento diez víctimas de ese atentado reforzaban su convencimiento de que el fin de Pablo justificaba cualquier medio.

Sorprendentemente, el daño a la carcasa del aparato era mínimo, apenas unas raspaduras. Jorge lo miró por encima y por debajo, y luego lo abrió para revisar los delicados componentes electrónicos. Todo parecía intacto. Le puso una nueva batería, encendió el interruptor y esperó. A pesar de la explosión y de la caída desde una altura de cuatro mil metros, funcionó. Jorge pensó que a Motorola le vendría bien utilizar algo así en su publicidad. Ajustó las frecuencias, pensando en poner el aparato en servicio rápidamente. Sin duda, Miguel tendría un guardaespaldas o un sobrino ansiosos por utilizarlo.

La sangrienta campaña terrorista de Escobar continuó durante los días posteriores al atentado contra el avión de Avianca. El 6 de diciembre, un camión con quinientos kilos de explosivos estalló en el centro de Bogotá, frente a las oficinas del Departamento Administrativo de Seguridad (DAS). La explosión, que sucedió en hora pico, mató a más de cincuenta personas, dejó heridas a cerca de mil y provocó destrozos en casi tres kilómetros a la redonda.

—¿Cómo puede estar tan loco Escobar? —se quejó Miguel, preocupado, durante la reunión semanal de seguridad.

Constantemente temía por su familia. Su esposa Amparo lo estaba presionando para que le permitiera pasar una temporada larga con los niños en la Hacienda Pensilvania, pero a Miguel le preocupaba que esta fuera un blanco fácil para Escobar. Desde que la guerra entre los cárteles había comenzado, nadie diferente de los mercenarios británicos había ido a la hacienda. Le encomendó a Jorge que investigara a todos los vecinos de la zona para garantizar que ninguno tuviera vínculos con Medellín o fuera espía de Escobar.

Se organizó así un censo formal para identificar a los propietarios e inquilinos de unas doscientas propiedades alrededor de la hacienda. Los padrinos contrataron a algunos policías de la zona para que acompañaran a los encuestadores del cártel. Los uniformados revestirían de autoridad el operativo.

Durante este proyecto Jorge conoció a Andrés Vélez, el Pecoso, uno de los sicarios estrella del cártel. Se parecía muchísimo al actor Nicolas Cage; tenía su misma actitud histriónica. Jorge pudo comprobarlo de primera mano un día que decidió acompañar a los encuestadores para verificar que la información que estaban recogiendo era de fiar.

Una caravana de dos coches de la policía y una camioneta del cártel subió por un camino largo y sinuoso hasta llegar a una casa aislada en la cima de una colina. Llamaron, pero nadie salió a recibirlos. El Pecoso sacó su revólver Magnum calibre 357 de Smith & Wesson, lo montó y se acercó a la edificación sigilosamente. Le advirtió a Jorge que cualquier casa podía ser una trampa. Los uniformados se quedaron atrás, igual que Jorge. El Pecoso sostuvo el revólver con una mano mientras con la otra giraba la manija de la puerta, que estaba sin seguro. Se volvió y les hizo una señal a los demás para que se quedaran donde estaban. Acto seguido, abrió la puerta de un golpe con el hombro y entró de un salto para caer en cuclillas en medio del vestíbulo con ambas manos en la culata del arma, listo para abrir fuego.

—¡Que nadie se mueva! —gritó—. ¡Esto es un censo!

Para el Año Nuevo de 1990, Jorge estaba a punto de cumplir un año trabajando para el cártel y se sentía muy bien consigo mismo. A pesar del fracaso de la campaña contra Escobar, había tenido algunos éxitos y disfrutaba el trabajo en cuestiones de seguridad. Además, le enorgullecía el hecho de que ninguna de las personas bajo su protección y la de Mario había sido atacada. Le gustaba particularmente trabajar en los sistemas de comunicación con radioteléfonos. Su capacidad de concebir sofisticadas redes clandestinas con equipos sencillos lo hacía objeto de constantes elogios y le había merecido un nuevo sobrenombre: sus admiradores del cártel empezaron a llamarlo «McGyver».

Además, a Jorge le caía bien la mayoría de la gente con la que trabajaba: los británicos, los guardaespaldas, las familias del cártel y los padrinos. Se sentía cómodo dentro de la organización. ¿Por qué no? No había sido testigo de actos de violencia ni de operaciones ilícitas. Durante el primer año de Jorge en el cártel, este se había convertido en la empresa narcotraficante de más rápido crecimiento en el mundo, pero él nunca había visto ni un gramo de cocaína, ni montañas de dinero, ni ninguna actividad relacionada de bulto con el narcotráfico.

Por si fuera poco, los padrinos de Cali, a diferencia de Pablo Escobar y de otros criminales, no tenían que huir de la justicia. Por el contrario, financiaban la construcción de comisarías de policía en los barrios, iban a fiestas con altos mandos de la policía local y se codeaban con alcaldes, congresistas y empresarios. Jorge nunca había sido un criminal y no tenía experiencia en el mundo del hampa, pero sencillamente no sentía que el cártel de Cali fuera una organización criminal.

¿A cuántos ha matado?

En Colombia, a principios de los noventa, el fútbol era el deporte de los reyes de la droga, y así como Pablo Escobar era dueño de un equipo, los Rodríguez Orejuela tenían el suyo: el América de Cali.

Los padrinos de Cali no fumaban, no bebían en exceso ni usaban drogas. El fútbol era su adicción. Construían sus casas alrededor de campos de fútbol y compraban televisores enormes para ver los partidos y las antenas parabólicas más grandes del mercado para seguir los torneos internacionales.

Pacho Herrera, el padrino más joven y con mejor estado físico, era un ávido jugador aficionado y con frecuencia organizaba partidos con sus hermanos y con sus guardaespaldas. Jorge sospechaba que incluso contrataba a sus jóvenes escoltas por sus habilidades futbolísticas. El padrino también había financiado la construcción de los mejores estadios de Colombia, algunos solo para su uso personal. Uno de ellos estaba en la hacienda Los Cocos, ubicada al oriente de Cali. El estadio, construido en medio de un cañaduzal, contaba con torres de iluminación profesionales para partidos nocturnos. Para Pacho, era el campo de sus sueños.

La principal ventaja de Los Cocos en cuanto a seguridad era su lejanía de la ciudad. De noche, la poderosa iluminación la convertía en una isla de luz diurna virtual en medio de la profunda oscuridad del campo. Se había convertido en el escenario de partidos semanales que eran vistos, comentados y esperados masivamente, dado que se ceñían a una estricta agenda, como si se tratara de un torneo profesional. El estadio, muy cerca de una vía principal, era de fácil acceso y no estaba protegido por puertas ni muros. Amigos y espectadores, muchos de los cuales eran hombres armados del cártel, se reunían a ver los partidos tumbados en la hierba.

Jorge y Mario no eran responsables de la seguridad de Pacho, ni de los errores en su seguridad. Trabajaban a tiempo completo en la seguridad de Miguel, Gilberto y su familia extensa; Pacho y Chepe se encargaban de su propia protección. Cada uno de los cuatro padrinos tenía su equipo personal de sicarios. Estos no recibían órdenes de Jorge ni de Mario, ni trabajaban para ellos, sino que informaban directamente a los jefes.

El equipo de seguridad de Pacho estaba conformado exclusivamente por jóvenes y curtidos sicarios, muchos de los cuales provenían de los mismos barrios marginales de Medellín de donde eran oriundos los matones de Escobar. Se veían y actuaban diferente a todos los demás equipos de seguridad del cártel. Usaban joyas, conducían enormes motocicletas de gran cilindrada y sobresalían en medio de cualquier multitud. Se trataba de maleantes ostentosos que no hacían ningún esfuerzo por disimular que eran gángsteres. Jorge y Mario se sorprendían de sus modales intimidantes.

—Me alegra que estén de nuestro lado —comentó Jorge más de una vez.

Los hombres de Pacho y sus motocicletas Harley-Davidson eran la envidia de los guardaespaldas de Gilberto y Miguel. Los hermanos, mucho más conservadores, les asignaban a sus hombres modestas motocicletas Yamaha. Uno de los miembros del equipo de Jorge, en una insólita referencia a la homosexualidad de Pacho, le dijo en cierta ocasión:

—Con gusto pasaría una noche con Pacho, si me diera una de esas Harleys.

Por lo general, la seguridad de Pacho era agresiva. Sus hombres vigilaban el aeropuerto y la terminal de transporte de Cali veinticuatro horas al día, en busca de extraños, particularmente con acento de Medellín. Pacho continuaba siendo el objetivo primordial de Escobar, que no iba a olvidar fácilmente la osadía del padrino de Cali de haber protegido al asesino del triángulo amoroso de Nueva York. Tres años después, Pablo seguía alimentando su sed de venganza.

En septiembre de 1990, ninguno de los equipos de seguridad del cártel se dio cuenta de que numerosos extraños estaban llegando a la ciudad, solos o en pareja. Todos viajaron en autobús durante varios días, pasando por Cali en tránsito hacia Popayán, unos ciento treinta kilómetros al sur. Una vez allí, tomaron autobuses para regresar hacia el norte, a unos pocos kilómetros de Cali. Al fin, el grupo sumó veinte muchachos de dieciséis a veintiún años de edad. Una vez juntos, se alojaron en las afueras de Santander de Quilichao, en una finca que un joven campesino les había alquilado. El hombre tomó el dinero y cerró los ojos. Durante los dos días siguientes, los jóvenes recibieron una serie de encomiendas: uniformes de la policía, dos camiones con carpa en la parte trasera y veinte rifles automáticos AR-15.

La noche en que Pacho y sus hombres se reunieron en Los Cocos para ver su partido de fútbol semanal, los dos camiones se pusieron en marcha hacia la isla de luz. El viaje les llevaría veinte minutos. Escondidos bajo las carpas de los camiones iban veinte jóvenes maleantes fuertemente armados y vestidos con uniformes de la policía mal combinados.

Pacho y su hermano William estaban en el campo, en medio de un intenso juego, cuando el primer camión se desvió de la autopista y se detuvo entre esta y el terreno de juego. Nadie prestó atención. El partido no se interrumpió ni siquiera cuando llegó el segundo camión y se escuchó el ruido que hacen veinte hombres armados saltando a tierra. La policía de la zona era una aliada bien remunerada de Pacho y sus hermanos, por lo que todos supusieron que se trataba de amigos que venían a ver el partido. Entonces empezó el tiroteo.

Los uniformados abrieron fuego contra los espectadores. Sorprendieron a los jugadores lejos de sus armas, puesto que muchos estaban en pantalón corto y camiseta, y muchos sin camiseta. Los que quedaron en pie después de las primeras ráfagas corrieron a esconderse en la oscuridad del cañaduzal. Pacho y su hermano no pararon de correr hasta que estuvieron bien adentro de la plantación. Cuando cesó el tiroteo, los supervivientes regresaron al campo, donde yacían diecinueve cadáveres de amigos, hermanos y colegas. En ese mismo momento empezó la búsqueda de los asesinos y Pacho juró que no descansaría hasta vengarse de Escobar.

La policía de Cali dio el primer golpe en el caso. En una zona solitaria de la autopista, muy cerca de Santander de Quilichao, dos jóvenes que iban a pie pararon a una patrulla para preguntar dónde podían tomar un autobús. Tenían acento de Medellín. Dijeron que habían visitado a unos amigos que vivían por ahí cerca... que querían tomar un autobús que los llevara a Popayán... que iban para su casa en Medellín... El agente estaba confundido: ¿querían ir al sur para tomar un autobús que los llevara al norte? Si cogieran un autobús en Cali, el viaje sería más corto. La historia empezó a clarificarse. En una comisaría en Cali contaron todo. Un amigo de Mario en la policía consiguió que él pudiera interrogarlos también. No eran más que dos adolescentes, quienes confesaron todo sin necesidad de amenaza o persuasión.

La policía realizó una redada en la finca donde los atacantes se habían preparado para el asalto. Encontraron los uniformes, las armas y los camiones, pero no había nadie. El dueño de la propiedad había desaparecido también. Ni siquiera sus hermanos sabían dónde estaba, y parecieron genuinamente sorprendidos de que se hubiera ido sin despedirse.

Una semana más tarde, la policía encontró en Santander de Quilichao tres cadáveres: una hermana y dos hermanos del dueño de la finca. Los habían ajusticiado en su casa, los tres con una sola bala en la cabeza. Era una lección sobre la justicia del cártel: la familia paga por los pecados del hermano.

Las siguientes víctimas fueron los dos pistoleros que habían confesado su participación en el atentado y que estaban esperando juicio en una prisión de Cali. Los mataron otros reclusos siguiendo órdenes de Pacho, quien también mandó una banda de sicarios a recorrer la zona en busca del dueño de la finca: no podía esconderse eternamente.

Durante su primer año en el cártel, para Jorge había sido importante creer que sus jefes eran diferentes de Pablo Escobar, que ellos no pondrían una bomba en un avión ni matarían a inocentes. Esa distinción los hacía moralmente superiores a los de Medellín. Desde el principio lo habían reconfortado las palabras de Mario: «Los Caballeros de Cali no son personas violentas». Pero esa percepción cambió por completo después del incidente en Los Cocos.

La masacre lo estremeció. Pero fue la calculada represalia —el asesinato a sangre fría de los familiares inocentes del dueño de la finca— lo que le quitó el sueño las noches siguientes. Esas muertes habían sido el trabajo de los hombres de Pacho, pero Jorge sabía que las decisiones importantes requerirían el consenso de los cuatro padrinos. Entonces se hizo evidente para él que, si se les provocaba, los Caballeros de Cali podían ser tan despiadados como Pablo Escobar.

Jorge organizó sesiones tácticas para analizar minuciosamente el atentado en Los Cocos. Puso énfasis en la necesidad de modificar las rutinas y no usar siempre las mismas rutas.

—No hay que ser predecibles —insistió.

Jugar regularmente partidos nocturnos de fútbol iba en contra de esa regla. Un sistema de alerta previo, algo tan sencillo como haber puesto centinelas en las vías de acceso al campo de fútbol, habría podido evitar las muertes de Los Cocos. Jorge también destacó la importancia de afinar las habilidades de observación. Había pistas clarísimas de que los hombres no eran verdaderos policías; por ejemplo, no lucían el uniforme correctamente. Algunos tenían camisas similares, pero los pantalones no correspondían; unos llevaban la camisa por dentro del pantalón, otros por fuera; algunos calzaban zapatillas en lugar de botas. Finalmente, los hombres iban armados con rifles AR-15, el arma favorita de Escobar, en lugar de Uzis fabricados en Israel, el arma distintiva de la policía.

El Pecoso estaba entre los más ávidos de aprender. Tenía la ambición de ascender dentro de la organización y había llegado a considerar a Jorge como su mentor. Una vez le preguntó sobre su pasado militar:

—Don Richard, cuando estaba en el ejército, ¿a cuántos guerrilleros mató?

Jorge se encogió de hombros. Para los sicarios, la cantidad de muertos es importante. Habría podido inventarse un número, pero respondió honestamente:

—No sé. Estaba en combate. Ni siquiera puedo estar seguro de haberle dado a alguien —le dijo.

El Pecoso reflexionó en silencio en torno a esa respuesta y después comentó:

—Una vez tuve que matar a uno de mis hermanos.

—¿A uno de sus hermanos...? Pero ¿por qué? ¿A un hermano? —preguntó Jorge, pensando que había entendido mal.

—Sí, a un hermano, porque traicionó a don Miguel —respondió llanamente el hombre—. No tuve alternativa.

Jorge asintió pero guardó silencio. Pensó en Lena y en su hijo; en sus padres. Él creía profundamente que la familia era sagrada. «Por Dios —pensó—. Nunca voy a pertenecer a este lugar.»

Al servicio secreto del cártel

A principios de 1990, los padrinos decidieron hacer un cambio drástico en su estilo de vida. Instalaron a sus familias en lujosos edificios de apartamentos con todas las medidas de seguridad y se fueron a vivir a complejos residenciales fáciles de proteger. Podían ser objetivo de atentados con bombas o armas por parte de Escobar, y no querían que sus mujeres y sus hijos quedaran atrapados en el fuego cruzado. Jorge aprobó la estrategia. Sin embargo, lo tomó por sorpresa la manera en que lo citaron por primera vez a la nueva residencia de Miguel, conocida como La Muralla.

El chófer del cártel, que conocía bien a Jorge, lo saludó con la familiaridad acostumbrada y le entregó un par de gafas de sol con las lentes pintadas de negro por dentro. Ponérselas era como vendarse los ojos. Jorge se las quitó de inmediato.

—¿Qué es esto?

—Órdenes del Señor —le respondió el chófer encogiéndose de hombros. Después esperó a que Jorge se pusiera las gafas de nuevo.

Jorge se sintió ridículo. Lo que era peor, sintió que no confiaban en él. Entonces se preocupó. En su doble papel como consejero de seguridad del cártel y coordinador de la aplazada misión de matar a Escobar, Jorge gozaba de un acceso poco común a los hermanos Rodríguez Orejuela. Había empezado a asistir a reuniones privadas de los padrinos con abogados estadounidenses; hacía las veces de traductor cuando se discutían las estrategias legales para defender a traficantes de la organización imputados por cargos en Estados Unidos. Puesto que en esas reuniones se discutían muchos secretos del cártel, la participación de Jorge era una muestra de que los padrinos confiaban en su lealtad y en su discreción. Pero en una organización en la cual se hacían cumplir las reglas con hombres como el Pecoso, Jorge tenía que ser sensible al peligro que implicaba perder la confianza de los jefes. Por eso las gafas de sol lo inquietaban. ¿Acaso Miguel no confiaba en él como para dejarle saber dónde vivía?

Durante el viaje, Jorge pudo mirar furtivamente por los costados de las lentes, que estaban descubiertas. Iban hacia el norte, con dirección a las montañas. Su preocupación dio paso a la curiosidad sobre quién habría ideado un mecanismo de seguridad tan endeble. Al llegar al destino, solo se quitó las gafas después de que el chófer aparcara el coche dentro del garaje y la puerta se cerrara tras ellos. Siguió al chófer por un tramo de escaleras hasta llegar a una casa ubicada en una de las colinas más altas de la ciudad. Ventanales del suelo al techo ofrecían un maravilloso panorama del centro de Cali. Como el día estaba despejado, la vista sobre el valle del río Cauca era extraordinaria.

—¿Sabe dónde está? —preguntó Miguel, que fue el primero en saludar a Jorge. Gilberto y los otros padrinos se acercaron para oír la respuesta.

Jorge miró por la ventana unos momentos.

—Sí, estamos en el barrio Versalles —respondió, y mencionó algunas calles cercanas.

Miguel frunció el ceño. Parecía evidente que la mala idea de las gafas había sido suya. Solo era un ensayo; no una señal de desconfianza hacia Jorge. Gilberto se rió, y de inmediato Jorge trató de tomar distancia de la burla fraterna. Defendió las gafas: podían ser de utilidad con ciertos visitantes. Con él no habían funcionado porque el entrenamiento militar le había enseñado a ubicarse usando puntos de referencia geográficos. Señaló por la ventana algunos lugares específicos que le habían indicado dónde estaba.

Miguel pareció satisfecho.

—No contratamos a Richard por bruto —le dijo Gilberto, dándole a su hermano una palmada en la espalda.

Cuando los hombres salieron de la habitación, Jorge respiró profundamente.

Durante su segundo año en el cártel, Jorge empezó a conocer a los sicarios. Uno de los que más historias tenía para contar era Henry «el Gamín» Gaviria, uno de los favoritos de Chepe. Era particularmente conocido por el episodio del ladrón. Una noche, al regresar a su casa, encontró allí a un joven intruso. Lo persiguió hasta una zona boscosa, lo alcanzó y, para inmovilizarlo, le disparó una vez en cada rodilla con su pistola. Luego regresó tranquilamente a su casa, comió algo, cogió un rifle automático y volvió sin prisa al lugar donde había dejado al ladrón, que había logrado arrastrarse unos metros. Con una ráfaga puso fin a la agonía del muchacho.

El sicario más importante del cártel, el que los padrinos consideraban su principal y más confiable asesino a sueldo, era Guillermo León Restrepo Gaviria, conocido sencillamente como «Memo Lara». Discreto, leal y letal, a veces desaparecía durante largos períodos de tiempo, que por lo general coincidían con la muerte o la desaparición de alguien.

Tenía pelo oscuro, ojos oscuros y temperamento oscuro. Algunos culpaban de su ánimo lúgubre a una pena de amor. Su novia lo había dejado por un capitán de la policía y, para completar la traición, había ayudado a que le tendieran una trampa de la que él se salvó por un pelo. La muchacha había tenido la sensatez de irse del país, pero años después Memo todavía le guardaba un terrible resentimiento. Con frecuencia montaba guardia en la casa de la familia de ella en las afueras de Cali y recorría el barrio a horas extrañas, esperando encontrarla.

Un día, Jorge y Memo estaban afuera de la oficina de Miguel. Jorge, que siempre se había interesado por las armas y era muy buen tirador, elogió la nueva pistola Walther de Memo, un arma espléndida, más pequeña que las que usaban la mayoría de los sicarios.

—Es una verdadera belleza, pero solo tiene siete disparos —le dijo Jorge—. Hay que tener muy buena puntería.

Memo se encogió de hombros y asintió con la cabeza.

—¿Dónde practica tiro al blanco? —le preguntó Jorge.

—No hay necesidad —respondió Memo—. Nunca fallo cuando meto el cañón en una oreja.

Los trabajos de traducción de Jorge, que habían empezado esporádicamente en 1990, aumentaron drásticamente tras una serie de arrestos de gente del cártel en el sudeste de Estados Unidos. Miguel contrató a varios abogados estadounidenses. A Jorge le gustaba el trabajo de traductor y le interesaban las discusiones sobre el sistema legal de ese país. Además, descubrió que el conocimiento de los casos pendientes le ayudaba a entender los cambios de humor de Miguel. Jorge estaba aprendiendo muchísimo, aunque no sobre narcotráfico.

Miguel les daba el mismo sermón a todos los abogados que contrataba:

—Este hombre es completamente inocente. Los cargos representan un insulto para nosotros, que somos hombres de negocios honestos. Estamos pagando por los pecados de Pablo Escobar.

Jorge se dio cuenta rápidamente de que los abogados eran igual de predecibles. Todos estaban de acuerdo y prometían la defensa más agresiva posible.

Después de traducir varias reuniones con Joel Rosenthal, un abogado defensor de Miami, a Jorge le encomendaron una misión especial. Era una oportunidad para desempeñar el papel de agente secreto del cártel. Un juez de Florida había encontrado culpable al medio hermano de Chepe, el traficante Lucho Santacruz Echeverri, y lo había condenado a veintitrés años de prisión. Los padrinos esperaban convencer al Departamento de Justicia de Estados Unidos de que al menos le impusiera una sentencia más corta.

—Den algo a cambio —sugirió el abogado defensor de Lucho, Rosenthal, que había sido fiscal adjunto de Miami.

Eran tiempos difíciles para el Departamento de Justicia. Según los medios, los fiscales federales no habían podido construir un caso sólido por narcotráfico contra el dictador panameño Manuel Antonio Noriega. Esto podría convertirse en una vergüenza para el gobierno de George Bush padre, que a finales de 1989, con un despliegue excesivo de fuerza y mucha fanfarria, había enviado a Panamá comandos de infantería de marina para deponer a Noriega y llevarlo ante la justicia.

¿Qué pasaría si el cártel de Cali pudiera ayudar a garantizar la condena de Noriega? Era factible que a Lucho le fueran perdonados, en retribución, unos cuantos años de cárcel, según el punto 35 de las Reglas Federales de Procedimiento Penal.

Después de una reunión privada con los cuatro padrinos, Jorge se fue a la ciudad de Panamá para ponerse en contacto con un testigo que posiblemente estaría dispuesto a testificar contra el dictador. La tarea de Jorge consistía en evaluar si el testimonio tenía valor o no. Viajó llevando consigo las esperanzas de Lucho y de los padrinos.

El jefe de operaciones del cártel en Panamá era Rhadamés, el hijo menor del dictador dominicano Rafael Leónidas Trujillo. Él y su socio dirigían un negocio de exportación de café que servía de fachada para traficar toneladas de cocaína. Trujillo era un *playboy* de mediana edad, visitante habitual de los clubes de campo más exclusivos; tenía muy buenos contactos en la sociedad panameña. A las seis de la tarde llamó a la puerta de la habitación de Jorge. Le dijo que el posible testigo era un ex diplomático panameño que tenía vínculos con el cártel de Medellín. Casi toda su fortuna estaba en cuentas bancarias congeladas y en una difunta empresa de transporte aéreo de carga.

Jorge acompañó a Trujillo a una casa colonial ubicada en una colina del elegante sector de Paitilla. El embajador Ricardo Bilonick era un hombre amable, culto y bien educado que debía de andar por los cuarenta y cinco años. Su esposa, Nilka, que había sido azafata, era un huracán de metro y medio de estatura. Saludó a Jorge con una explosión de hospitalidad. Después, su marido comenzó a explicar cómo podría colaborar en el caso contra Noriega.

—Soy muy valioso. Conozco la ley y sé que el gobierno de Estados Unidos va a pasar una gran vergüenza sin mi colaboración —le dijo a Jorge.

El panameño era un traficante veterano. Había empezado su negocio de transporte aéreo de carga con préstamos del cártel de Medellín, había pasado de contrabando cocaína y dinero a través de Panamá y le había pagado a Noriega millones de dólares en sobornos. Era exactamente el tipo de testigo que el abogado de Lucho estaba buscando. Además, sus credenciales eran extraordinarias. Había sido asesor del general Omar Torrijos, el predecesor de Noriega, en las negociaciones con Estados Unidos para la devolución del canal de Panamá; después, como embajador en ese país, se había dedicado a mejorar las relaciones bilaterales. Estudió en Tulane y en Harvard y hablaba inglés a la perfección.

Le aseguró a Jorge que si el cártel de Cali lo ayudaba económicamente, con mucho gusto estaría dispuesto a compartir, en nombre de Lucho Santacruz, la información que tenía sobre Noriega.

—Todos ganamos —concluyó Bilonick.

Miguel recibió la noticia con entusiasmo.

—Hay que llamar a Rosenthal de inmediato.

Jorge se había hecho amigo del abogado. No solo le servía de traductor en las reuniones con los padrinos, sino que usualmente lo recogía en el aeropuerto cuando llegaba de Miami en algún vuelo de American Airlines, lo llevaba al hotel y salía a comer con él luego de que se hubiera registrado. Charlaban sobre sus familias, sobre sus intereses personales y sobre los planes que tenía Jorge de volver a sus negocios en el futuro cercano. Rosenthal era ingenioso y divertido; Jorge disfrutaba de su aguda mente legal y su desempachado estilo. El abogado tenía la osadía de imitar a Miguel. En privado, por supuesto.

—Es una pesadilla —le confesó a Jorge después de una sesión maratoniana durante la cual Miguel ofreció insistentemente sus opiniones legales; el Señor sabía mucho de derecho; incluso hacía alarde de un título de abogado que le había conferido la Universidad Santiago de Cali como agradecimiento por la donación de varios millones para una biblioteca; aunque se trataba de un título honorario, Miguel alardeaba como si hubiera pasado los exámenes preparatorios—. El tipo cree que es un genio de las leyes, pero es más bien una pesadilla.

Rosenthal recibió las noticias sobre Bilonick con cautela. Dijo que la información tenía que ser sólida. Ofrecer a la justicia falsedades o exageraciones era peor que no ofrecer nada. Además, el testimonio debía ser libre: sin dinero ni favores, ni tratos de por medio.

—No quiero tener nada que ver con sobornos —exigió.

—Por supuesto —le respondió Jorge.

Durante las semanas siguientes, Jorge hizo los preparativos para que Bilonick se reuniera con Rosenthal. Esos primeros encuentros rápidamente dieron paso a negociaciones entre el panameño y los fiscales de Estados Unidos. El trato tentativo consistía en que el hombre se entregara a las autoridades estadounidenses, se declarara culpable de tráfico de estupefacientes y aceptara recibir una corta condena a cambio de su testimonio. Lucho Santacruz recibiría el crédito por haber facilitado la intervención de Bilonick en el caso contra Noriega.

El acuerdo oculto entre el panameño y el cártel de Cali continuó sin definirse hasta que una noche el hombre le dijo a Jorge que necesitaba dos millones de dólares en efectivo. Jorge no tenía manera de medir el valor de Bilonick en billetes, pero pensó que dos millones era demasiado. Los mercenarios británicos, doce hombres cuya misión consistía en enfrentarse a un ejército de guardias armados para tomar la hacienda de Escobar, apenas habían pedido un millón. Y tuvo razón: los padrinos descartaron la propuesta de Bilonick sin considerarla seriamente. Chepe dijo que no tenía esa suma en efectivo y que en realidad no se sentía inclinado a tratar de reunirla. Por lo menos, no antes de saber cuánta gratitud iba a demostrarle a Lucho el Departamento de Justicia.

Era un dilema. Bilonick quería el dinero ya, antes de entregarse a la justicia en Estados Unidos, pero no iba a testificar sino meses después. Así las cosas, pasaría mucho tiempo antes de que se supiera cuántos años de prisión le iban a perdonar a Lucho. No era que los padrinos desconfiaran de Bilonick; solo estaban siguiendo sus conservadoras prácticas empresariales: no pagar antes de estar seguros de obtener lo que habían ordenado.

—Tengo un cuarto de millón de dólares; por ahora no le puedo dar más —le dijo Chepe a Jorge unos días antes de que Bilonick se entregara—. Tú le llevarás el dinero.

—Es probable que se sienta decepcionado —le respondió Jorge, dubitativo.

—Sí, pero no tiene alternativa.

A Jorge se le ocurrió una idea. Mientras atendía a los británicos en Panamá, estuvo en contacto constante con el banquero local del cártel, quien le suministraba el dinero para los mercenarios y para pagar por los destrozos que provocaban en el hotel. Una vez, sin querer, lo había escuchado hablar de unos certificados de depósito a término a nombre de Chepe que sumaban un millón de dólares y que se harían efectivos en 1991. Al recordar el incidente, Jorge le preguntó a Chepe si sería posible que se los endosara a Bilonick.

A los padrinos les pareció una idea fantástica, dado que no tendrían que hacer ninguna transacción arriesgada. Los certificados, a los que todavía les faltaba algún tiempo para hacerse efectivos, quedarían guardados en una caja de seguridad que requería dos llaves, una a nombre de Nilka Bilonick y la otra a nombre de Jorge. Así, los documentos financieros que pronto valdrían un millón de dólares estarían bajo control parcial de los Bilonick, y el cártel podía retener el pago hasta asegurarse de que el panameño serviría como testigo.

Tres días antes de que Ricardo Bilonick volara a Miami para entregarse a las autoridades estadounidenses, Jorge les dio, a él y a su esposa, un maletín de cuero negro lleno de billetes de veinte dólares que sumaban la cuota inicial acordada con Chepe: 250.000 dólares. Jorge nunca había visto tanto efectivo junto, ni había visto dinero producto del narcotráfico. A petición de los Bilonick, los certificados fueron trasladados del banco del cártel al Banco Vizcaya. Jorge volvió a Colombia convertido en un héroe para los padrinos. Lo sería aún más meses después, cuando se supo que a Lucho le habían descontado nueve años de la condena.

Te presento a tu rival

Jorge condujo su Trooper azul claro de dos puertas a través del centro de Cali, volviendo hacia atrás, dando rodeos y fijándose en que nadie lo siguiera. El techo blanco de fibra de vidrio, importado, ocultaba cables de antena discretamente conectados a cuatro sistemas de radiotelefonía dentro del vehículo. Había terminado su segundo año en el cártel, donde había pasado de coordinar el complot para matar a Pablo Escobar a diseñar un sistema de comunicaciones que le permitiera a la organización defenderse de los asesinos de Medellín. Jorge consideraba que su red de radioteléfonos era su obra maestra: sin importar dónde estuviera, un punto remoto del Valle del Cauca o un lugar solitario en medio de la cordillera, siempre podía estar en contacto por radioteléfono con sus equipos de guardaespaldas y agentes de seguridad; lo cual tenía particular importancia en este viaje hacia las montañas, puesto que llevaba como pasajero al jefe supremo.

Miguel tenía sus chóferes regulares, Mateo Zapata y Fercho Castillo, quienes también hacían las veces de recepcionistas, secretarios y asistentes personales. Los dos hombres, que eran de la total confianza del padrino, se alternaban para hacer turnos de una semana durante la cual se quedaban a dormir en casa del Señor; trabajaban tantas horas como él y estaban disponibles de manera permanente. Por lo general, usaban los sedanes Mazda del cártel. A Miguel le gustaban porque le parecían seguros y no llamaban la atención. Tenía docenas de vehículos de esta marca aparcados por toda la ciudad, al menos en diez garajes propiedad de la organización. Sin embargo, ese viaje a las montañas prometía tramos difíciles que se transitarían mejor con el Trooper todoterreno de Jorge. Además, Miguel quería llevar a Jorge consigo por razones que todavía no le había explicado.

Pasar tiempo a solas con el jefe de jefes era algo poco común para Jorge. Algunos de los hombres del cártel habrían peleado por semejante oportunidad, pero él estaba muy preocupado por la seguridad como para disfrutar del momento. Giró varias veces más para asegurarse de que nadie los seguía y aceleró al tomar la pendiente de la autopista que los conduciría a las montañas.

Unos quince kilómetros después de empezar el ascenso, Miguel le pidió que entrara en el aparcamiento de un restaurante japonés que quedaba sobre la carretera. Cuando Jorge vio a un hombre con gafas sentado solo en un Renault 12 verde, instintivamente pisó el freno y miró por los retrovisores.

—No hay nada de qué preocuparse —le dijo Miguel, haciéndole una seña para que se detuviera cerca del coche verde—. El hombre que está en el auto es Guillermo Pallomari. Dígale que nos siga.

Jorge nunca había escuchado hablar de Pallomari, el contador de la cadena de droguerías La Rebaja. El hombre se veía limpio y recién afeitado. No tenía ninguna característica distintiva; era un hombre soso de enormes gafas cuadradas.

—Don Miguel quiere que nos siga —le dijo Jorge.

Pallomari asintió pero no dijo nada, por lo que Jorge no pudo percibir su acento chileno.

Unos cuantos kilómetros adelante, un camino angosto y lleno de baches salía de la carretera. Miguel le indicó a Jorge que siguiera por ahí, adentrándose en una zona boscosa. Al cabo de un rato llegaron a una pequeña casa de madera escondida entre los árboles, de donde salieron a saludarlos los otros tres padrinos.

Todos demostraron especial interés en un montón de hojas impresas que Pallomari traía consigo. El clima era muy frío, debido a la altura del lugar, por lo que Jorge se sintió aliviado cuando los hicieron entrar a la tibia casa.

Los padrinos no habían abandonado la esperanza de matar a Pablo Escobar, pero a principios de 1991 la presión para volver a contratar a los mercenarios británicos e intentar de nuevo la misión había cedido considerablemente. Después del asesinato de Galán y de la bomba en el avión de Avianca, el gobierno colombiano había desplegado una serie de intensos operativos para capturar al capo de Medellín con dinero y personal del gobierno estadounidense. Así las cosas, los padrinos de Cali decidieron concentrarse en su propia protección, esperando que las autoridades pudieran dar de baja al escurridizo Pablo.

A pesar de estar escondido, Escobar había recrudecido su campaña de terror. Cambió las bombas y los asesinatos por el secuestro, una de las tácticas favoritas de las bandas criminales y las guerrillas, pero con una modificación: no pedía rescate. Sus objetivos eran periodistas y personalidades de la política y la alta sociedad de Bogotá, en su mayoría mujeres. La primera víctima fue la hija de un ex presidente;* después, la hermana del embajador en Canadá. En un mes, ocho mujeres prominentes fueron secuestradas, incluida la cuñada de Galán, que era periodista.

En lugar de dinero, Escobar exigía ayuda para convencer a César Gaviria, elegido presidente hacía poco, de prohibir la extradición. Bajo presión, Gaviria apoyó la formación de una Asamblea Constituyente que modernizaría la Constitución del país. Con millones de dólares del narcotráfico dispuestos a imponer un nue-

---

* Diana Turbay Quintero, hija de Julio César Turbay, presidente de 1978 a 1982. *(N. de la T.)*

vo punto de vista sobre la extradición, la acción de Gaviria significaba una rendición.

A pesar de que los cárteles rivales de Cali y Medellín trabajaban en la meta común de prohibir la extradición, seguían estando en guerra. Y a los padrinos de Cali les preocupaba particularmente la nueva táctica de Escobar de secuestrar a mujeres, pues temían por sus familias. Ese temor constante y la promesa de una nueva y poderosa herramienta de inteligencia los habían llevado a esa casa perdida en las montañas.

Las hojas impresas de Pallomari contenían un registro de todas las llamadas privadas entre Cali y Medellín, obtenido por alguien que trabajaba en Telecom. Los listados especificaban hora, fecha y duración de las llamadas, así como los números tanto de marcación como de recepción. Si había espías de Medellín en Cali y se comunicaban por teléfono, quedarían al descubierto. Con un ordenador suficientemente potente, el cártel podría monitorizar los patrones de llamada de todos los teléfonos de Cali y escuchar las conversaciones de los números que levantaran sospechas.

—Voy a necesitar una computadora con mucha capacidad —les dijo Pallomari a los padrinos.

Chepe prometió ayudar a conseguirla y ofreció invertir un millón de dólares en el proyecto.

A Jorge le asombró lo ambicioso de la empresa, que sobrepasaba la capacidad tecnológica de muchos países. La escena le recordó su primera reunión con los padrinos, hacía casi dos años. Esta vez era Pallomari quien estaba siendo reclutado, como en su tiempo lo fue Jorge, para la misión de combatir a Escobar. Sin embargo, había una diferencia: Pallomari ya trabajaba en la organización y su única intención en ese encuentro era impresionar a los padrinos para lograr un ascenso. El contable incluso parecía ansioso de participar en el tráfico de drogas y el blanqueo de dinero.

En contraste con el entusiasmo de Pallomari, Jorge había perdido su motivación inicial en el proyecto de Escobar. Lo carcomía el hecho de no haber podido concluir el trabajo; era algo que tenía que finiquitar antes de poder seguir con su vida. Pero no había mucho que pudiera hacer para apresurar ese momento, así que se concentró en proteger vidas, orgulloso de su trabajo y de su obra maestra en materia de comunicaciones.

Durante las siguientes semanas hubo otras reuniones en la casa de la montaña. Pallomari llevaba información cada vez más detallada. Rápidamente se identificaron actividades sospechosas. Por lo general, al comienzo de las reuniones los padrinos revisaban ansiosamente los nuevos listados de llamadas en busca de posibles soplones. Después de una reacción airada por parte de alguno de los capos, Jorge podía suponer que alguien iba a sufrir pronto las consecuencias de la sospechada deslealtad. Pero no era su problema. Lo único que sabía era que no quería que su número de teléfono apareciera en esas listas.

En un abrir y cerrar de ojos, Pallomari ascendió a un puesto administrativo importante como asistente de Miguel. Empezó por actualizar el sistema de contabilidad del cártel, alimentando ordenadores con información y creando divisiones empresariales tradicionales dentro de la organización. Miguel, que admiraba la eficiencia, el orden y la meticulosidad, les dio el visto bueno a los esfuerzos del ambicioso contable. Y el ordenador de un millón de dólares de Chepe se convirtió en la base del imperio que construyó Pallomari.

No pasó mucho tiempo antes de que Jorge tuviera sus primeras fricciones con Pallomari. Ocurrió cuando sugirió que expertos en seguridad deberían ser quienes analizaran y filtraran la información que se estaba recogiendo. A Jorge le preocupaba que algunas sospechas sin fundamento metieran en problemas a gente inocente mientras amenazas reales pasaban inadvertidas. Ni Pallomari ni los padrinos tenían experiencia en inteligencia militar.

De las fricciones pasaron al enfrentamiento directo, cuando

Pallomari empezó a almacenar en su ordenador grandes cantidades de información del cártel. De un día para otro, se convirtió en el principal asesor financiero de la organización, su gerente y su contable. Comenzó a solicitar antecedentes del personal y a controlar los gastos, y asumió el control contable prácticamente sobre todas las operaciones, incluida la red de telefonía inalámbrica de Jorge, que hasta ese momento había estado bajo su exclusivo dominio.

Jorge odiaba que se metieran con su trabajo. Además, estaba atónito. Debido a su carácter clandestino, el cártel debía minimizar la cantidad de información que guardaba, en vez de acumularla. El balance financiero de un contable bien podía convertirse en una prueba clave para un fiscal. Jorge se mostraba reacio a registrar información sobre su sistema de telefonía inalámbrica, que no tenía licencia, y le advirtió a Miguel que Pallomari se estaba convirtiendo en una amenaza para la seguridad del cártel. Pero solo consiguió molestar al contable, porque el padrino hizo caso omiso de las advertencias. Adoraba los informes semanales y quincenales de Pallomari; le encantaba sumergirse en los datos. Los balances impecablemente impresos del contable eran el sueño dorado de un gerente tan meticuloso como Miguel.

La guerra con Medellín se inclinó a favor de Cali cuando el Bloque de Búsqueda, un cuerpo de élite de investigadores de la policía y el ejército, empezó a operar en Medellín con el único objetivo de atrapar a Escobar. El Bloque también estableció una especie de sucursal en Cali, pero hacía caso omiso de los hermanos Rodríguez Orejuela.

Escobar denunció que el gobierno y el cártel de Cali trabajaban juntos. Y estaba en lo cierto: las autoridades obtuvieron de los padrinos de Cali buena parte de su información de inteligencia sobre el capo de Medellín. La ayuda que les prestaba el cártel a las autoridades no solo le hacía daño a Escobar, sino que le demostraba su buena voluntad al Bloque de Búsqueda.

Desde el punto de vista empresarial, Cali explotó la costosa guerra —en tiempo y dinero— de dos frentes que Escobar estaba librando. Traficantes de Cali asumieron el control de rutas hacia Estados Unidos que antes habían sido controladas por los de Medellín o que los dos cárteles habían compartido. Tanto las ganancias del cártel de Cali como su cuota de mercado crecieron de manera exponencial.

Cada uno de los grandes envíos de droga a Estados Unidos y a Europa, característicos del cártel de Cali, podía dejar treinta millones de dólares. La entrada de estas enormes sumas a Colombia puso a prueba los mecanismos que tenía el cártel para lavar dinero, por no mencionar la logística: diez millones de dólares en efectivo pueden pesar más de una tonelada. El cártel tuvo que contratar veinte contables de tiempo completo que lidiaran con el tema de los impuestos y ayudaran a encontrar maneras nuevas de lavar las ganancias del narcotráfico.

Una tarde, Jorge estaba reunido con Miguel y Gilberto cuando recibieron un visitante del norte del Valle del Cauca, una región violenta y sin ley. Era Iván Urdinola, un hombre arrogante, burdo y sin educación. Su crueldad era legendaria; se había hecho famoso por las ejecuciones y las mutilaciones con motosierra.

Ese día, Urdinola traía noticias que parecieron tomar por sorpresa a los hermanos. El capo estaba pensando retirarse del narcotráfico. Su hacienda ganadera producía ganancias por 500.000 dólares al mes, y él había descubierto que le encantaba ser ganadero. Si el gobierno desistía de la extradición, estaba dispuesto a entregarse a las autoridades, negociar una condena corta que pudiera pasar en una cárcel cerca de su hogar y terminar sus días como un hacendado legal.

Después de que se fue Urdinola, los hermanos se quedaron pensativos. Gilberto, que en ese momento tenía más de cincuenta años, parecía estar listo para retirarse también y disfrutar de la vida. Miguel, a pesar de que le encantaba trabajar, parecía compartir con su hermano el anhelo de una vida sin preocupaciones seguridad.

La conversación hizo que Jorge también reflexionara sobre su futuro. Algún día Escobar estaría muerto o acabaría extraditado, y parecía que los hermanos querían retirarse en cuanto la guerra terminara. Y después ¿qué? Jorge y Lena estaban contentos viviendo en Cali, donde ella tenía familia y él todavía hacía algunas consultorías para la fábrica de baterías de la que había sido socio. Mirando hacia el futuro, pensó que podría aprovechar sus habilidades en cuestiones de comunicación y seguridad para empezar un nuevo negocio; por ejemplo una empresa de seguridad, tal vez incluso con el respaldo de la familia Rodríguez Orejuela.

En una salida de domingo al campo, Jorge y Lena encontraron un terreno con vista a las montañas. Caminaron juntos entre la hierba y las flores silvestres que perfumaban el aire. Lena escogió un punto para construir su hogar; se imaginaba una pequeña arboleda de frutales y un camino de hermosas palmeras flanqueando la entrada.

Si Cali iba a ser su hogar en el largo plazo, Jorge estuvo de acuerdo en que era hora de echar raíces más firmes. Entre los dos tenían el dinero justo para comprar el terreno, al que llamaron El Lote.

Lena sembró un jardín y los primeros árboles. Jorge diseñó la casa pero dejó los planos a un lado. Su hogar en el campo tendría que esperar hasta que Pablo Escobar desapareciera y él fuera libre para retomar su vida al margen del cártel de Cali.

La trampa del Dragonfly

Las diferencias entre los cárteles de Cali y Medellín se hicieron evidentes en la campaña para derogar los acuerdos de extradición entre Colombia y Estados Unidos. Mientras Pablo Escobar repartía violencia, los Rodríguez Orejuela repartían pesos. Ambas técnicas podían lograr su cometido, pero la de los padrinos de Cali tenía el beneficio de hacerlos acreedores de deudas de gratitud en todos los niveles del gobierno. Los sobornos, sin embargo, eran motivo de consternación permanente para Jorge, que en el fondo de su corazón creía en la igualdad entre las personas. La experiencia que había vivido años antes, cuando perdió la custodia de su hija, aún le dolía.

Podía parecer una actitud extraña en alguien que trabajaba al servicio de una organización criminal, pero Jorge detestaba la corrupción. Y no pensaba que hubiera ironía en ello. Pagarle unos cuantos pesos a un agente de tráfico para evitar una multa era una cosa, pero sobornar jueces para influir en las decisiones del sistema judicial o corromper a funcionarios públicos para que hicieran caso omiso de los intereses de la nación era un crimen contra la democracia.

En países como Colombia, donde la corrupción está tan generalizada, la ética selectiva es una práctica común. Jorge sabía que llevar mercenarios británicos al país para luchar contra las FARC o atacar la hacienda de Pablo Escobar era ilegal, pero también pensaba que era una muestra de patriotismo. «Algunas veces tenemos que hacer lo que es correcto, no lo que es legal», se repetía con frecuencia. Hijo de un general condecorado, se indignaba al descubrir corrupción en el seno de las fuerzas militares, especialmente cuando se trataba de oficiales del ejército.

En 1991 se convocó una Asamblea Constituyente para dar al país una nueva carta política. Representantes del cártel de Cali, determinados a liquidar la extradición de una vez por todas, instalaron un centro de atención y cabildeo en un departamento de las torres residenciales anexas al hotel Tequendama de Bogotá. Desde el primer día, ese departamento fue una verdadera central de sobornos.

Para impulsar su causa contra la extradición, el cártel mandó a Bogotá a un relaciones públicas que manejara su generosidad. Julián Murcillo era el dueño de El Toro Negro, un restaurante muy popular en Cali. Carismático y muy imaginativo en los negocios, era amigo de la familia Rodríguez Orejuela. Los políticos afines a la causa podían contar con que Murcillo haría realidad casi cualquiera de sus deseos: enormes limusinas, vacaciones en el Caribe, mujeres hermosas. Miguel llevaba un registro minucioso de quién recibía qué favor y a qué precio, y nunca se reprimía a la hora de recordarle a algún político indeciso exactamente lo que debía.

En esa época, Miguel convirtió su oficina de Cali en una especie de cuartel general donde atendía a políticos, hinchaba egos y extendía cheques. Jorge era testigo de las operaciones, entre asombrado y furioso de comprobar que algunos dirigentes del país hacían fila en la puerta de la oficina de Miguel para recibir un favor tras otro. Una noche, después de presenciar otra jornada de sobornos, se desfogó con Lena:

—Nuestra Constitución va a ser modificada a punta de sobornos, trago y prostitutas. —Era algo tan descarado que no pudo evitar añadir—: ¿Cómo es que nadie se da cuenta?

Lena lo interrumpió: era peligroso expresar ese tipo de opiniones en voz alta.

—¿Qué tal si te escucha algún vecino? —dijo en un susurro, preocupada.

Desde su oficina, Miguel seguía empeñado en darle uso a su título honorario de abogado, esta vez revisando los borradores de algunos proyectos de ley. Consultó a abogados de toda la región y contrató a expertos estadounidenses en derecho constitucional. Los abogados del cártel ayudaron a redactar los textos de tal manera que se bloqueara la posibilidad de la extradición y se allanara el terreno para el perdón legal de los crímenes pasados de los narcotraficantes; todo cínicamente disfrazado como defensa de la soberanía de Colombia frente a las intromisiones de Washington.

Escobar y los Rodríguez Orejuela finalmente consiguieron que se vetara la extradición, a pesar de las enérgicas objeciones de las autoridades estadounidenses. Aunque la Constitución de 1991 entraría en vigor meses más tarde, el presidente Gaviria derogó la extradición de inmediato. A cambio, el cártel de Medellín liberó a las mujeres que tenía secuestradas. Y el 19 de junio, Pablo Escobar se entregó a las autoridades colombianas.

El capo, a quien dos años antes la revista *Forbes* había calificado como el séptimo hombre más rico del mundo, gracias al narcotráfico, estaba vinculado al asesinato de figuras públicas, jueces y policías, así como a numerosos atentados terroristas y secuestros. Sin embargo, al entregarse solo admitió ser responsable de un modesto envío de cocaína a Europa. Y fue a la cárcel, pero en sus propios términos.

La revista *Time* calificó a los padrinos de Cali como los nuevos cabecillas del narcotráfico internacional, lo que molestó sobre todo a Miguel. Pero unos días después de la entrega de Escobar, Gilberto accedió a reunirse con dos corresponsales de la revista en América Latina. Dijo que era su primera y única entrevista en cincuenta y dos años.

Jorge recogió a los dos periodistas en el hotel Intercontinental. Uno traía un maletín que Jorge puso en el asiento del copiloto, donde tenía un aparato electrónico del tamaño de una radio portátil que en realidad era un medidor de frecuencias para detectar transmisiones de radio. Cuando constató que el maletín no contenía ningún transmisor que indicara su ubicación, se puso en marcha.

Gilberto los invitó a almorzar, citó a varios poetas colombianos y negó que existiera un cártel de cocaína bajo su mando. Se definió a sí mismo como un hombre de familia que se había visto forzado a invertir grandes sumas de dinero en medidas de seguridad para proteger a sus seres queridos de ese «enfermo... lunático... psicópata» de Pablo Escobar. Jorge tomó una fotografía del almuerzo.

El Ajedrecista aparece sonriendo, relajado y con un aire completamente inofensivo. En el camino de regreso, les dijo a los periodistas:

—Gilberto es un gran tipo, no un demente como Escobar.

La cárcel de La Catedral fue erigida en la ladera de una montaña boscosa visible desde Medellín. Escobar escogió el lugar, cerca de su natal Envigado, y aprobó los diseños. Más parecida a un hotel que a una cárcel, La Catedral fue construida por gente de Escobar en un terreno de su propiedad. Tenía teléfonos, faxes, baños con hidromasaje, televisión satelital y cocina gourmet.

El gobierno estaba tan ansioso por meter entre rejas a Escobar, que había permitido que el criminal más buscado del mundo determinara prácticamente todos los aspectos de su reclusión. Él mismo había escogido a los guardianes y a los otros reclusos. Nadie tenía acceso a la cárcel a menos que el capo lo autorizara. Ninguna aeronave, ni siquiera los helicópteros de la policía, podía sobrevolar el espacio aéreo de La Catedral sin permiso del Doctor.

Los Caballeros de Cali empezaron a preocuparse de que Escobar fuera más peligroso preso que cuando estaba prófugo. La Catedral era un santuario, un fortín protegido por el gobierno. Los padrinos anticipaban que su rival buscaría recuperar su cuota del mercado y atacarlos sin temor a represalias. El encarcelamiento de Pablo resultó ser un problema de seguridad para el cártel de Cali.

Jorge fue convocado a una reunión con dos de los jefes. Ante la insistencia de Pacho, Miguel quería llamar de vuelta a los mercenarios británicos: los padrinos pretendían organizar un ataque a la cárcel de Escobar.

—¿Quieren atacar una cárcel? ¿Se dan cuenta de que sería como atacar al gobierno? —preguntó Jorge, incrédulo.

Los británicos jamás aceptarían un enfrentamiento armado con el ejército y la Policía Nacional.

—No sería un enfrentamiento —le respondió Pacho—. Lo que queremos es bombardear la cárcel, darle a la celda de Pablo.

—¿Qué? ¿Un bombardeo?

Los dos capos estaban sumamente emocionados para darse cuenta de que Jorge no compartía su entusiasmo. Estaba, de hecho, atónito. La idea era tan mala que no sabía por dónde empezar a explicarlo. Como seguía en silencio, Miguel le pidió que localizara a David Tomkins.

Como el resto del mundo, los Caballeros de Cali habían visto en televisión imágenes de la primera guerra del Golfo; habían contemplado las edificaciones iraquíes reducidas a ruinas después de los bombardeos de la coalición. «¿Por qué no repetir algo así en La Catedral?», se preguntaba Pacho. En las instalaciones militares de El Salvador, país sumergido en una devastadora guerra civil, había montones de bombas de más de quinientas libras. Cualquier bombardero ligero de la flota de defensa aérea colombiana o de otra nación sudamericana bastaría. Jorge sería el encargado de coordinar toda la misión: encontrar el avión, elegir el piloto, conseguir las bombas.

—Pero es una pésima idea —dijo Jorge, sin poder contenerse.

Les explicó que los estrategas militares rara vez atacan blancos humanos con bombas aéreas. Y tienen razón, pues se trata de armas rudimentarias y poco sofisticadas. Los bombardeos, les dijo, tienen por objetivo destruir estructuras inmuebles como bodegas, depósitos de armas, líneas férreas, carreteras y puentes, no matar a una persona. A diferencia de las bombas «inteligentes» de la guerra del Golfo, las bombas que caen a donde las lleve la gravedad —que eran las que querían usar los padrinos— son muy imprecisas. Bombardear La Catedral pondría en peligro la vida de muchos inocentes. El resultado podía ser desastroso.

En ese momento los Caballeros de Cali gozaban de una percepción relativamente benigna en el mundo criminal colombiano y tenían amigos en las altas esferas del gobierno y las fuerzas militares. Su buena imagen se debía en parte a los generosos sobornos que repartían, y en parte a una cierta compasión que inspiraban en los colombianos: eran víctimas de la campaña de terror de Pablo Escobar, al igual que el resto del país. Los cuatro padrinos eran requeridos por la justicia de Estados Unidos, pero no enfrentaban ningún cargo en Colombia. Jorge temía que el bombardeo a la cárcel acabara con la buena imagen del cártel y convirtiera a sus jefes en terroristas y enemigos del Estado, igual que Escobar.

Pero Pacho y Miguel no daban su brazo a torcer. Su rival era un blanco fácil y querían hacer llover bombas sobre él. Jorge se encargaría. Cuando él trató de objetar de nuevo, Miguel lo interrumpió:

—¡Es suficiente! Hazlo —rugió.

A Jorge le molestó la reacción de Miguel y se sintió profundamente frustrado de que los dos jefes desestimaran con tanta facilidad su experiencia militar. Consideró la posibilidad de amenazarlos con su renuncia, pero rápidamente reconsideró: sería precipitado, incluso peligroso, y tal vez no lograría nada. Entonces decidió seguirles la corriente, pero haciendo las cosas muy despacio, mientras encontraba la manera de convencerlos de que era un pésimo plan.

La primera parada de Jorge fue Guatemala. Allí conoció a Pedro Isern, un cubano cortés y afable que hacía años mantenía contactos con militares salvadoreños y manejaba los cargamentos de cocaína que se enviaban a Estados Unidos entre cajas de brócoli y melón. El cubano acompañó a Jorge a El Salvador para reunirse con el teniente coronel Roberto Leiva Jacobo, comandante de la base aérea de Comalapa.

La presentación tuvo lugar en la casa del teniente coronel, al calor de unos whiskys. En silencio, Jorge escuchó a los dos amigos reír al recordar los buenos tiempos: la cacería nocturna de conejos en la pista de aterrizaje de alguna base aérea, el vigor sexual que les daba la sopa de un reptil al que llamaban garrobo.* Finalmente, el teniente coronel se dirigió a Jorge:

—Quiero ayudar a mi amigo —dijo, con un movimiento de cabeza hacia Isern.

Tenía entendido, continuó, que el plan era comprar cuatro bombas MK-82, de quinientas libras, con el propósito de bombardear la cárcel donde estaba recluido Pablo Escobar. Dijo que podía conseguirlas si Jorge estaba dispuesto a pagar 150.000 dólares por cada una.

—Seiscientos mil dólares me parece una suma exorbitante —respondió Jorge encogiéndose de hombros—; pero yo solo soy el mensajero. Voy a transmitirle tu propuesta a Miguel. ¿Aceptarías medio millón?

Leiva alzó los hombros y así quedó acordado el precio final.

---

* En español en el original. *(N. de la T.)*

En Londres, Tomkins aceptó de inmediato formar parte de la nueva misión. Llamó a Jorge para decirle que había encontrado un A-37 Dragonfly, un cazabombardero ligero con capacidad para arrojar bombas de quinientas libras. Un coleccionista de aeronaves lo pilotaría hasta Florida para que lo inspeccionaran. El Dragonfly era un avión fabricado por Cessna; había sido diseñado para misiones de apoyo aéreo cercano durante la guerra de Vietnam con soportes para bombas bajo las alas. Era de uso frecuente en las fuerzas aéreas de varios países de América Latina, entre ellos Colombia.

Jorge viajó a Miami, alquiló un auto y se puso en camino al aeropuerto de Opa-Locka. El Dragonfly esperaba dentro de un hangar, diecisiete kilómetros al norte de la ciudad. Si a Jorge le gustaba, los padrinos enviarían a un piloto colombiano para un vuelo de prueba. Al llegar, Jorge encontró a Tomkins de pie junto al avión color verde olivo hablando con dos hombres. El que dijo llamarse Fred era el representante del vendedor anónimo.

Tomkins subió a la cabina mientras Jorge caminaba alrededor de la aeronave. Le habían quitado todas las marcas de identificación.

—¿Por qué no tiene ninguna identificación? —preguntó Jorge.

—Por razones comerciales —respondió Fred—. Si el negocio no se cierra, el dueño no quiere que lo identifiquen.

Jorge no quedó satisfecho con la respuesta, pero continuó con la inspección del fuselaje, el tren de aterrizaje, las alas y los soportes de las bombas. El avión estaba en perfectas condiciones. Era una belleza. Pero al revisar detenidamente el morro del Dragonfly, Jorge repentinamente sintió un sobresalto: el cañón de la ametralladora estaba manchado de humo y tenía residuos de pólvora.

—¿Recientemente han sido usadas las armas de este avión? —preguntó Jorge.

—No se preocupe. El dueño tiene permiso —le aseguró Fred.

Jorge trató de disimular su preocupación. Sabía que ningún civil, ni en Colombia ni en la Florida, podía ser dueño de un avión militar cuyas armas de combate estuvieran activas. Este trato era una estafa o una trampa de las autoridades. El dueño anónimo podía ser la Guardia Aérea Nacional de Florida y Fred podía ser un agente del FBI* o del Servicio de Aduanas. Jorge también pensó que tenía que cuidarse de Tomkins: podía estar cooperando con las autoridades para salvar su pellejo.

Sin comprometerse con la compra, Jorge dijo que quería esperar la opinión del piloto que iba a probar el Dragonfly y regresó al hotel. A la mañana siguiente le dijo a Tomkins que hablarían por la noche: había alquilado un yate e iría de pesca a mar abierto todo el día. Pero lo que hizo fue dirigirse al aeropuerto y tomar el primer vuelo a San Salvador. Fuera de la jurisdicción de Estados Unidos, le mandó decir a Tomkins a través de un conocido mutuo que había cancelado el vuelo de prueba y que pensaba que el negocio era una trampa. Al no concretarse la compra, Tomkins perdió la fianza de 25.000 dólares y se quejó de que Jorge se había vuelto paranoico.

Jorge sintió que había escapado de la trampa por un pelo. Por lo que había aprendido en las largas sesiones en las cuales servía de traductor entre sus jefes y los abogados estadounidenses, sabía que el más leve acto que contribuyera a la compra ilegal de armas era suficiente para que se le imputaran cargos por un delito grave. Eso le recordó los peligros del que había llegado a considerar un plan del infierno.

Quería salir de la campaña contra Pablo Escobar como un héroe nacional, no como un criminal. Y ahora se enfrentaba a una paradoja terrible: estaba arriesgándose a que lo arrestaran por llevar a cabo un plan que no quería llevar a cabo.

---

* Federal Bureau of Investigation, Oficina Federal de Investigación. *(N. de la T.)*

Pásenme un tenedor

Entre las misiones del cártel a Panamá y El Salvador, Jorge se concentró en mejorar la inteligencia anti-Escobar en casa y, con la aprobación de Miguel, comenzó a revisar los informes de los soplones. Hablaba regularmente con los miembros de la familia y sus guardaespaldas, para identificar posibles problemas. Y justamente durante una de esas charlas de rutina, una prima de Martha Lucía, la Esposa Número Cuatro, le reveló detalles que lo pusieron alerta.

A la prima le despertaba sospechas un pariente que había llegado de Medellín y había estado haciendo muchas preguntas: sobre los colegios a los que iban los hijos de los Rodríguez Orejuela, sobre los vehículos que los transportaban, sobre las diversas residencias de Martha Lucía...

Jorge alertó a los padrinos, que reaccionaron con presteza: enviaron a un sargento de la policía, amigo del cártel, a arrestar al hombre. El oficial lo llevó a una de las haciendas de Pacho, donde lo esperaban los cuatro jefes con las caras largas. Al pariente de Medellín le decían Caliche. Estaba sudando cuando llegó.

Los jefes se sentaron, tensos, en la amplia sala e invitaron a Caliche a tomar un zumo de fruta fresca, tratando torpemente de charlar sobre cuestiones familiares. Los jóvenes guardias de Pacho, con su aspecto amenazador, custodiaban las puertas. Caliche luchaba por parecer relajado. Jorge sintió que su corazón empezaba a galopar cuando percibió la ira contenida de Gilberto.

—Estás haciendo muchas preguntas... sobre nuestros hijos —dijo Gilberto severamente, poniendo fin de improviso a la fingida charla amistosa—. ¿Por qué?

—¿Perdón? No entiendo. ¿Qué quiere decir?

—Le preguntaste a tu prima a qué colegios van nuestros hijos.

—Ah, sí, es solo que estoy interesado en la familia. Curiosidad natural, nada más —dijo Caliche.

—¿Curiosidad natural? —a Gilberto lo irritó la respuesta—. Pero si quisiste saber sobre sus chóferes, sus guardaespaldas, los autos que los llevan al colegio... ¿Eso es curiosidad natural?

—Por favor, don Gilberto, acepte mis disculpas. Fui maleducado y entrometido. Es que soy así. Yo...

—Estás trabajando para Pablo Escobar —afirmó Gilberto.

—¡No! Por supuesto que no —protestó Caliche, ahora evidentemente asustado—. Nunca traicionaría a mi familia... a su familia. Nunca.

—Mira, Caliche, te entiendo —le dijo Gilberto con un tono más suave—: vives cerca de Medellín y Pablo te amenazó. Entendemos... No tuviste alternativa... Tienes que proteger a tu familia, tienes que...

—No, no, señor, como le digo: fueron preguntas sin importancia, solo tuve curiosidad. Estaba...

Gilberto se puso en pie de un salto e interrumpió a Caliche:

—¡Pásenme un tenedor! —rugió—. Yo mismo le voy a sacar los ojos a este maldito mentiroso.

Hubo una gran conmoción; alguien cogió a Caliche y todos pasaron al comedor contiguo. Gilberto, en un extremo de la reluciente mesa, hizo una señal para que le acercaran a Caliche, que estaba pálido como un papel. Dos de los hombres de Pacho lo arrastraron a Caliche hasta donde estaba Gilberto; otro hombre le alcanzó al padrino un tenedor de plata.

Jorge a duras penas podía respirar. Podía ver perfectamente a Gilberto desde el otro lado de la mesa, pero no quería ser testigo de lo que iba a ocurrir a continuación. Sentía pena por el espía. Pero, más que nada, esperaba no pasar la vergüenza de desmayarse a la vista de la sangre y los ojos reventados. Estaba de pie junto a Miguel, que no había musitado palabra, limitándose a fruncir el ceño sin hacer el mínimo intento de intervenir. De repente, los murmullos alrededor de la mesa se silenciaron cuando Caliche empezó a gimotear:

—Por favor, entiéndame, don Gilberto. Va a matar a mi esposa y a mi bebé. Lo siento tanto, don Gilberto. Preferiría morir antes que hacerle daño a su familia, pero quería salvar a la mía.

Después de un momento, Gilberto puso el tenedor sobre la mesa y guió a la multitud de vuelta a la sala, donde Caliche soltó todo lo que sabía, agradecido de que el padrino lo hubiera perdonado. Pablo le había ofrecido dinero, pero también había amenazado con matar a su familia si él no le pasaba información sobre las familias del cártel. El capo lo había citado en La Catedral dos o tres veces para negociar los términos de su colaboración. Caliche terminó diciendo que lo sentía muchísimo, que estaba muy avergonzado por lo que había hecho y que estaba dispuesto a cualquier cosa con tal de que lo perdonaran.

Jorge se inclinó hacia Miguel y le susurró al oído:

—Ha estado en La Catedral. Necesitamos que nos describa el lugar; puede sernos de mucha utilidad.

Miguel interrumpió de inmediato. Dijo que quería que Jorge interrogara a Caliche a primera hora del día siguiente; esperaba que contara todo lo que supiera sobre Escobar, sobre La Catedral y sobre su funcionamiento. Caliche pareció aliviado.

En teoría, el gobierno manejaba la prisión de Pablo Escobar, pero en realidad era el capo quien controlaba todo, desde el espacio aéreo hasta los ascensos de los guardianes. La policía militar protegía los alrededores y supuestamente revisaba todos los vehículos que entraban y salían de La Catedral, pero Caliche contó que había ciertos camiones con compartimentos falsos que nunca eran revisados, a bordo de los cuales llegaban prostitutas y otros visitantes. Algunas veces, en esos compartimentos iban soplones que serían golpeados o ejecutados.

Mientras tanto, los espías de Cali en Medellín trabajaban en un ambiente sorprendentemente amigable. Escobar le había puesto precio a la cabeza de los policías de la ciudad, y muchísimos habían sido asesinados, por lo que la fuerza pública odiaba al capo y estaba más que dispuesta a colaborar con sus rivales. Tenían el incentivo adicional de la provisión regular de alcohol, mujeres, fiestas y dinero en efectivo que llegaba sin falta a la casa de los espías, justo al lado del cuartel del Bloque de Búsqueda.

El hombre de Cali en Medellín era Benito Heredia, a quien apodaban el Chapulín. Jorge le pidió que le ayudara a organizar una inspección de la prisión. No les llevó mucho tiempo. A los pocos días se hicieron los arreglos para que un helicóptero llevara a un juez y a una secretaria de la corte a ver a Escobar, con su aprobación. El Chapulín sobornó al comandante de la base y a la tripulación del helicóptero para que permitieran a Jorge hacerse pasar por el copiloto.

En una hermosa mañana, el Bell 206 Ranger alzó vuelo de la base llevando a Jorge, recién afeitado, en el puesto del copiloto. Tenía unas gafas de sol y un enorme casco con micrófono incorporado le oscurecía la cara. Llevaba el uniforme verde-gris con las tres barras características de un capitán de la policía, y sus botas brillaban parecía cien por cien un oficial.

El vuelo hasta La Catedral duró menos de diez minutos. Jorge supuso que los presos podían escuchar el helicóptero desde que este despegaba de Medellín, lo que representaba un serio problema para un ataque sorpresa. Le pidió al piloto que hiciera una curva amplia al aterrizar en el campo de fútbol dentro de la cárcel, lo que le permitió tener una visión completa del terreno.

Tal como le había contado Caliche, el muro perimetral no estaba terminado. Jorge vio que detrás de la prisión había una zona de unos treinta metros donde no había muro: la población completa de La Catedral podía salir por ahí a cualquier hora sin tener que hacer fila.

El helicóptero se quedó en la cárcel apenas el tiempo necesario para dejar a sus pasajeros. El juez y la secretaria descendieron y enseguida la aeronave alzó el vuelo de nuevo. Jorge le prestó especial atención a un parque infantil que el capo había hecho instalar para su hija de seis años. Tal como Caliche había descrito, había una gran casa de muñecas que, según él, escondía la entrada a un búnker subterráneo.

El encarcelamiento de Pablo Escobar era una gran farsa. Estaba viviendo en la prisión con todos los lujos posibles, pero podía irse en cualquier momento si así lo deseaba. Lo que más le preocupó a Jorge fue la casa de muñecas de Manuela. El búnker subterráneo, si en realidad existía, demostraba que Escobar había anticipado el tipo de ataque sorpresa que Jorge estaba tratando de organizar.

En Cali, Jorge continuó tratando de convencer a los padrinos de que el ataque no era una buena idea, a la vez que trabajaba en los preparativos. Cada vez que podía, le recordaba a Miguel que las bombas no eran precisas, particularmente en una ladera.

—Es diez veces más difícil dar en el blanco que si estuviera en terreno plano —le repitió Jorge muchas veces.

También le advirtió la altísima probabilidad de que el ataque resultara contraproducente políticamente. La opinión pública consideraba La Catedral una instalación del gobierno, por lo que el ataque sería considerado un acto terrorista.

—Limítate a hacer tu maldito trabajo —le decía Miguel, poniendo punto final a las discusiones.

Los padrinos de Cali usaron a Caliche para lanzar una campaña de desprestigio contra los funcionarios de la prisión. Querían que La Catedral de Pablo Escobar fuera una cárcel de verdad y que se hiciera público el tratamiento especial de que era objeto el capo, para que se le pusiera fin. Mandaron a la oficina del fiscal general declaraciones juradas en las que se describía el estilo de vida del capo en la prisión y filtraron información a los medios. Nada cambió para Escobar, pero el director de la cárcel perdió su trabajo.

El gobierno de Gaviria eligió a Homero Rodríguez, coronel retirado del ejército, como nuevo director de La Catedral. Rodríguez era amigo íntimo de Jorge desde la infancia; tenían primos en común y sus padres se habían hecho amigos en la academia militar. Hasta ese momento, Rodríguez era la mano derecha del director del DAS.

Jorge acordó reunirse con su amigo ante la insistencia de los padrinos, que tenían la esperanza de que el nuevo director le pusiera fin al reinado de Escobar en la prisión. Jorge se citó con Homero en la casa de sus padres en Bogotá. Aprovechó la oportunidad para sugerirle que no aceptara el cargo.

—Te aseguro que no quieres este trabajo —le dijo—. La cocinera de la cárcel tiene más poder del que tú tendrás.

Jorge fue más allá. Años atrás le había confiado a Homero su participación clandestina en la misión frustrada contra las FARC. Esta vez le contó sobre el plan del cártel de Cali para bombardear La Catedral. Podía parecer arriesgado, pero Jorge confiaba en su amigo y quería protegerlo. También se le ocurrió que, como último recurso, podría alertar a Homero para que bloqueara el ataque, sin delatarse. Por ahora solo podía adivinar cuándo se llevaría a cabo la operación, porque todavía no tenían el avión, ni el piloto ni las bombas. Pero dado que los padrinos estaban decididos, Jorge temía que era inevitable.

Homero le dio las gracias y le pidió que lo mantuviera informado. Si el ataque iba a llevarse a cabo, Jorge llamaría a la madre de su amigo y le diría: «Marcela está buscando a Homero». Era la señal para que el nuevo director de La Catedral estuviera preparado. Marcela era una de sus ex novias, la protagonista de su más reciente desastre amoroso. «Qué apropiado», pensó Jorge: si el bombardeo se llevaba a cabo, un desastre era el único resultado que podía anticipar.

En el mercado negro

El 16 de enero de 1992 se firmaron en la ciudad de México los Acuerdos de Paz de Chapultepec, que pusieron fin a la guerra civil que asoló a El Salvador durante doce años. Empezó a conformarse una Fuerza de Paz de las Naciones Unidas para asumir las funciones militares y de cumplimiento de la ley en el país. Esas buenas noticias para El Salvador eran malas noticias para el cártel de Cali.

Se le acababa el tiempo a la oferta del teniente coronel Roberto Leiva de venderle al cártel cuatro bombas MK-82. El trato de medio millón de dólares expiraría el día en que Leiva tuviera que entregar la base aérea de Comalapa. Y en febrero, esa fecha se veía ya muy cercana. Después de semanas de preparativos a media marcha, Jorge se vio obligado a apretar el paso.

De camino al aeropuerto para tomar un vuelo a El Salvador, se detuvo en casa de Miguel. Encontró al padrino en su escritorio, dándole los últimos retoques a un paquete del tamaño de una caja de zapatos. Tenía a la mano papel de regalo rojo, lazos dorados, tijeras y cinta adhesiva. Su técnica de empaquetar era perfecta: cada esquina estaba cortada en un ángulo recto preciso; cada doblez y cada corte eran exactos. Miguel era un hombre que cuidaba minuciosamente los detalles.

—Para el teniente coronel —dijo, empujando hacia Jorge el regalo rojo y dorado—. Quinientos mil dólares estadounidenses. Los conté yo mismo.

—La caja quedó pesada —comentó Jorge, sorprendido, tratando de adivinar el peso; levantó la mirada hacia Miguel y lo vio con el ceño fruncido; entonces añadió—: Yo la llevo, no hay problema.

Jorge llegó a San Salvador en un vuelo nocturno vía Panamá. El llamativo paquete rojo descansaba bajo su asiento en una bolsa de papel con el logo de un almacén. Cuando la puerta del avión se abrió en la terminal, un hombre con uniforme del ejército salvadoreño entró. Estaba buscando a Jorge. Era el sargento José Parada, asistente del teniente coronel Leiva. Jorge esperó a que la mayoría de los pasajeros se hubieran bajado para ir a encontrarse con el sargento en la entrada del avión y darle la bolsa.

—Nos vemos a la salida —le dijo, por si alguien estaba escuchando.

Pero el sargento desapareció y Jorge nunca volvió a ver el paquete. Más tarde, Leiva le reclamó que su hermoso regalo solo contuviera 480.000 dólares. Sin embargo, los 20.000 que faltaban no dieron al traste con el negocio.

Oficialmente, El Salvador seguía siendo un país en guerra, por lo que la seguridad era estricta. Jorge le dijo al oficial de inmigración que iba en viaje de negocios: su objetivo era buscar oportunidades de inversión en la exportación de zumo de naranja. Llevaba consigo catálogos que le habían pedido en el Ministerio de Comercio. Decidió no usar un nombre falso cuando se registró en el Sheraton del centro de San Salvador. Como había supuesto, el recepcionista le pidió el pasaporte y le sacó una fotocopia antes de darle la llave de la habitación. Si hubiera usado un nombre falso, habría tenido que fingir que se le habían perdido sus papeles y seguramente habría llamado la atención de las autoridades salvadoreñas. Muchas de las personas que trabajaban con el cártel tenían pasaportes falsos, pero Jorge no.

A la mañana siguiente, el plan para sacar las bombas del país ya estaba en marcha. Jorge se reunió con el líder del equipo local del cártel, Nelson Comandari, un salvadoreño alto y fornido que había reclutado a su cuñado, a su sobrino y a varios amigos para que echaran una mano. Era uno de los hombres de Pacho Herrera.

Al día siguiente, en la base aérea de Comalapa, el sargento Parada usó su hora de almuerzo para poner manos a la obra. Se sentó al volante de uno de los montacargas amarillos que estaban por todas partes y rápidamente cargó cuatro bombas MK-82, las depositó en un camión rojo y cubrió los cilindros verdes con paja. Empaquetó aparte las aletas de cola y los detonadores. Uniformado, se dirigió en el camión civil hacia la puerta de la base y la cruzó, sin que nadie lo detuviera.

A unos tres kilómetros, El Pato Canales, un restaurante de carretera muy popular, estaba a reventar en plena hora del almuerzo. Jorge estaba solo, sentado en una mesa desde donde podía ver la puerta de entrada. Al otro lado del concurrido comedor estaba Comandari, también solo.

Aparcó el camión rojo cerca del restaurante. El sargento se bajó y cruzó deprisa el aparcamiento. Vio a Jorge adentro. Caminó hacia él, y al pasar a su lado dejó la llave del camión sobre la mesa, sin decir nada. Jorge le puso la mano encima, como un mago, y la arrastró hacia el otro extremo de la mesa. Al cabo de un momento, Comandari pagó la cuenta de su almuerzo y se dirigió a la puerta. Al pasar junto a la mesa de Jorge, tomó disimuladamente la llave. Salió, se montó en el camión y se alejó. En su camino de regreso al Sheraton, Jorge se detuvo en una cabina de teléfono público.

—Patrón, ya tenemos los artículos —le dijo a Miguel.

Era la señal para que el padrino enviara un avión del cártel a recoger las bombas en un lugar previsto de antemano en la frontera entre Guatemala y El Salvador.

Mientras tanto, Comandari conducía hacia ese lugar, unos ochenta kilómetros al norte. Un recorrido de tal longitud implicaba casi con seguridad el encuentro con algún control militar, por lo que Nelson y sus compañeros se tomaron el tiempo para disfrazar la carga. Primero pintaron las cuatro bombas del mismo amarillo brillante de los camiones, tractores y equipo de construcción marca Caterpillar, de uso común en la región. Comandari incluso consiguió calcomanías de Caterpillar que parecían originales y se las pegó a las bombas. Era posible que los cambios no engañaran a todo el mundo, pero sin las aletas de cola, las bombas podían pasar por cilindros inofensivos. En todo caso, para minimizar el riesgo de una inspección, Nelson puso más paja sobre las bombas y añadió el elemento disuasivo final: cuatro grandes cerdos. En ese momento los controles eran menos estrictos debido al cese de las hostilidades. Nelson predijo que nadie iba a tomarse el trabajo de buscar entre una montaña de excrementos de cerdo.

En la esquina noroccidental de El Salvador, el río Zapote nace entre las montañas y va a desembocar al mar. Es un cauce amplio y cristalino surcado por pocos puentes y algún que otro ferry. Pocas patrullas militares controlaban el área debido a la dificultad para cruzar las aguas. Jorge llegó después del atardecer. Gritó y tocó la bocina del vehículo, tratando de llamar la atención de algún canoero al otro lado del río, pero nada. Cuando pensó que tendría que dormir en el auto junto con un millón de mosquitos, un hombre llegó en canoa a la ribera y le hizo señas para que se montara. Lo llevó a la casa de Nelson, una corta distancia río abajo.

La buena noticia que lo esperaba era que las bombas habían hecho todo aquel largo trayecto sin que nadie se hubiera dado cuenta y estaban seguras en el camión, listas para ser entregadas. La mala noticia era que Nelson se había roto una pierna ese día y no iba a poder ayudar en la ardua labor de subir las bombas al avión. Jorge se sorprendió al ver que los hombres de Comandari habían construido cajones de madera para cada una de las bombas. Así sería más fácil apilarlas, le dijo Nelson.

Antes de salir de la ciudad, Jorge había hablado por teléfono con el piloto del cártel que iba a recoger las bombas al amanecer del día siguiente. La breve y críptica conversación incluyó el intercambio de las frecuencias de radio que usarían para comunicarse y confirmar que el aterrizaje era seguro. La operación de carga debía durar el menor tiempo posible y llevarse a cabo antes de que las autoridades salvadoreñas pudieran reaccionar ante el avión no identificado que acababa de violar su espacio aéreo. Jorge esperaba que el proceso pudiera hacerse en cuatro o cinco minutos. Acordaron que el avión llegaría con las primeras luces del alba.

Jorge estaba esperando en la casa de Nelson cuando el piloto llamó para decirle que estaba a treinta minutos de aterrizar. Jorge avisó a los hombres y estos partieron hacia el lugar acordado. Él arrancó en la motocicleta de Nelson, una Honda azul, roja y blanca, de motocross. Detrás iba el camión rojo con las bombas entre los cajones de madera.

Todavía era de noche cuando llegaron al lugar donde aterrizaría el avión; apenas se veían unas tenues luces al oriente. La pista de aterrizaje abandonada estaba completamente oscura. Jorge levantó los ojos y examinó el cielo plagado de estrellas a punto de desvanecerse, en busca de las luces intermitentes del avión. Aguzó el oído, tratando de escuchar el ruido del motor. Un crujido de su radioteléfono rompió el silencio: el avión estaba a minutos de llegar y contaba con una ayuda de navegación en la pista.

—Todo listo —informó Jorge.

La pálida luz que empezaba a brillar iluminó la zona lo suficiente para que Jorge viera que algo se movía en la pista. Se deslizó en la moto, sin encenderla, hasta que pudo ver de qué se trataba: la pista estaba llena de gallinas y cerdos.

—¡Dios mío! —gritó.

Vio las luces intermitentes del avión, que aterrizaría en cuestión de segundos. Encendió el motor de la motocicleta y se apresuró a recorrer la pista lo más rápido que le fue posible para espantar a los animales. Podían averiar seriamente el avión, e incluso causar una catástrofe.

Las gallinas y los cerdos se dispersaban a medida que Jorge pasaba acelerando y salpicando gravilla por todos lados, en un esfuerzo ruidoso y desesperado por vaciar la pista. El avión pasó sobre él y logró aterrizar sin contratiempos. Pero entonces Jorge se llevó su segundo susto del incipiente día: el avión no era el espacioso Cessna Grand Caravan que estaba esperando, sino un King Air 200, un avión ejecutivo de dos turbohélices, mucho más pequeño, con capacidad para cargar mochilas de palos de golf.

Cuando Jorge llegó al final de la pista donde había aterrizado el avión, la puerta de pasajeros ya había sido abierta y el copiloto estaba sacando varios bidones de gasolina vacíos, con capacidad de quince galones cada uno. Cuando despegaron, todos estaban llenos; habían servido para alimentar los motores durante el vuelo de 2.000 kilómetros entre Cali y La Barra del Zapote. Se trataba de un viejo truco de narcotraficantes: duplicar la capacidad de vuelo del avión, 3.200 kilómetros, conservando la gasolina de los tanques de las alas para el vuelo de regreso. Se habían retirado los asientos de la cabina de pasajeros para hacerle espacio a los bidones de gasolina; ahora estos le harían espacio a la carga, que parecía demasiado grande para la capacidad del King Air.

El avión tenía espacio para sentar a dos personas a lo ancho como un avión de pasajeros, mientras que el Caravan poseía espacio para tres. Además, la puerta del King Air 200 era mucho más pequeña. Los cajones con las bombas no cabían. Los hombres de

Nelson empezaron a romperlos para sacar los cilindros amarillos de metro y medio.

El piloto, un hombre barbado y bonachón a quien los hombres del cártel llamaban «el Barbas», dejó prendidas las hélices mientras el copiloto supervisaba el proceso de carga. Incluso sin los cajones de madera, subir al avión los pesados y largos cilindros fue como pasar un sofá por una esquina estrecha. La pequeña cocina y el mueble bar del King Air, ambos de madera fina, terminaron bastante maltrechos. La operación de cuatro o cinco minutos se extendió a diez, después a quince y después a veinte, mientras vecinos curiosos se alineaban a lo largo de la pista para ver lo que se suponía era una misión clandestina.

Al copiloto le preocupaba la distribución del peso y el centro de gravedad del avión. La tercera bomba rodó y fue a dar a la cola, lo que causó muchos gruñidos, quejidos y maldiciones. Si dos de las bombas se deslizaban de esa manera en pleno vuelo, especialmente durante el despegue o el aterrizaje, el cambio brusco de peso podía hacer caer la aeronave. El copiloto estaba agotado y decidió que era suficiente: no se arriesgaría a llevar otra bomba.

—¡No más! —gritó desde la puerta del avión; después, dirigiéndose al Barbas—: ¡Vámonos ya! Hay que salir de aquí de inmediato.

Jorge estaba supervisando el retiro de la cuarta bomba del cajón de madera.

—¡Esperen! ¡Solo falta una! —les gritó, pero la puerta de la aeronave se cerró sin miramientos.

—Volveremos mañana —gritó el Barbas por la ventana del piloto.

Jorge corrió hacia ellos y les entregó una caja con partes de las bombas, incluidas las aletas de cola, y otra con los detonadores.

—Mucho cuidado con esto —les recomendó.

El Barbas aceleró, dibujó una curva y alzó el vuelo entre una nube de polvo. Jorge los vio perderse en el horizonte hacia el sur.

Atrás, regados en la pista, quedaron doce o más bidones de gasolina. Jorge se agachó para examinar uno más de cerca y vio que tenía la inscripción: «Fabricado en Colombia».

Entre los bidones de gasolina inculpatorios, la bomba amarilla restante y los testigos atraídos por la inusual actividad a aquellas horas intempestivas, Jorge temió que el plan se hiciera público muy pronto. No creía que fuera posible esperar otro día para que recogieran la cuarta bomba. Le aconsejó a Comandari que la escondiera en el río.

—Húndela —le dijo antes de emprender el regreso a la ciudad.

Esa misma mañana, monitores de tráfico aéreo en Colombia detectaron una señal de radar inesperada: una aeronave entraba en país por el norte. Parecía un avión del narcotráfico. Dos aviones militares de caza de la Fuerza Aérea despegaron para interceptar el King Air 200.

Al acercarse a la costa sur, donde cambiaría de rumbo hacia el oriente para dirigirse a Cali, el Barbas se dio cuenta de que tenía compañía. No podía volar más rápido que los aviones de la Fuerza Aérea, y a plena luz del día solo había un lugar donde podía esconderse: las nubes que cubrían los picos de las montañas andinas entre la costa y el valle del río Cauca. Llamó al cártel para solicitar ayuda de inmediato. A los pocos minutos, un segundo King Air 200 se disponía a despegar del aeropuerto de Cali para servir de señuelo. Y funcionó. Los cazas interceptaron el avión señuelo y lo obligaron a aterrizar para una inspección, mientras el Barbas y las bombas emergían de las nubes sin ser detectados y se dirigían a casa.

El drama aéreo había llegado a su fin horas más tarde, cuando Jorge llamó a Miguel desde una de las cabinas de la central de telecomunicaciones salvadoreña.

—No hay problema —dijo Miguel en tono benigno cuando Jorge le contó que una bomba se había quedado en tierra—. No es su culpa, debimos haber mandado un avión más grande. Mandaré otro para recogerla. —Cuando acordaron que lo mejor era esperar uno o dos días, para asegurarse de que la operación seguía siendo secreta, Miguel concluyó—: Quédate donde estás hasta el lunes.

Sin embargo, Jorge pensó que necesitaba un lugar más seguro para esperar. De vuelta en el Sheraton, sacó su equipaje y se detuvo en la recepción. Le dijo al conserje que se iba de fin de semana a la playa pero quería reservar la habitación, pues regresaría en dos días. Consideró la posibilidad de ofrecerle doscientos o trescientos dólares para que destruyera la fotocopia de su pasaporte, pero se contuvo pensando que podía ser contraproducente y llamar la atención de las autoridades. Entonces le deseó un buen fin de semana y se marchó. En la calle, tomó un taxi:

—Al aeropuerto, por favor.*

Jorge se fue a Panamá. Trató de llamar a Nelson por la tarde, pero apenas a las diez de la noche logró comunicarse con la hermana de él, que estaba muy ansiosa. Las autoridades habían encontrado la cuarta bomba.

—Es terrible, los arrestaron a todos —lloriqueó por el teléfono—. Parece que estuvieron espiándolos. —Jorge sintió como si le hubieran pateado la cabeza y se esforzó por analizar las opciones; la mujer seguía parloteando—: ¿Qué pasó contigo? ¿Dónde estás?

Jorge pensó que la hermana de Comandari podía representar una amenaza para su seguridad. Era posible que colaborara con las autoridades y que su teléfono estuviera intervenido. Y él estaba muy lejos de Cali para tener la protección del cártel. No podía confiar en nadie.

—Estoy en Costa Rica —mintió.

El domingo, esperó hasta última hora de la tarde para llamar a la única persona en Panamá con quien podía contar para que le

---

* En español en el original. *(N. de la T.)*

levantara el ánimo: la siempre alegre Nilka Bilonick. Su esposo, detenido en Estados Unidos, ya había proporcionado a los fiscales federales evidencias fiables contra Noriega. Jorge llevaba consigo la llave de la caja de seguridad donde había guardado el certificado de depósito a término. Este ya había vencido y valía un millón de dólares. Nilka necesitaba la llave para poder sacar su fortuna. Lo abrazó con gratitud y afecto, y él se sintió renovado. Le encantaba jugar al héroe.

Ese mismo día, la noticia llenó las primeras páginas de todos los diarios del mundo: se había hecho público su plan secreto en El Salvador. Mencionaban el arresto del teniente coronel Leiva y de otros hombres, y describían la recuperación de una bomba de quinientas libras, fabricada en Estados Unidos, que iba a emplearse en un atentado contra Pablo Escobar. Diarios de Panamá y de Colombia informaban que un agente del cártel de Cali estaba involucrado en el plan. Lo identificaban como un capitán de la reserva del ejército llamado Jorge Salcedo, alias Richard.

Las autoridades militares colombianas anunciaron la apertura de una investigación. Jorge volvió a casa, donde lo esperaba un interrogatorio. Él y su familia tendrían que esconderse.

El lado oscuro

La repentina notoriedad de Jorge cayó por sorpresa entre sus familiares y sus amigos, que lo conocían como un ingeniero a quien le gustaba jugar con aparatos, tenía buen sentido del humor y era un padre cariñoso. Los medios lo describían como un narcotraficante, un importante agente del crimen organizado. Más que cualquier otra cosa, él quería explicarse, limpiar su nombre, pero no pudo hacer nada.

Aparte de su esposa y de su padre, muy pocas personas sabían de sus vínculos con la familia Rodríguez Orejuela. Debido al modesto trabajo de consultoría que hacía para sus ex socios de Baterías Magna, la mayoría de sus conocidos pensaban que Jorge trabajaba en una fábrica de baterías.

Dado que las autoridades lo estaban buscando, Jorge tuvo que mudarse de casa. Su familia tenía ahora cinco miembros, contando a Lena y a su hijo, al pequeño Jorge y a la bebé de seis meses. A Jorge también le preocupaba que el cártel de Medellín quisiera tomar represalias contra él o su familia, debido a que se le mencionaba como la persona que había planeado el atentado contra Escobar. Desde mediados de los años ochenta, cientos de policías, jueces y políticos habían sido asesinados por menos.

Los padrinos de Cali instalaron a Jorge y a su familia en una enorme casa amurallada y le dieron un nuevo trabajo monitorizando grabaciones de vigilancia que eran registradas electrónicamente en un edificio contiguo. Esta labor le permitía no aparecer en público durante meses seguidos, dedicado como estaba a analizar el flujo constante de datos de inteligencia sobre Escobar.

Jorge disfrutaba el tiempo que podía pasar con su familia. Una tarde él y Lena se llevaron un susto terrible, al darse cuenta de que ninguno de los dos había visto a su hijito durante varios minutos. Después de llamarlo sin obtener respuesta, corrieron al jardín y encontraron al pequeño de dos años flotando boca abajo en la piscina. Aunque lograron reanimarlo rápidamente, se quedaron muy conmocionados. Durante los dos días siguientes, Jorge dejó todo a un lado y se dedicó a diseñar un dispositivo que disparaba una alarma si algo caía en la piscina. Otra de sus ideas tipo McGyver.

Las indagaciones de las autoridades sobre el episodio de las bombas de El Salvador cesaron. Amigos del cártel dentro de la jerarquía militar se aseguraron de que no se abriera una investigación formal a pesar del escándalo; no obstante, hubo repercusiones para Jorge. La pésima noticia se la dieron a su padre. Un oficial, viejo amigo del general retirado, lo llamó para anunciarle con gran pena que tanto a Jorge como a Lena les serían retiradas sus tarjetas de reservistas del ejército. El general Salcedo entendía la realidad política, pero apoyó a su hijo.

—Algún día sabrás toda la verdad —le dijo a su amigo.

Jorge se sintió devastado. El plan de bombardear la cárcel era absurdo, una pésima idea desde el principio, y él se había sentido frustrado todo el tiempo por no ser capaz de detenerlo. Ahora, sus posibilidades de hacer negocios con el ejército en el futuro parecían muy improbables, si no nulas. Y lo peor era que el escarnio le estaba costando algo que valoraba más que cualquier otra cosa, más que el dinero y la posición: la posibilidad de seguir los pasos de su padre en el ejército.

De momento, lo único bueno era que los padrinos habían decidido archivar la idea del bombardeo a Escobar. Las bombas MK-82 fueron almacenadas indefinidamente y se canceló la búsqueda de avión y piloto para la misión. Incluso Miguel tuvo que aceptar que la publicidad que había recibido el plan lo hacía inviable.

A Jorge, la vigilancia electrónica y su nuevo trabajo de inteligencia le parecieron mucho más interesantes que las labores de seguridad que había desempeñado antes.

—Sé todo lo que está ocurriendo, mucho más de lo que sabe Mario —le confió a Lena.

Le dolía el distanciamiento de su amigo. Mario nunca lo llamó durante los difíciles momentos del episodio salvadoreño; no le ofreció apoyo ni había ido a visitarlo a La Muralla.

Durante el largo aislamiento de Jorge, Mario consolidó su autoridad sobre el aparato de seguridad del cártel. También empezó a coordinar a algunos de los informantes en la policía y el ejército, a quienes el cártel les pagaba con regularidad, labor ilícita que Jorge cedió alegremente.

Sin embargo, Jorge seguía colaborando con la parte ilícita del negocio, solo que indirectamente. Su sistema para intervenir llamadas le permitía al cártel monitorizar la lealtad de sus empleados y buscar información para comprometer a fuentes y a funcionarios públicos. En cierto momento, el cártel tenía intervenidos de manera permanente al menos cuatrocientos teléfonos en Cali, y con la ayuda de un alto funcionario de la empresa de comunicaciones iba seleccionando al azar, de una lista predefinida, nuevas líneas para intervenir.

Al mismo tiempo, Guillermo Pallomari continuaba usurpando las operaciones de telecomunicaciones de Jorge. El ambicioso contable había insistido en que el centro de gestión de radiotelefonía se consolidara en el centro de cómputo del cártel, que él dirigía. Jorge trató de protestar pero se dio cuenta de que era inútil, porque a Miguel le encantaba la eficiencia. Además, no estaba interesado en pelear por conservar sus prerrogativas en la organización. Tanto Mario como Pallomari estaban ocupados haciendo carrera dentro del cártel.

Pero en 1992, más de tres años después de haber empezado a trabajar para los padrinos, él seguía considerándose un empleado temporal.

A mediados de año, el control de Pablo Escobar sobre el cártel de Medellín empezó a tambalearse debido a luchas internas de poder. Se acusó a algunos de los aliados de mayor confianza de querer sacar provecho económico del encarcelamiento de Escobar. Unos cuantos fueron asesinados. Otros se pusieron en contra del capo a medida que este se volvía más paranoico, violento e irracional. La noticia de que el cártel de Cali quería bombardear La Catedral intensificó las tensiones dentro del círculo íntimo del Doctor. Además, comenzaron a escucharse rumores de que el gobierno quería trasladarlo a una cárcel más estricta.

Así las cosas, Escobar decidió hacer uso de la útil brecha en el muro perimetral para «escapar». Homero Rodríguez, que había aceptado el nombramiento de director de La Catedral, terminó en la cárcel, acusado de incompetencia. A pesar de que el encarcelamiento del capo siempre había estado sujeto a sus propios deseos, la decepción de Jorge fue terrible: habían sido inútiles sus esfuerzos por hacer pública la farsa que representaba la seguridad de esa prisión. Homero habría podido evitar que el capo escapara, sabiendo todo lo que Jorge le había dicho, pero no había hecho nada. Para salvar su vieja pero maltrecha amistad, Jorge decidió darle el beneficio de la duda y supuso que autoridades corruptas de más alto nivel se lo habían impedido.

La fuga de Escobar disminuyó drásticamente el temor de los padrinos de Cali por su seguridad. Fugitivo, el Doctor era un terrorista mucho menos eficaz que cuando había estado preso. Seguía poniendo bombas, pero todas dirigidas a blancos del gobierno.

Los de Cali decidieron aprovechar la vulnerabilidad del cártel de Medellín y lanzaron una campaña más agresiva contra Escobar: crearon un grupo armado de justicia privada que Gilberto bautizó «Los Pepes», acrónimo de «Perseguidos por Pablo Escobar». Los padrinos invertían millones de dólares en la causa, proveían a Los Pepes de autos robados en Venezuela y les pasaban la información que obtenían con su sistema de intervención de llamadas. Con el apoyo del cártel de Cali, Los Pepes desataron una campaña de terror contra Escobar, sus bienes, su familia y sus cada vez más escasos aliados comerciales. Le prendieron fuego a su colección de coches, a la hacienda de su madre y a otros bienes raíces de la familia. Después comenzaron a matar a la gente de Pablo: un primo, un abogado, un socio. En esa época, las autoridades encontraban hasta seis cadáveres cada día.

En el clímax de la violencia de Los Pepes, la familia de Escobar salió del país en busca de seguridad. Viajaron un tiempo a Europa, con una sombra que los seguía a todas partes: los Rodríguez Orejuela habían enviado tras ellos a uno de sus sicarios de más confianza. Si algo le pasaba a alguno de los miembros de la familia Rodríguez Orejuela en Cali, Bruno Murillo tenía la tarea de asesinar a los Escobar donde fuera que estuvieran.

Jorge no estaba involucrado en las operaciones de Los Pepes, pero desde la barrera tenía una vista perturbadoramente clara de su sevicia. Le impresionó en particular el caso de Guido Parra, uno de los abogados de Escobar. Cuando llevaba poco tiempo trabajando para el cártel, Jorge había conducido a Parra a una reunión con Miguel y Gilberto. El objetivo del abogado era negociar los términos de un cese de hostilidades entre Pablo y los Rodríguez Orejuela. Su visita fue infructuosa, pero se ganó el respeto de los hermanos por haberlo intentado.

Cuatro años más tarde, todo eso había quedado en el olvido; a principios de 1993, Escobar y Los Pepes estaban enzarzados en una sangrienta ley del talión. Un día de abril, un coche bomba del cártel de Medellín hizo explosión en Bogotá matando a once personas. Al día siguiente, un grupo de sicarios del cártel de Cali emboscó a Parra y a su hijo de dieciocho años. Los cadáveres fueron encontrados, con heridas de bala en la cabeza, dentro del maletero de un taxi en Medellín. Había una nota: «¿Qué te parece este trueque con las bombas de Bogotá, Pablo? Los Pepes».

El gobierno de Estados Unidos condenó las acciones de Los Pepes. Temía que las autoridades colombianas estuvieran compartiendo inteligencia estadounidense con el grupo de justicia privada. Es posible que así hubiera sido, pero la mayor parte del crédito local se lo llevaron el cártel de Cali y sus amigos. «Crédito» es la palabra más apropiada. Los Pepes tuvieron eco entre los colombianos del promedio y los miembros del establecimiento: todos estaban cansados de temer a Escobar. En ese momento, la imagen idealizada del capo como un Robin Hood criollo solo perduraba en el imaginario de los habitantes de su Envigado natal y de los barrios marginales de Medellín.

Para aprovechar esa buena voluntad hacia Cali, Miguel inició conversaciones secretas con Gustavo de Greiff, el fiscal general de la nación, que había tomado posesión del cargo poco antes de la fuga de Escobar. Era una relación de lo más particular. De Greiff era un académico de sesenta y tres años que usaba gafas, fumaba en pipa y conducía un Volkswagen Escarabajo modelo 53. No tenía un caso concreto contra los padrinos de Cali, pero incluso ellos sabían que se trataba de un mero tecnicismo. El cártel violaba la ley en Colombia, Estados Unidos, Rusia y en la mayoría de los países europeos, prácticamente todos los días, al traficar con cocaína, blanquear dinero y obstruir la justicia. Los capos buscaban una amnistía general en Colombia a cambio de su promesa de abandonar el narcotráfico.

Uno de los puntos polémicos se refería a si los padrinos tendrían que cumplir una condena en la cárcel, y de cuántos años sería. De Greiff resultó ser un negociador frustrante, pues insistía obstinadamente en que las penas fueran más severas de lo que los padrinos estaban dispuestos a aceptar. Además, parecía inmune a los favores que se le ofrecían. En una ocasión, Miguel se quejó a Jorge:

—¿Cómo diablos puedo sobornar a un hombre que conduce un viejo Volskwagen de 1953?

A medida que el escándalo de El Salvador iba quedando en el olvido, Jorge empezó a pasar más tiempo con Miguel. Sus obligaciones evolucionaron y una nueva responsabilidad tomó forma: se convirtió en el jefe de seguridad de Miguel y en su asesor de inteligencia. Cada vez que salía el padrino, Jorge realizaba los arreglos para que escoltas en moto limpiaran el recorrido por donde iba a pasar y lo acompañaran. También se encargaba de la inspección anticipada de los lugares adonde iría Miguel. El capo confiaba en Jorge y esperaba a que le diera el visto bueno antes de aventurarse fuera de su casa.

Así, Jorge comenzó a pasar cada vez más tiempo a solas con Miguel, privilegio del que no gozaban ni Mario ni Pallomari. En el proceso, también entabló una relación más estrecha con los otros padrinos, lo que despertó la envidia de sus colegas. Mario y Pallomari se quejaban de que Jorge no los mantenía al corriente de los temas importantes.

No era accidental. Jorge reconocía y disfrutaba el poder de la información. A pesar de que ya no estaba cazando a Pablo Escobar con mercenarios, aún le seguía la pista por medio de la información de inteligencia que analizaba. Esta labor le parecía interesante y emocionante. Además, le daba una experiencia incalculable que podría poner en práctica cuando abriera su propio negocio de seguridad privada.

Por supuesto, se estaba anticipando demasiado al contemplar una vida futura después del cártel: hacía caso omiso del lado oscuro de sus lazos cercanos con las familias de los capos. Sabía demasiado.

Acechanzas

A principios de 1993, mientras casi toda Colombia perseguía a Pablo Escobar, un grupo de hombres de Pacho Herrera iba en pos de otra presa: el campesino de Santander de Quilichao cuya finca había servido de guarida a los matones que habían acribillado a los futbolistas de Los Cocos.

La tarde que recibió una llamada urgente del asistente de Miguel, Jorge no estaba al tanto de las últimas noticias de esa búsqueda. El hombre le dijo que todos iban camino a la hacienda de Pacho. Jorge dejó lo que estaba haciendo y se dirigió a la hacienda, cuyo nombre en clave era «El Desierto», para asegurarse de que era un sitio seguro para Miguel. Cuando llegó a la casa principal, un hombre le hizo señas para que se dirigiera a una lechería abandonada que quedaba a unos tres kilómetros por un camino sin pavimentar.

El lugar estaba lleno de hombres del cártel. Pacho Herrera y Chepe Santacruz estaban entre la multitud; Jorge reconoció a sus sicarios incluso antes de verlos a ellos. Algo tenía animado a todo el mundo.

Un establo hacía las veces de punto de reunión. Su tejado proveía la sombra necesaria para protegerse del intenso sol de la tarde. No se veía ningún indicio de que hubiera habido ganado allí en épocas recientes. El aire olía a dulce y el pasto estaba alto y sin pisar. Pacho había venido con sus hermanos. Todos miraban a un hombre que estaba sentado en el borde de una mesa en el centro del establo, fumando pensativamente. Jorge no lo conocía. Uno de los miembros de su equipo de seguridad le susurró una explicación: era el campesino de Santander de Quilichao. Lo habían traído en helicóptero hacía un rato.

—Pobre hijueputa —concluyó el hombre.

Los hermanos Rodríguez Orejuela llegaron separadamente. Miguel fue el último de los padrinos en aparecer. Llegó en uno de sus habituales Mazda 626, con Mateo al volante. Cuando entró al establo, todos guardaron silencio. Pero fue Gilberto quien se hizo cargo de la situación.

El campesino era mucho más joven de lo que Jorge había imaginado. Se veía de una pieza, aparte de un ojo morado y unos rasguños en la cara. No estaba esposado ni atado, pero resultaba evidente que era un prisionero, que estaba solo y que no tenía escapatoria.

Gilberto habló:

—Estás en serios problemas. Supongo que lo sabes.

El hombre miró al suelo y se encogió de hombros.

—Pensaste que te ibas a salir con la tuya, ¿no? —continuó Gilberto—. Fuiste tan vivo, y nosotros tan tontos...

El prisionero le dio otra calada a su cigarrillo y continuó en silencio.

—¿Por qué lo hiciste? —le preguntó Gilberto en tono exigente.

Por fin, el campesino levantó la mirada. Con una tranquilidad que asombró a Jorge, contestó la pregunta mirando directamente a su interrogador:

—Cometí un error. Me prometieron una plata por recibir a unos visitantes. No sabía lo que estaban planeando hacer desde mi finca.

Gilberto frunció el ceño:

—¿Sabes lo que te va a suceder? —le preguntó.

El campesino bajó la mirada de nuevo y no dijo nada. La multitud estaba en absoluto silencio. Jorge apenas respiraba. Finalmente Miguel habló:

—Vámonos.

La reunión con el campesino había llegado a su fin. Miguel se dispuso a subir a su coche, lo mismo que Gilberto y Chepe. Pero no Pacho: él y los supervivientes de Los Cocos eran los encargados de impartir justicia.

Al indefenso campesino le quitaron la camisa y las botas y le amarraron las piernas a un Toyota Land Cruiser. La calma que había mostrado hasta ese momento finalmente cedió; empezó a luchar desesperadamente por soltarse cuando le ataron los brazos a un Trooper de doble tracción. Lo patearon, lo insultaron y lo escupieron. Los motores se pusieron en marcha. La multitud se hizo a un lado y estalló en vítores y aplausos cuando las dos camionetas arrancaron en dirección contraria, estirando lentamente al hombre, hasta dislocarle las articulaciones de brazos y piernas.

Jorge no se quedó a presenciar el griterío. Partió con Miguel, ansioso por irse lo más lejos posible, pero se enteró de los horripilantes detalles unas horas más tarde, de boca de uno de los miembros de su equipo de seguridad, que se había quedado hasta el final. El asunto había durado una media hora, le dijo. No se habían apresurado. Mientras el campesino siguió respirando, siguieron recomponiendo y atando lo que quedaba de él.

Jorge entendía lo que era la venganza. En la cultura colombiana, las deudas de sangre tienen una larga historia, pero ese nivel de depravación era demasiado. Empezaron a acecharlo imágenes que no había visto pero que no podía sacarse de la cabeza. El incidente le confirmó una verdad ineludible: los Caballeros de Cali eran capaces de actos de barbarie tan atroces como los de los peores maleantes de Escobar. Cada vez se hacía más complicado diferenciarlos.

A Jorge empezaba a resultarle difícil seguir negando la verdad. Poco tiempo atrás se había encontrado con un sicario al que llamaban «el Navegante». Acababa de salir de la oficina de Miguel y estaba recostado contra su auto cuando llegó Jorge. El hombre estaba visiblemente preocupado y se desahogó con él. Primero le contó sobre su participación en un asesinato que había sido noticia en todos los medios por su espectacularidad.

Un antiguo socio de Pablo Escobar, que recientemente se había enemistado con el capo, había sido encontrado muerto en una carretera cerca de su casa en Puerto Boyacá. Una nota junto al cadáver implicaba a Escobar en el asesinato: llamaba al hombre «traidor» por haberse aliado con el cártel de Cali. Era una pista falsa.

Ariel Otero, el muerto, había ido a Cali buscando protección. Como los padrinos le ofrecieron seguridad, se mudó con su esposa y sus dos hijos. Luego el cártel había ordenado su muerte para hacerla pasar como obra de Escobar. «El Navegante» le dijo a Jorge que él se había encargado del asesinato, cumpliendo órdenes. Lo que le preocupaba ese día era su más reciente misión: los padrinos de Cali querían eliminar a la familia de Otero.

—No sé qué hacer —le confesó a Jorge—. Se supone que tengo que matar a la esposa de Otero y a sus hijos chiquitos, pero ¿cómo voy a hacer eso?

Jorge no tenía respuesta. Todavía peor, no se le ocurría una manera de salvar a la familia de Otero sin poner en riesgo la suya. Deseó profundamente que el Navegante se hubiera guardado sus secretos y no los hubiera compartido con él. Pero evadir la información sobre la manera como operaba el cártel se hacía cada vez más difícil. La realidad, ya fuera banal o brutal, le salía al paso a cada rato, la buscara o no.

Jorge solo podía admitirlo frente a Lena: quería renunciar. Hasta cierto punto, les tenía cariño a los Rodríguez Orejuela y a sus familias y le gustaba su trabajo, pero estaba cansado de mentirse a sí mismo. Sí, aún quería ver a Pablo Escobar muerto, pero después quería dedicarse a otra cosa. Deseaba empezar su negocio de seguridad privada y construir en El Lote la casa que había soñado con Lena.

—¡Sería maravilloso! —le dijo ella—. Pero ¿cuándo?

Un intento con el FBI

En 1993, Guillermo Pallomari, entonces contable general del cártel, celebró su cuarenta y cinco cumpleaños con una fiesta organizada por su esposa, Patricia. Para sorpresa de Jorge, Lena y él estaban invitados. Los dos hombres no simpatizaban. Hacía unos meses, durante la Navidad, Pallomari lo había acusado de reclamar un reembolso que no le correspondía. Jorge se puso furioso. La suma en cuestión era tan insignificante que Miguel le dijo que se calmara y olvidara el asunto. Pero para Jorge una acusación de deshonestidad no podía ser insignificante. Probó que Pallomari había cometido un error, pero eso no mejoró la situación.

Sin embargo, Patricia le caía bien, pues era una mujer muy trabajadora. Dirigía una escuela de informática, era una madre dedicada a sus dos hijos y parecía decidida a hacer las veces de pacificadora. Jorge y Lena fueron a la fiesta de Pallomari, pero lo hicieron por Patricia.

El contable había continuado sus esfuerzos por consolidar las operaciones administrativas del cártel y había creado nuevos negocios tapadera para alejar aún más a los padrinos de las ganancias del narcotráfico. Al mejor estilo de las grandes corporaciones, la administración del cártel se distribuyó entre cinco divisiones, todas bajo la supervisión de Miguel: tráfico, financiera, política, legal y militar. Un comité de los mandos medios de cada división se reunía con Miguel de manera regular.

La División de Tráfico era el corazón del negocio. Gracias a su eficiencia en almacenaje y distribución, el cártel rompió los récords de cocaína enviada a Estados Unidos y a Europa. José Estrada, el jefe de seguridad más cercano a Miguel, antes de que Jorge y Mario empezaran a trabajar con el cártel, manejaba la red de bodegas y era responsable en gran medida de la logística para sacar del país toneladas de droga e ingresar toneladas de billetes. Estrada solía darles las gracias a Jorge y a Mario por haberlo reemplazado: eso le había permitido hacerse rico.

La División Financiera era reino exclusivo de Pallomari. El contable se reunía todos los días con Miguel y juntos revisaban los cheques que el padrino había firmado durante las últimas veinticuatro horas. También era responsable de mantener un registro de todos los favores políticos, ya fueran en efectivo o de otra clase. Pallomari se encargaba de pagar a los abogados, se aseguraba de que las familias de los traficantes presos recibieran una mensualidad para que estos guardaran silencio y les suministraba efectivo de manera regular a las esposas y a las familias de los padrinos. Fabiola, la Esposa Número Tres de Miguel y madre de uno de sus hijos, la bruja, tenía en su casa un talismán consagrado a la buena salud del contable.

La División Política empleaba a ex políticos que en nombre del cártel ganaban las voluntades de congresistas, gobernadores y alcaldes. Su labor consistía en llevar a Cali dirigentes de importancia; allí los Rodríguez Orejuela hacían uso de su encanto y de su chequera para conseguir nuevos apoyos. A veces a Jorge le tocaba llevar y traer a esos visitantes; era testigo de cómo se embolsaban sumas hasta de 50.000 dólares.

Bernardo González lideraba el equipo de abogados empleados por el cártel. Con frecuencia, los abogados de Cali trabajaban de manera conjunta con los abogados de Estados Unidos que defendían a los traficantes arrestados en ese país. Los miembros de la División Legal no estaban particularmente interesados en lograr la libertad de los detenidos, sino en proteger los secretos del cártel. Para ese fin, aprovechaban su acceso a los prisioneros para transmitirles el mensaje de los padrinos: «Si te quedas callado, ayudaremos económicamente a tu familia. Si colaboras con los fiscales, tu familia morirá».

Por último, la División Militar se encargaba de las necesidades ofensivas y defensivas del cártel, incluidos seguridad interna, comunicaciones, inteligencia y mantenimiento de la disciplina. Jorge trabajaba exclusivamente en la parte defensiva. Además de estructurar la red de comunicaciones, se encargaba del análisis de inteligencia, le prestaba apoyo a la unidad de protección de Mario y manejaba su propio equipo de guardaespaldas, que trabajaban únicamente para Miguel. Las propiedades del cártel eran protegidas por guardias con licencia legal empleados por Seguridad Hércules. Otros miembros del personal de los cuatro padrinos se encargaban de operaciones adicionales de inteligencia y vigilancia, lo que significaba que casi cualquier persona podía intervenir teléfonos. De hecho, eran tantas las líneas intervenidas que nadie sabía a ciencia cierta quién estaba escuchando a quién.

El ala militar del cártel tenía informantes en la policía y el ejército, a quienes se pagaba de manera regular. Cada mes, Pallomari extendía cheques que sumaban alrededor de 20.000 dólares para cubrir pagos a policías en Cali, y casi 60.000 dólares para policías en el resto del país. En 1993, un tercio de los policías y los militares de Cali, Medellín y Bogotá trabajaban para el cártel de Cali.

Mantener la disciplina en el seno de la organización era la labor de los sicarios. Cada padrino tenía su propio equipo, pero algunos trabajaban para los cuatro. En ese momento, el hombre de confianza Memo Lara había sido solicitado a juicio en Estados Unidos por organizar dos asesinatos. Las víctimas eran un testigo clave de la Fiscalía en un caso contra el cártel, que fue acribillado en Miami una noche mientras salía a comer con su familia, y un periodista colombiano que vivía en Nueva York que había escrito sobre la organización de narcóticos de Chepe Santacruz en Queens. Los asesinatos en el extranjero tenían un costo más alto que en Colombia. La tarifa de Memo en Estados Unidos era de 100.000 dólares por cabeza.

Para el cártel, el asesinato era un gasto menor. En 1993, sus ganancias anuales superaron los 7.000 millones de dólares. La DEA consideraba que el cártel de Cali era la mayor organización criminal de todos los tiempos, más grande que cualquier mafia de Estados Unidos. Una terrible frustración se estaba apoderando de la administración Clinton, pues parecía que el gobierno colombiano solo se preocupaba por Pablo Escobar, mientras ignoraba al cártel de Cali.

Con el fin de supervisar su narcoimperio, Miguel atendía en promedio unas doscientas llamadas telefónicas al día. Sus asistentes personales procuraban no organizarle más de cincuenta reuniones diarias. Jorge debía planear su rutina según la agenda de Miguel, cuyas labores por lo general empezaban a mediodía y se extendían hasta las dos o tres de la mañana, hora en que las operaciones del cártel en Europa se estaban poniendo en marcha.

La presencia permanente de Jorge junto al padrino le confirió una cierta autoridad de facto sobre los sicarios y el resto del personal. Se convirtió en la envidia de otros empleados del cártel, particularmente del ambicioso Pallomari.

—¿Adónde fuiste anoche con Miguel? —solía preguntar el contable.

—Si te lo dijera, tendría que matarte —le gustaba bromear a Jorge, aunque a su colega nunca le parecía divertido.

Los celos del contable se intensificaron con el paso del tiempo, a pesar de que su propio poder e influencia aumentaban. No era de sorprenderse que los Rodríguez Orejuela trataran a Jorge como a alguien de la familia. Miguel le había confiado su fortuna a Pallomari, y su vida a Jorge.

En 1993, a medida que el cártel de Cali se imponía sobre Pablo Escobar, comenzó a discutirse en los comités legales la posibilidad de negociar con el gobierno de Estados Unidos. Los padrinos le pidieron a Jorge que contactara a Joel Rosenthal, el abogado de Miami que ayudó al cártel a intervenir en el caso de Noriega, para preguntarle si, por medio de sus contactos, podía acordar una cita con el Departamento de Justicia. Suponían que podrían negociar legalmente con los estadounidenses de la misma manera como estaban tratando de hacerlo con el fiscal De Greiff en Colombia.

El FBI envió a Colombia a un agente de nombre Bruce Batch para evaluar las intenciones del cártel. Rosenthal también viajó para hacer la presentación y participar en las discusiones. El cártel mandó a Bernardo González, jefe de la División Legal, y a Jorge como traductor. El grupo se citó en el restaurante Casa Vieja, frente al hotel Tequendama.

Jorge tenía la esperanza de que la reunión fuera productiva, pues le parecía prometedor que el FBI hubiera estado dispuesto a reunirse con representantes del cártel. Rosenthal no se sentía tan optimista, pero tampoco era pesimista.

—Qué diablos. Vamos a ver qué pasa —le dijo a Jorge, encogiéndose de hombros.

Lo que podría pasar, fantaseaba Jorge, era lograr un acuerdo entre Colombia y Estados Unidos para recompensar a los padrinos de Cali por haber ayudado a poner fin a la campaña de terror de Pablo Escobar. Los Caballeros podrían aceptar abandonar el negocio del narcotráfico, acordar una condena corta y empezar de cero con un patrimonio de miles de millones de dólares. Ese era el objetivo de las conversaciones con De Greiff. Jorge veía esta posibilidad como un atajo hacia su regreso a la empresa privada.

El agente del FBI llegó vestido con un traje planchado impecablemente y con unas gafas de sol. Jorge pensó que parecía el típico agente del servicio secreto. El hombre saludó amablemente a todos. Se dirigieron a una mesa reservada.

—Estoy aquí para escuchar —dijo Batch—. Díganme qué quieren.

Con Jorge como traductor, González comenzó la conversación con una sentida defensa de los padrinos. Insistió en que no eran narcotraficantes, sino dueños de una cadena de droguerías... afirmó que la guerra de Escobar contra ellos los había hecho aparecer, injustamente, como sus rivales en el negocio de las drogas... que eran empresarios, ex banqueros, hombres de familia y víctimas de calumnias y malentendidos. Lo de González fue más diatriba que diplomacia, y Batch escuchó casi sin musitar palabra. Al finalizar, González se disculpó para ir al baño. Jorge se quedó a solas con su amigo Rosenthal y con el agente del FBI.

—Señor Batch —empezó Jorge con urgencia—, quiero expresarle, tanto a usted como al gobierno de Estados Unidos, que si alguna vez necesitan hablar con alguien en Cali, pueden buscarme. El señor Rosenthal me conoce, sabe todo lo que hice para contribuir al caso de Noriega. Le aseguro que no tengo nada que ver con la red de tráfico de drogas ni con los secuestros... Y nunca haría nada que atentara contra su país. —la improvisada explosión de Jorge lo dejó casi sin aliento; en un trozo de papel escribió el teléfono de su padre en Bogotá y se lo dio a Batch—. Puede dejar cualquier mensaje confidencial en este número de teléfono.

El agente metió el papel en su bolsillo sin decir nada.

Jorge había actuado impulsivamente, confiando en que era seguro hablar con franqueza delante de Rosenthal, como lo había hecho en sus reuniones en Cali. Lo consideraba su amigo. En sus encuentros, siempre había procurado distinguirse de los otros empleados del cártel. Insistía en que él era diferente. Él protegía a la gente; no secuestraba, ni torturaba ni mataba a nadie. No consumía drogas ni traficaba con ellas. Otros abogados estadounidenses trabajaban para el cártel, pero Jorge solo confiaba en Rosenthal, tal vez porque siempre le hablaba directa y honestamente.

—Me temo que de todas maneras tienes un problema —le dijo Rosenthal—. El solo hecho de trabajar en la seguridad de una empresa criminal te hace parte de una conspiración, lo que constituye un delito grave en Estados Unidos.

Cuando González regresó del baño, Jorge se debatía entre sentimientos encontrados. ¿Había dicho demasiado? ¿Batch había entendido sus señales? En el vuelo de regreso a Cali, González reprendió a Jorge por haber guardado la tarjeta profesional del agente.

—Nunca lo volveremos a ver —le dijo el abogado.

Y tenía razón. El FBI no hizo seguimiento de la reunión con el cártel ni intentó ponerse en contacto con Jorge. Batch nunca le dejó ningún mensaje a su padre, lo que, en retrospectiva, le hizo sentir aliviado. No se imaginaba cómo habría podido ayudar al FBI sin conseguir que lo mataran a él y a su familia.

De regreso en Cali, Jorge hizo todo lo que estuvo a su alcance para no tener que vérselas con Pallomari. Enfrentado a las tareas nada gratificantes que el contable le asignaba, como registrar todos los seriales de un inventario de transmisores de radioteléfono, Jorge se resistía haciendo las cosas con lentitud, si es que las hacía.

Durante el segundo semestre de 1993, Jorge experimentó con un transmisor nuevo de baja potencia y buena calidad. Quería instalar uno en la Torre de Cali, el edificio más alto de la ciudad. El cártel era dueño de tres pisos en el edificio de uso residencial y comercial, entre ellos del piso 20, donde Pallomari llevaba a cabo su trabajo de contabilidad.

Una mañana, Jorge llegó a esa oficina del piso 20 y se mantuvo ocupado hasta el mediodía tratando de instalar el transmisor. En cierto momento, miró a su alrededor y se dio cuenta de que estaba completamente solo. Las legiones de oficinistas y contables habían desaparecido. Era la hora del almuerzo y todos se habían ido al mismo tiempo.

Empezó a caminar, curioseando entre las filas de escritorios y ordenadores. Pudo ver, en pilas de papeles y en relucientes pantallas, información confidencial del cártel: extractos bancarios, cheques a nombre de políticos y policías, informes de producción que casi seguramente eran de cocaína, listas de empleados... La información confidencial del cártel estaba esparcida sin protección alguna sobre los escritorios de la oficina.

Jorge consideró sus opciones. Podía enfrentar al arrogante Pallomari o exponer a Miguel la negligencia con que se estaba tratando información tan importante para el cártel. Al fin decidió no hacer nada. A la larga, un secreto podía ser más valioso que el breve placer de que Pallomari recibiera su merecido. Desde el episodio con el agente del FBI, Jorge pensaba mucho más en sus intereses personales.

Demasiado profundo

La llamada de Mario era urgente. Estaba reuniendo personal y necesitaba que Jorge le prestara algunos hombres de su equipo motorizado.

—Es un lío tremendo —le dijo Mario—. Alguien abrió el coche de Pallomari y robó su ordenador portátil, un Toshiba. Tenemos que encontrarlo.

Jorge comenzó a pensar que Pallomari era el hombre más descuidado de Cali. Con seguridad, el Toshiba estaba lleno de información confidencial. Anticipándose la ira de los padrinos, incluso sintió pena por el contable. Pero el drama pronto llegó a su fin.

El empleado de una casa de empeños llamó para decir que tenía algo que le pertenecía a don Miguel. Mario recogió el ordenador y descubrió quién lo había empeñado: un ladronzuelo que no tenía ni la más mínima idea de su contenido.

—Pallomari lo quiere muerto —le dijo a Jorge.

—Pero si el joven es inofensivo, es un don nadie.

Mario se encogió de hombros.

—Puede ser, pero cometió un terrible error.

—¿Acaso Pallomari se cree Dios? —protestó Jorge en voz alta.

Pocos días después, un sicario le disparó en la cabeza al ladrón. Una bala, un muerto. La despiadada eficiencia del asesinato conmocionó a Jorge una vez más. No había estado lo suficientemente cerca como para haber escuchado el disparo o para atestiguar el sangriento desenlace, pero sintió esa muerte muy cerca. Demasiado cerca. A punto de cumplir cinco años al servicio de los padrinos, comenzaba a sentirse nervioso. La amenaza de Escobar había desaparecido gracias a la cruel y eficaz labor de Los Pepes. Pero era difícil ignorar tanta violencia.

A finales de 1993, el Bloque de Búsqueda se acercaba cada vez más a Escobar. El capo huía constantemente, sin que ninguno de sus amigos quisiera ayudarlo por temor a convertirse en blanco de Los Pepes. Solo le quedaba su más fiel guardaespaldas, con quien se escondía en alguna parte de Medellín.

A las tres de la tarde del jueves 2 de diciembre de 1993, Pablo Escobar llamó a su familia. Su conversación duró pocos minutos, los suficientes para que las autoridades pudieran rastrear su origen. En cuanto se cortó la llamada, un comando fuertemente armado se apostó afuera del edificio de apartamentos donde se escondía Escobar. Abrieron la puerta con un mazo. Escobar, que estaba descalzo, y su guardaespaldas, corrieron a la azotea del segundo piso, tratando de huir, mientras las calles de alrededor hervían de oficiales armados. Los que habían entrado abrieron fuego contra el capo.

El tiroteo duró varios minutos, tras los cuales Escobar y su guardaespaldas fueron abatidos. Un mayor del comando se acercó al cuerpo de Escobar y le dio la vuelta. De inmediato, llamó por radioteléfono a la central del Bloque de Búsqueda:

—¡Que viva Colombia! —exclamó—. Acabamos de matar a Pablo Escobar.

Miguel supo la noticia antes que el resto del mundo. Alguien del Bloque de Búsqueda lo llamó minutos después de que cayera Escobar.

Jorge estaba almorzando tarde con su familia cuando sonó el radioteléfono. Todos sabían que se trataba de una llamada de negocios, así que los ánimos se ensombrecieron. Jorge contestó, pensando que Mateo le tendría alguna tarea de parte del jefe. Pero era la voz de Miguel:

—Richard, te tengo excelentes noticias: Escobar está muerto.

El hombre apodado «Limón» estaba muy feliz. Al otro lado de la línea, Jorge podía escucharlo reír. Hacía mucho tiempo que Pablo Escobar no representaba ninguna amenaza para las familias de Cali, pero Jorge compartía la alegría de Miguel por el hecho de que la guerra con Medellín por fin hubiera terminado.

—¡Qué buenas noticias! —exclamó Jorge—. ¿Cuándo sucedió?

—Hace unos minutos. Quería que fueras el primero en saberlo. Has hecho tanto por protegernos, a nosotros y a nuestras familias. Gracias, amigo mío.

En la oficina, Miguel se encontró con Pallomari y lo estrechó en un abrazo tan fuerte que casi incomodó al contable. Después llamó a Gilberto. Mientras los hermanos compartían la alegría y el alivio, a Miguel lo embargó la emoción hasta dejarlo sin palabras.

Después empezaron las celebraciones. Los guardaespaldas de Gilberto se lanzaron a las calles de Cali en sus coches y en sus motocicletas, blandiendo sus armas, haciendo gran algarabía con sus bocinas y disparando al aire. Jorge les llamó la atención: tal despliegue de felicidad por la muerte de un hombre podía ser considerado de mal gusto. La fiesta se trasladó a un ámbito más privado, como discotecas y otros locales, donde la salsa no paró de sonar ni el alcohol dejó de correr. Cinco años de miedo le abrían paso al baile y a la alegría.

Jorge no se despegó de Miguel durante las siguientes veinticuatro horas. El capo le ordenó que se tomara un trago con él, pero Jorge a duras penas tocó el vaso. Nunca bebía cuando estaba de servicio, y con Miguel siempre estaba de servicio. Jamás había visto a su jefe en tal estado de euforia, hablando en voz alta y abiertamente, repartiendo cumplidos y agradecimientos a diestro y siniestro. En el aire se respiraba una sensación de camaradería. Jorge sopesó la situación fríamente y llegó a la conclusión de que era el momento correcto de actuar: posiblemente no habría otro mejor.

El 4 de diciembre, las celebraciones en Cali habían llegado a su fin y la resaca se esparcía entre los miembros del cártel como una epidemia. Ese mismo día, en Medellín, se llevó a cabo el entierro de Pablo Escobar, después de un velatorio que atrajo a miles de dolientes que consideraban un héroe al Patrón.

Era poco probable que alguien en Cali o en Medellín hubiera leído *The Washington Post* ese día. En la página 21, el periódico desplegaba un reportaje de Douglas Farah en el cual el director de la DEA, Stephen H. Greene, explicaba dos razones por las cuales la muerte de Escobar era importante: «La primera razón es simbólica, porque, para muchos, Escobar parecía estar por encima de la ley, como si fuera intocable», decía Greene. La segunda razón «es la promesa del gobierno colombiano de disponer ahora de todos los recursos que usó en la persecución de Escobar para perseguir al cártel de Cali».

El cadáver de Pablo aún no estaba completamente frío y el gobierno de Estados Unidos ya dirigía su atención trescientos veinte kilómetros al sur, al territorio de Miguel y Gilberto Rodríguez Orejuela. Quería empezar de inmediato la persecución de los Caballeros de Cali, solo para adelantarse al trato que podría cristalizarse entre el cártel y el fiscal general De Greiff para concederles una amnistía.

Los padrinos no prestaban atención, pues desestimaban con desdén la amenaza que Estados Unidos representaba para ellos. A pesar de todos sus negocios internacionales, eran hombres provincianos y poco sofisticados. Muchos funcionarios públicos de Colombia les pertenecían, pero las reglas estaban cambiando en el resto del mundo.

La Guerra Fría había terminado, Sadam Husein había sido expulsado de Kuwait, Noriega estaba preso y Escobar había muerto. Jorge no tenía que ser un experto en política internacional para darse cuenta de que estaba trabajando para el siguiente blanco de las fuerzas estadounidenses. No era que necesitara motivación adicional: estaba más que listo para cambiar de ocupación.

Unos días después la resaca había cedido, pero los ánimos seguían alegres. Jorge fue a hablar con su jefe, que acababa de llegar a la oficina. Los teléfonos todavía no habían empezado a sonar.

—Don Miguel, quisiera hablar con usted, es importante —empezó Jorge.

—Claro. ¿Qué sucede? —Miguel se sorprendió por la seriedad de Jorge y se giró para mirarlo.

—Gracias a Dios, hemos derrotado a Escobar... Nuestras familias salieron ilesas de la guerra y todos estamos bien. Pero ahora que Pablo está muerto... —Jorge vaciló, pero continuó cuando Miguel le hizo una señal para que lo hiciera— creo que llegó el momento de partir.

—No. —El tono de Miguel fue de incredulidad.

—Quiero saber con quién puedo llevar a cabo los arreglos necesarios para renunciar.

—¡No, no y no! —exclamó Miguel, intransigente—. ¿De qué estás hablando? Ni se te ocurra volver a mencionar esa tontería.

—Podemos hacerlo de manera gradual, don Miguel, para...

—Absolutamente no. No te puedes ir. Eres uno de nosotros, Jorge. Eres parte de la familia.

La negación fue tan tajante e inequívoca que Jorge no se sintió preparado para responder nada más. Vio cómo Miguel adoptaba de nuevo su habitual expresión adusta. Qué ingenuo había sido, pensó. Ni siquiera había considerado la posibilidad de que su renuncia pudiera enfurecer al padrino.

—¿Cómo puedes siquiera pensar en marcharte? —continuó Miguel—. Se avecinan buenos tiempos. Las cosas van a estar mucho mejor, ya verás. Además, tengo grandes planes para ti. No y no, no te puedes ir ahora. No querrás irte ahora. Te necesito.

El Señor lo necesitaba. Eso era algo positivo a lo cual podía aferrarse, pues lo hacía sentirse importante. Todavía quería renunciar al cártel, pero sintió que era momento de retroceder, de conservar la buena voluntad del padrino y evitar enfadarlo. No era el momento de insistir.

—Gracias, don Miguel. Muchas gracias —le dijo Jorge—. Su confianza significa mucho para mí.

Miguel asintió y lo despidió con un movimiento de la mano. Los teléfonos comenzaron a sonar y Mateo dijo que alguien estaba esperando en la línea para hablar con el padrino. Iniciaba otro día en el cártel de Cali. Jorge se fue de la oficina con la esperanza de no haber parecido desleal, de no haber cometido un error peligroso.

Un nuevo descubrimiento empezó a acecharlo: tal vez nunca podría renunciar.

Segunda parte

EL HOMBRE DEL CÁRTEL

(1993-1995)

Cadena perpetua

Pablo Escobar estaba muerto; ocho miembros del Bloque de Búsqueda habían posado junto a su cadáver. Jorge reconsideró su situación. En esa foto debían haber estado él y sus mercenarios británicos. Al parecer, lo único que había obtenido de la misión de cazar a Escobar era lo que ahora parecía una condena a cadena perpetua trabajando para el cártel de Cali.

Jorge se arrepentía de muy pocas cosas en esos cinco años al servicio de los padrinos. Valoraba particularmente el tiempo que había pasado con los comandos británicos. Su trabajo de inteligencia para rastrear a Escobar —el sobrevuelo a La Catedral, el diseño del sistema secreto de radiofonía, incluso el operativo de las bombas en El Salvador, destinado al fracaso desde el principio— le había dejado una sensación de aventura y un gusto por la intriga. Además, se sentía protagonista de la historia, por el papel secreto que había desempeñado al haber ayudado a que Estados Unidos condenara a Manuel Antonio Noriega por narcotráfico.

Sin embargo, también le habían quedado heridas. Todavía le dolía haber perdido su tarjeta de reservista del ejército. Ya no podía contar con los certificados de seguridad necesarios para hacer negocios con el Ministerio de Defensa. Y aún le preocupaba la trampa en la que había estado a punto de caer en Miami, cuando fue a inspeccionar el bombardero Dragonfly.

Jorge no tenía mucho que mostrar después de todos los esfuerzos y los sacrificios que había hecho en la búsqueda de Escobar, y ciertamente tampoco le había quedado ninguna compensación económica. Su sueldo mensual rondaba los 1.000 dólares, que siempre le pagaban en moneda estadounidense. Era un ingreso bueno para la época, suficiente para mantener un estilo de vida de clase media alta en Cali. Pero era un hecho que Jorge no se estaba haciendo rico.

Parecía que nunca lograría reunir el dinero suficiente para construir la casa de sus sueños al lado de Lena. Después de pagar los 15.000 dólares de El Lote, suma que habían reunido con sus ahorros y con algún dinero aportado por la familia de Lena, les había quedado muy poco para la construcción. Jorge siempre estaba buscando materiales nuevos que no fueran muy costosos. También realizó un diseño alternativo en el que se empleaban como columnas de soporte tubos utilizados en la perforación petrolera.

La esperanza de empezar su propia empresa de seguridad privada le ofrecía la tentadora promesa de grandes ganancias. En ese momento, el secuestro en Colombia estaba en auge. Por lo general las víctimas eran personas adineradas, que podían pagar servicios de seguridad costosos y medidas preventivas de alta tecnología. Según los cálculos que Jorge había hecho, en el primer año podría tener unos beneficios de de 200.000 dólares, que con seguridad aumentarían a un millón rápidamente. Todo legal.

Contaba con la amistad y la gratitud de los Caballeros de Cali; casi podía asegurar que estarían dispuestos a recomendarlo y, tal vez, a invertir en el negocio. También pensaba que podría aprovechar sus contactos en el cártel: haber sido jefe de seguridad de los padrinos de Cali sería una buena publicidad. Contaba, además, con que sus patrones le darían una bonificación por sus años de servicio, algo así como unos 30.000 dólares, con lo que podría empezar su nuevo negocio sin problemas.

Pero la tajante negativa de Miguel había echado por tierra todas sus suposiciones. No iría a ninguna parte. Cuando le dio la noticia a Lena, ella expresó su decepción con un silencio sombrío.

—Vas a tener que seguir trabajando con ellos —comentó finalmente con resignación.

—¿Qué más puedo hacer?

Una tarde, Jorge y Mario se encontraron para almorzar con José Estrada. Al llegar al restaurante, un camarero los llevó a la mesa donde el sargento retirado del ejército ofrecía un festín a sus invitados. En los pocos años transcurridos desde que dejó de trabajar para la seguridad del cártel, Estrada había amasado una fortuna. En ese momento, además de ser dueño de las bodegas donde se almacenaba la cocaína, poseía flotas de aviones y barcos que se utilizaban para transportarla. Había comenzado a diversificar sus inversiones: con otros socios capitalistas, entre quienes se contaban los Rodríguez Orejuela, estaba construyendo una clínica con tecnología punta que costaría millones de dólares.

Estrada y Mario tenían muchas cosas en común. Se habían hecho buenos amigos y eran compadres. Con frecuencia Estrada les decía a Jorge y a Mario que tenían que pensar en sus familias; ya era hora de que consideraran opciones para ganar dinero «de verdad». Era común que amigos de los jefes invirtieran cantidades de dinero relativamente pequeñas en algún cargamento de droga y compartieran las ganancias proporcionalmente una vez que este llegara a su destino. Era como una apuesta común. Jorge nunca había participado. No estaba interesado en seguir los pasos de Estrada en el negocio del narcotráfico. Sospechaba que Mario a veces lo hacía, pero no estaba seguro, y tampoco quería saberlo.

—Gracias, José, pero tengo otros planes —le dijo Jorge durante el almuerzo.

Estrada lo examinó unos momentos en silencio. Después se giró hacia Mario y dijo, negando con la cabeza:

—No sé, Mario. ¿Cómo podemos confiar en un hombre que no quiere hacerse rico?

Los nuevos tratos

La muerte de Pablo Escobar puso punto final a la guerra entre Medellín y Cali, pero no al resentimiento. A pesar de haber salido victoriosos, a los cuatro padrinos les dolían los millones que habían tenido que invertir en la defensa de sus familias y en el financiamiento de las operaciones de Los Pepes. Además, muchos amigos y empleados suyos habían muerto en esa guerra despiadada. No era suficiente haber ganado. El cártel de Cali quería una compensación, ya fuera en sangre o en dólares.

La familia de Escobar, atemorizada y triste, intentaba desesperadamente salir del país. Juan Pablo, el hijo adolescente del capo, le rogó a la embajada estadounidense que les permitiera, a él, a su hermana y a su madre, refugiarse en Florida, pero Joe Toft, el director de la DEA, no se conmovió.

—Ni aunque nos ayudaran a meter en la cárcel a todo el cártel de Cali les daríamos visa —le respondió Toft, según cuenta Mark Bowden en *Killing Pablo*.*

Así las cosas, la familia Escobar estaba atrapada en Colombia cuando los padrinos de Cali citaron a la viuda para discutir el precio de la paz.

María Victoria Henao de Escobar estaba esperando en la recepción del hotel Intercontinental cuando Jorge llegó a recogerla, unos minutos antes de las diez de la noche.

---

* En 2007, el libro fue publicado en español por RBA con el título *Matar a Pablo Escobar*. (N. de la T.)

—Buenas noches, señora —la saludó, antes de conducirla a un Mazda plateado que estaba en la entrada principal del hotel.

La mujer había viajado sola; ningún guardaespaldas la acompañaba. Llevaba un sencillo vestido azul de seda y una pequeña cartera. Jorge también había ido solo y no estaba armado. Después de la muerte de Escobar, había archivado su pistola Walther.

Jorge abrió la puerta del coche y ella se sentó en el asiento trasero. Él sonrió, tratando de tranquilizarla, y le dijo:

—Los Caballeros la están esperando. Estaremos con ellos en unos quince minutos. —Cerró la puerta, se sentó frente al volante y ajustó el espejo retrovisor.

La mujer se veía tensa; acariciaba su bolso nerviosamente. Jorge sintió pena por ella. Pensó que no sería apropiado ni sincero ofrecerle sus condolencias: «Siento mucho su pérdida». En cambio le dijo:

—Por favor, póngase cómoda.

Ninguno de los dos habló mientras Jorge conducía entre las luces del tráfico nocturno, siguiendo, inusualmente, una ruta directa. No le prestó atención especial a la seguridad; ni siquiera había intentado inspeccionar el vestido o el bolso de María Victoria. Definitivamente, los tiempos habían cambiado. Al cabo de unos momentos, Jorge tomó la calle Alférez Real, bautizada en honor de la novela del mismo nombre, cuya historia transcurre en Cali durante el siglo XVIII. La lujosa residencia, cuyo nombre en clave era «La Novela», se trataba de un complejo aislado en el extremo sur de la ciudad. Los exuberantes jardines estaban rodeados por una muralla de tres metros y medio de altura con un enorme portón de madera que se abrió en cuanto Jorge estuvo enfrente.

Adentro la seguridad armada era más notoria. Jorge aparcó en el último de los diez espacios disponibles y miró de nuevo por el retrovisor. Su pasajera estaba a punto de conocer a los enemigos de su difunto esposo, los hombres detrás de Los Pepes, los asesinos de muchos de sus familiares, amigos y socios; los mismos que ahora amenazaban la vida de sus hijos. María Victoria dudó un instante después de apearse del coche y esperó a que Jorge le mostrara el camino. Se veía muy frágil mientras un fornido guardia registraba el inofensivo contenido de la cartera.

Terminado el registro, Jorge la guió dentro de la casa. Atravesaron habitaciones muy iluminadas hasta llegar a un despacho. Estaba a media luz, algo poco común para Miguel, que prefería los espacios claros. Los cuatro padrinos la esperaban en sillones de cuero organizados alrededor de una única silla vacía. Ninguno se puso de pie para saludarla. No hubo apretones de mano ni saludos cordiales. La expresión de sus rostros se mantuvo severa. Tras una breve presentación formal, Gilberto le señaló a la mujer la silla vacía:

—Tome asiento —le dijo, con una brusquedad que encajaba con el clima adusto del lugar.

Gilberto comenzó haciendo una cuenta aproximada del costo en dólares y en oportunidades perdidas que había tenido la estúpida e inútil guerra de Pablo. El ambiente se fue poniendo más tenso e incómodo, incluso para Jorge. Nadie le había pedido que se marchara, pero decidió hacerlo antes de que acabara la reunión. Desde la habitación contigua pudo escuchar partes de la conversación. No hubo histrionismo ni risas. Los nuevos reyes del narcotráfico en Colombia estaban imponiendo los términos de la rendición a los vencidos.

Una hora más tarde, María Victoria salió de la habitación. Se veía cansada, pero aliviada. Su vida y la de sus hijos serían respetadas. Jorge no alcanzó a oír cuánto le había costado a la mujer esa garantía. Y prefirió no preguntar.

El final de la guerra significaba que los traficantes caleños podían insistir en negociar una amnistía con el gobierno colombiano. Nadie hubiera aceptado ir a prisión mientras Escobar estuviera vivo para contratar sicarios dentro de la cárcel. Ahora no había nada que temer. Aunque las conversaciones con De Greiff eran secretas, la escasa información que Jorge había logrado reunir alentaba sus esperanzas respecto de lo que los jefes llamaban un «aterrizaje suave». Los padrinos abandonarían el negocio del narcotráfico y pagarían una corta condena en la cárcel, tras la cual recobrarían la libertad con su fortuna intacta y blanqueada. Jorge veía en esa opción su propio plan de salida del cártel.

Los Rodríguez Orejuela consideraban que el trato estaba tan cerca de cerrarse que citaron a los socios del cártel a una reunión, algo que no sucedía con frecuencia. Dicha reunión se llevó a cabo en una de las haciendas de Pacho, una moderna lechería en las afueras de Jamundí. Todos los miembros de la organización asistieron, incluidos los nuevos capos del norte del Valle del Cauca.

Casi cien jefes y sus tenientes se reunieron en una alquería vacía de la alejada hacienda. Les sirvieron bistecs, langostinos y langosta, todo preparado por el hotel Intercontinental. Sin embargo, como la reunión había sido convocada de improviso, lo que sin lugar a dudas era conveniente por cuestiones de seguridad, a nadie se le ocurrió contratar sillas, mesas ni vajilla para la ocasión. Solo había una mesa con ocho sillas; por lo tanto, los invitados dieron cuenta del festín de pie, sobre el capó de los coches y en platos de cartón o de unicel.

Jorge, que había estado dando vueltas por la hacienda revisando la seguridad perimetral, llegó a la alquería justo en el momento en que Gilberto se subía a la mesa para dirigirse a los asistentes. Se situó al fondo del recinto, desde donde tenía una vista general, entre hombres de pie que se abanicaban.

—Como muchos de ustedes saben —empezó Gilberto—, hace algún tiempo tenemos conversaciones con el gobierno sobre los términos para resolver viejos problemas legales. Ha habido algún progreso y queremos contarles lo que se ha discutido hasta el momento.

A continuación, resaltó los puntos positivos: el gobierno les permitiría conservar sus fortunas, sus propiedades y sus negocios no relacionados con el narcotráfico; además, les aplicaría condenas cortas. A cambio, los narcotraficantes debían cerrar de inmediato sus laboratorios de procesamiento de cocaína y abandonar por completo el negocio en un plazo de seis meses.

—No podemos hacer esto solos o individualmente. Tenemos que hacerlo juntos, o no hay trato —concluyó Gilberto desde lo alto de la mesa.

Llamó a Miguel, que se había reunido en varias ocasiones con el fiscal general. Mientras los hermanos cambiaban de lugar sobre la mesa, el recinto estalló en murmullos y protestas.

—¿Seis meses? Yo no puedo. Acabo de comprar un avión nuevo —gritó un traficante.

Otros protestaron en los mismos términos: tenían inversiones que recuperar, cargamentos multimillonarios a mitad de camino, alianzas comerciales, compromisos que debían cumplir.

—Tengo cinco familias trabajando para mí. Si cierro el negocio, ¿quién se va a ocupar de ellas? —resonó otra voz por encima del alboroto.

A Miguel le estaba costando restaurar el orden. Atrás, Jorge pudo escuchar fragmentos de conversaciones privadas:

—Para esos viejos es fácil salirse del negocio: ya son ricos —murmuró un hombre.

—Sí —contestó el que estaba a su lado—, que se vayan. Yo no me puedo retirar.

Si los Rodríguez Orejuela estaban esperando una acogida entusiasta a su propuesta, quedaron muy decepcionados. Miguel tuvo que gritar para recuperar el control de la reunión y hacerse escuchar entre el descontento general:

—Este podría ser un trato único… La última oportunidad —les dijo.

Pero una avalancha de críticas ahogó su voz de nuevo.

—Por lo menos necesito un año —gritó uno, y todos estuvieron de acuerdo.

—Sí, ¿por qué no nos pueden dar un año... o dos, o tres? —añadió alguien, mientras otras voces pedían una negociación más favorable.

El negocio nunca había estado mejor para los capos jóvenes del cártel. Eran ellos quienes más se habían beneficiado de la caída del cártel de Medellín y no estaban preparados para retirarse todavía. Además, las autoridades no conocían a la mayoría de esta nueva generación de narcotraficantes; no había cargos en su contra, ni en Colombia ni en Estados Unidos. Entregarse y autoinculparse no tenía sentido para ellos.

Lo que más sorprendió a Jorge desde el fondo de la alquería fue la grosería creciente de la multitud. Antes de que Miguel se bajara de la mesa, muchos ya se estaban poniendo en marcha. Tal demostración de desdén habría podido resultar peligrosa, si no hubiera sido la actitud de muchos de los presentes.

Gilberto y Miguel no parecieron particularmente molestos por la situación. Que el cártel de Cali en pleno se entregara habría sido un gran espectáculo, y ese era el atractivo político primordial, pero los padrinos disponían de otras opciones. Seguían teniendo el poder económico para comprar funcionarios y mantener los problemas legales a raya. Además, podían proseguir las negociaciones con el gobierno para lograr el aterrizaje suave. Era la opción que prefería Miguel: estaba decidido a lograr que no les hicieran pagar ni un día de cárcel.

Así las cosas, cuando el plan de entrega del cártel de Cali se fue al traste esa tarde en la alquería, a la única persona a quien le importó fue a Jorge.

Todo menos heroico

Durante las semanas posteriores a su fallido intento de renuncia, Jorge tuvo una dolorosa confrontación con la realidad: la idea de ser un empleado temporal del cártel estaba tan muerta como Pablo Escobar. Y después de casi cinco años trabajando para Miguel, no podía seguir considerándose ajeno a la cotidianidad del cártel. Era un empleado con contrato indefinido, y lo seguiría siendo por muy lejos que se aventurase a mirar en el futuro.

La única manera que encontró para no sentirse tan atrapado fue dedicarse de lleno al trabajo, asegurándose de no perder la confianza de sus jefes y esperando que el tiempo y la paciencia le trajeran opciones. Pero tenía que afrontar nuevas complicaciones. La muerte de Escobar había envalentonado a las autoridades colombianas. Algunos funcionarios estaban ansiosos por desmantelar al cártel de Cali. Otros, aunque agradecidos con los Caballeros por su generosidad y su ayuda en la lucha contra Escobar, cada vez estaban más presionados por el gobierno de Estados Unidos para tomar medidas severas contra todos los narcotraficantes. Inevitablemente, las responsabilidades de Jorge iban a cambiar.

Aprendió esa lección de un incidente que ocurrió antes del fin de año. Gilberto y unos ciento cincuenta amigos suyos celebraban la muerte de Pablo con una fiesta que duraría toda la noche. La reunión atrajo la atención de una patrulla militar que, al pasar, observó la gran cantidad de vehículos aparcados y la congregación de guardaespaldas con pinta de maleantes. Todo parecía indicar que era un evento de la mafia. El jefe de la patrulla llamó a la central y se enteró de que la fiesta carecía del permiso requerido para eventos de tal magnitud y duración.

La música se apagó de improviso cuando los militares irrumpieron en el salón. Varios uniformados se apresuraron a bloquear las puertas y el oficial al cargo les ordenó a los asistentes que formaran una fila para mostrar su identificación antes de salir por la puerta principal. Gilberto temió que el oficial reconociera su nombre y decidiera dejarlo en la cárcel toda la noche, tiempo suficiente para que le imputaran cargos por narcotráfico y lo encerraran más tiempo, tal vez años. Decidió que no iba a arriesgarse.

Se escabulló a la cocina y se dirigió a la puerta trasera, pero se encontró con que un agente armado la estaba custodiando. Mirando a su alrededor en busca de opciones, vio que sobre la estufa se estaba cocinando una sopa de verduras. Con presteza sacó una taza del caldo rojizo y se lo echó encima desde la barbilla, dejándolo escurrir sobre su camisa blanca. Trozos de verdura se le pegaron a la barba y a la ropa. Se acercó a la puerta dando tumbos y eructando. El agente pensó que se trataba de un borracho cualquiera y trató de hacerlo volver al salón.

—Tengo que irme a casa; mi esposa me va a matar —balbuceó Gilberto.

Cuando el agente negó con la cabeza y trató de no prestarle atención, Gilberto se abrió la cremallera del pantalón y le orinó sobre las botas.

—¡Maldición! —exclamó el agente.

Cogiéndolo con brusquedad del brazo, lo sacó a empujones sin pedirle la identificación.

Para algunos, esta huida in extremis alimentó la fama de sagacidad que rodeaba al Ajedrecista. Para Jorge, fue una llamada de atención sobre las nuevas reglas del juego. Ya no tendría que proteger a sus jefes de los asesinos, sino de las autoridades. Eso distaba mucho de la misión heroica que había aceptado en un principio.

Empezaron a circular rumores de que el cuartel general del Bloque de Búsqueda iba a ser trasladado de Medellín a Cali, otra señal de que las presiones legales sobre los padrinos empezarían a aumentar. Jorge no preveía más que problemas. Sin embargo, estrictamente como reto, mantener a Miguel fuera de prisión significaba enfrentarse a las fuerzas combinadas del gobierno colombiano y la inteligencia estadounidense. Cualquier jefe de seguridad lo suficientemente hábil para frustrar los planes de estos dos gigantes, aunque fuera por poco tiempo, podría sentirse muy orgulloso de su trabajo. Y tal vez algún día, pensaba Jorge, lograría construir una carrera lucrativa promocionando los servicios de protección privada que habían burlado la inteligencia de dos gobiernos. Como ese era el único resultado positivo que podía imaginar, se aferró a él.

Su trabajo como jefe de seguridad de Miguel significaba que las horas laborales de Jorge no terminaban antes de que el padrino se fuera a la cama. Durante una de esas habituales jornadas maratonianas, Jorge estaba esperando en la oscuridad a que Miguel saliera de una reunión en el centro de Cali, cuando se le acercó Memo Lara.

—¿Cómo está, don Richard? —El veterano sicario saludó con un entusiasmo poco frecuente en él; incluso parecía jovial—. Vine a ver al Señor; tengo algo muy importante que decirle.

Jorge lo invitó a esperar con él dentro del auto. En el asiento del copiloto, con el tenue reflejo de las luces del salpicadero, Memo le contó a Jorge una historia que explicaba su buen humor. Empezaba con el descubrimiento de que su ex novia, desaparecida durante mucho tiempo, había vuelto. La misma ex novia que lo había traicionado con un capitán de la policía, la misma cuya casa Memo había estado vigilando durante casi ocho años.

—Se escondía en Japón; pero yo sabía que iba a volver algún día.

A medida que Memo avanzaba a su relato, el interior del Mazda 626 comenzó a causarle claustrofobia a Jorge. La chica había ido temprano a un salón de belleza en el centro de la ciudad y se había demorado dos horas. Después tomó un taxi, con el peinado que luciría en su funeral. A Memo le pareció divertida la ironía y se rió. Jorge procuró no reaccionar lo más mínimo.

—Necesito decirle a don Miguel que ya no va más —dijo Memo—. Además, quiero darle las gracias.

Jorge entendió. Los padrinos habían aprobado la ejecución de la ex novia, lo que sin duda era un favor personal para Memo. Los asesinatos autorizados por el cártel eran casi rutinarios durante la guerra con Pablo Escobar, pero la ex novia de Memo no era combatiente. Tampoco lo era uno de los contables de la empresa de bodegas de José Estrada a quien acribillaron una tarde en su coche cuando salía de la oficina. Jorge empezó a interrogar a los testigos, también empleados de la empresa, hasta que Estrada lo llamó:

—No más preguntas —le dijo—. Lamentablemente no hay nada que puedas hacer para devolverle la vida.

—Pero no sabemos por qué…

—No necesitamos saber nada más. Deja las cosas como están.

De nuevo, Jorge entendió. Habían despedido al contable… a quemarropa. Cualquiera que hubiera sido la razón, el cártel había aprobado la ejecución; era un castigo que no le incumbía a nadie más. Jorge ahora era parte del encubrimiento, y no sería la única vez.

Poco después de Navidad, con el patrocinio de la familia Rodríguez Orejuela, en el centro de Cali se llevó a cabo un concierto de salsa. El evento terminó antes de tiempo debido a un asesinato en el servicio de caballeros. El responsable, un mando medio de una de las organizaciones del cártel en el norte del Valle del Cauca, tiroteó en el mingitorio a un hombre que pretendía a la misma mujer. Miguel y Gilberto se enfurecieron. No habían aprobado la ejecución.

—No nos importa por qué lo mataste —lo reprendió Miguel—. ¿No entiendes que tenemos una reputación que cuidar en esta ciudad? Fuiste irrespetuoso.

El hombre suplicó el perdón de los padrinos, les juró lealtad y fue absuelto. El incidente representó para Jorge una nueva lección sobre la compleja etiqueta del asesinato en el cártel. Los detectives de homicidios que llegaron al lugar de los hechos fueron persuadidos de que debían esperar afuera para no interrumpir la música y no decepcionar al público ni a los padrinos. La policía solo tuvo acceso a la escena del crimen seis horas después de ocurrido. Para entonces, los posibles testigos habían desaparecido, al igual que el asesino, que nunca fue identificado. Al parecer, encubrir crímenes ahora era una de las labores de Jorge.

Él cada vez tomaba mayor conciencia de todas las cosas de su trabajo, pequeñas y grandes, que lo perturbaban, de la clase de gente que lo rodeaba, de su falta de opciones. Por primera vez desde que trabajaba para el cártel era testigo de primera mano de sus crímenes y de sus venalidades. La corrupción del cártel de Cali era ahora su propia corrupción, no porque él asesinara o sobornara, sino porque tenía que vivir con la información de quién había hecho qué y quién había hecho la vista gorda. Tenía que proteger a los culpables, y eso también lo hacía sentir culpable.

Una noche de enero de 1994, muy tarde, cuatro hombres abrieron a tientas la tapa de una alcantarilla e introdujeron una manguera en el oscuro agujero. El otro extremo de la manguera estaba conectado a un tanque de gas de cloro ubicado en la parte trasera de una camioneta sin matrícula. Uno de los hombres abrió la válvula del tanque y dejó salir el gas comprimido, que siseaba al fluir por la manguera. Si alguien hubiera pasado por allí, habría pensado que se trataba de un equipo de mantenimiento de obras públicas.

En Colombia se usaba gas de cloro, altamente tóxico, en varios procesos industriales. Los tanques, como el que esa noche estaba en la camioneta, eran importados de Estados Unidos y, ya vacíos, devueltos a ese país para ser llenados de nuevo. Los oficiales de aduanas los revisaban muy pocas veces, por tratarse de un intercambio rutinario y legal y por temor a su contenido tóxico. Por supuesto, el cártel pensó que esos tanques eran un medio perfecto para introducir cocaína en Estados Unidos. Al parecer, los perros antinarcóticos no podían olfatear la droga que contenían.

Esa noche de enero, el gran interrogante era cómo vaciar los tanques sin riesgo. Y justamente esa pregunta era la que había llevado a los tres hombres y a su jefe a destapar la alcantarilla y liberar el gas en la tubería de aguas fecales de la ciudad. El ensayo parecía haber dado resultado.

El jefe del grupo caminaba a lo largo de la manguera, desde que salía de la camioneta hasta que desaparecía en la alcantarilla. Ni él ni los otros hombres notaron ninguna fuga. Pero unos segundos después, un tenue vapor comenzó a emerger de la alcantarilla. Incluso, en la oscuridad, pudieron distinguir una ligera neblina de color amarillo verdoso y sintieron un acre olor que les quemó la garganta. Los cuatro retrocedieron, mientras la nube se hacía más grande.

—¡Aléjense! —exclamó el jefe de la cuadrilla—. ¡Nos va a matar!

Los cuatro hombres corrieron a la camioneta y uno de ellos cerró la válvula para detener el flujo de gas. Se marcharon a toda prisa, arrastrando la manguera un par de calles, hasta que consideraron que era seguro detenerse a recogerla. Tras haber eludido a la muerte, los cuatro se fueron a casa sintiéndose aliviados.

Pero mientras la camioneta se alejaba, el gas que había sido liberado en la alcantarilla se dispersó silenciosamente a lo largo de las tuberías y buscó salida por los desagües de las casas donde, a esa hora, la gente dormía. Un olor nauseabundo empezó a inundarlo todo. En la oscuridad previa al amanecer, familias enteras despertaron aterrorizadas.

Policías y equipos de rescate acudieron rápidamente al barrio afectado y derribaron puertas, en un esfuerzo frenético por sacar a las víctimas. Tres niños murieron en sus camas. Los adultos tenían arcadas, trataban de vomitar y colapsaban. Hubo que llamar taxis para que ayudaran a trasladar a los hospitales a la gran cantidad de gente afectada. La Cruz Roja montó un centro de emergencia cerca del lugar y todo el barrio fue declarado zona de desastre.

Más de cuatrocientas personas se vieron afectadas esa noche. Veintitrés fueron hospitalizadas por quemaduras severas en los pulmones, y varias más murieron en las semanas o los meses posteriores. Los medios de comunicación calificaron el hecho como un accidente industrial y no pudo identificarse al responsable. Nadie sospechó del cártel de Cali, ni siquiera Jorge, hasta que un día el afligido jefe de la cuadrilla trató de buscar consuelo hablando con él.

—Me siento muy mal —le dijo— y no puedo hablar con nadie más que contigo.

Jorge no esperaba que ninguno de los padrinos admitiera su participación en el desastre, pero se preguntó si tendrían algún gesto cívico, como una donación en efectivo o ayuda médica para las víctimas, o algo así. Pero lo único que hicieron fue presionar para que se realizara un nuevo ensayo.

Este se dispuso para otra noche, en un área rural alejada de la ciudad. Esta vez, los padrinos les advirtieron a los encargados que tuvieran más cuidado: que se protegieran bien, que evacuaran el gas en un área abierta y despoblada y que no dejaran ningún rastro.

—Asegúrense de no matar ninguna vaca —les dijo Chepe.

Tras la muerte de Escobar, a principios de 1994, cinco años después de que Jorge empezara a trabajar en la organización, sus labores de seguridad se transformaron rápidamente en el manejo de lo que se convertiría en la guardia pretoriana de Miguel. Se trataba de un equipo de quince escoltas en motocicleta que trabajaban en turnos de dos o cuatro hombres. Cada vez que Miguel iba a salir de su casa, el equipo de motocicletas salía primero para revisar la ruta, ver si había vehículos sospechosos aparcados en la vía y confirmar que no hubiera controles de la policía o del ejército; después informaban por radioteléfono si era seguro que el padrino saliera. Estos hombres no iban armados, por insistencia de Jorge.

—Ustedes son el sistema preliminar de alerta —les decía—. Su labor es observar, escuchar y reportar. Nunca actuar.

De hecho, lo último que Jorge quería era que sus hombres se vieran implicados en un tiroteo con las autoridades, pues pensaba que sería desastroso para ellos y para el cártel, pero especialmente para él, que estaba decidido a no dejarse involucrar en actos de violencia. Mientras solo le pidieran que guardara silencio y que encubriera lo que hacían, podía seguir diciéndose que no había cruzado la línea que lo convertía en cómplice de asesinato. Fue entonces cuando le encomendaron una tarea urgente.

Miguel lo llamó y le dijo que lo necesitaba cuanto antes. Tenía en su poder un radioteléfono Motorola que le pertenecía a alguien a quien quería espiar. Le dio a Jorge menos de una hora para identificar las frecuencias del aparato, porque este tenía que volver a su lugar antes de que el dueño se diera cuenta de que no estaba. Jorge y Carlos Alfredo, su experto en electrónica, lograron hacerlo. No les dijeron de quién era el radioteléfono ni por qué querían intervenirlo los padrinos. Y ellos tampoco preguntaron, pero unos días más tarde Jorge se enteró de quién era su dueño: Claudio Endo, cabeza de uno de los grupos más pequeños del cártel, un matón al que pocos querían. Sus sicarios habían matado hacía poco a un traficante de poca monta muy apreciado por los esbirros de Pacho y Chepe. Estos protestaron y los padrinos aprobaron la ejecución de Endo.

Un domingo de enero por la mañana, Endo utilizó su radioteléfono Motorola para avisar a sus hermanos que iba a pasar el día con su familia en la finca. En otra parte, el Gamín y otros sicarios escuchaban la conversación. En cuanto se cortó la señal, salieron hacia sus vehículos a toda prisa.

Momentos más tarde, Miguel llamó a Jorge y le pidió que monitoriza la frecuencia del Motorola intervenido.

—Es posible que esté sucediendo algo importante —le dijo el padrino.

La finca de Endo quedaba lejos de la ciudad. Era una propiedad aislada y tranquila hasta que el Gamín y sus hombres llegaron a perturbar el silencio con una ráfaga de balas. Afuera de la casa, los guardaespaldas del capo cayeron uno a uno; entonces los atacantes derribaron la puerta principal. Endo, que estaba desarmado, dejó a su esposa y a su hija de cuatro años y corrió a esconderse en la parte trasera de la casa. Lo encontraron, todavía desarmado, dentro de un baño. El Gamín esperó a que todos sus hombres estuvieran reunidos alrededor del atemorizado matón que había ordenado asesinar a su amigo. Abrieron fuego al mismo tiempo. Era una costumbre de los sicarios: darles a todos la oportunidad de participar en la venganza. Los forenses contaron más de cien heridas de bala en el cadáver.

Poco después, el transmisor de Jorge captó una conversación desesperada entre los tres hermanos del fallecido. Tras intercambiar la información que cada uno tenía sobre el asesinato, estuvieron de acuerdo en quién estaba detrás del asunto. Uno de los hermanos, que también era narcotraficante, dijo que iba a reunir a todos los sicarios que pudiera para «darles una lección a esos hermanos Rodríguez». Pero los otros dos, un médico y un abogado, no estuvieron de acuerdo.

—¿Qué? ¿Estás loco? —gritó uno—. ¿Quieres que nos maten a todos?

Jorge continuó escuchando con ansiedad creciente. Pensó que la familia Endo se había convertido en una amenaza para la seguridad de sus jefes, decidiera o no vengarse de inmediato. Pero lo que más lo perturbó fue darse cuenta de que sin querer había desempeñado un papel activo en el asesinato. Al intervenir el Motorola, les había facilitado el ataque a los sicarios. Había pasado de ser encubridor de crímenes a colaborador y cómplice.

Un hombre honesto

Jorge aún tenía muchos amigos en el ejército. Uno de ellos, un mayor que trabajaba en la base aérea Marco Fidel Suárez, al este de Cali, lo llamó para contarle que dos aviones de carga C-130 estaban en el aire en ese momento; venían desde Medellín y traían el equipo del Bloque de Búsqueda. Tal vez a Jorge le interesaría ver de qué se trataba.

—Ven a ver el espectáculo —le dijo el mayor.

Los aviones eran como camiones de mudanza aéreos del grupo especial antinarcóticos: transportaban de Medellín a Cali todo el cuartel general del Bloque de Búsqueda. Jorge tomó su cámara automática Canon de 35 milímetros y algunos objetivos y salió corriendo hacia la base aérea. Mientras descargaban todo tipo de equipos sofisticados, coches, camiones e incluso furgonetas de vigilancia camufladas de ambulancias, Jorge no hizo más que tomar fotos desde el final de una fila de hangares cercanos. Le interesaban particularmente los vehículos: para que él y su equipo de seguridad fueran un paso por delante de las autoridades, necesitaban saber con qué medios se movilizaba el equipo de antinarcóticos. Ese día, Jorge logró fotografiar toda la flota de vehículos del Bloque de Búsqueda.

En marzo de 1994, el Bloque llegó a Cali junto con una enorme cantidad de oficiales antidrogas cuya labor era investigar y clausurar las operaciones de narcotráfico que tenían base en la ciudad. Los padrinos se lo tomaron con calma; solo anticipaban que tal vez tendrían que hacer uso de su chequera algo más de lo habitual.

El primer comandante del Bloque de Búsqueda en Cali era un coronel que pasó todo su tiempo de servicio en 1993 sin haber frustrado ninguna operación del cártel, pequeña ni grande. Llamaba de vez en cuando a Miguel y le había presentado a su mano derecha, el sargento Humberto Valencia, quien pronto fue añadido a la lista secreta de pagos del cártel con el nombre clave de «Ernesto». Después de que trasladaron al coronel a otro destino, el sargento Valencia se quedó en Cali y pasó a ser la mano derecha del nuevo comandante del Bloque de Búsqueda.

La intensa presión del gobierno de Estados Unidos propició que las autoridades colombianas finalmente reorganizaran la sucursal del Bloque de Búsqueda en Cali y trasladaran el cuartel general al nuevo corazón del narcotráfico en Colombia. En ese esfuerzo se invirtió más dinero, mucho del cual fue suministrado por Estados Unidos. El nuevo comandante del reformado destacamento era otro coronel del ejército, pero muy distinto. A diferencia de su predecesor, que tenía una relación amigable con Miguel, el coronel Carlos Alfonso Velásquez llegó con todas las intenciones de hacer caer al cártel de Cali. Era abiertamente ambicioso y estaba decidido a ascender en su carrera y llegar a general de la República. No quería dinero, sino gloria militar y política. Parecía particularmente peligroso para el cártel.

Jorge trató de advertírselo a Miguel. El coronel y él habían sido amigos de infancia, pues sus padres eran colegas en el ejército; no obstante, su cercanía no había prosperado hasta la edad adulta. Jorge, sin embargo, sabía de la reputación de Velásquez porque conocidos suyos en el ejército le habían dicho que era un soldado honesto que cumplía las reglas al pie de la letra. También le habían dicho que era obsesivo en cuanto a los procedimientos militares, hasta el punto de que a veces sus colegas lo consideraban insoportable. Muchos pensaban que su estilo de liderazgo era remilgado, pomposo y arrogante, y que le faltaba inteligencia práctica.

—No tiene sentido común —concluyó un amigo de Jorge.

A pesar de todo, cualquier hombre en la posición del coronel Velásquez era una amenaza para el cártel y para la familia Rodríguez Orejuela. A Jorge le sorprendió mucho que Miguel mostrara tan poca preocupación. En ese momento no sabía que el sargento Valencia era un espía del cártel. Y que tenía su escritorio justo a la entrada del despacho del coronel Velásquez en el nuevo cuartel general del Bloque de Búsqueda.

Unos días después de que Jorge fotografiara en la base aérea al equipo del contingente antidroga, su amigo lo llamó de nuevo para decirle que la CIA tenía en un hangar, escondido bajo llave, un extraño avión.

—¿Quieres verlo? —le preguntó.

La inspección clandestina tendría que ser breve y, esta vez, sin cámaras.

Jorge nunca había visto algo parecido. Era una aeronave de proporciones extrañas y con un solo motor; parecida a un planeador. La envergadura de sus alas, unos 21,5 metros, era más del doble de la longitud del fuselaje. La superficie era de aluminio reluciente y en los costados tenía la insignia de la Fuerza Aérea de Colombia, recién pintada. Era tan lustrosa que Jorge no pudo evitar tocarla y pasó la mano sobre el suave acabado. Le echó un vistazo a la cabina y examinó los complejos instrumentos electrónicos. Era un magnífico avión espía, equipado con la última tecnología de vigilancia para misiones nocturnas.

El Cóndor, formalmente llamado Schweizer RG-8 Cóndor SA2-37B, contaba con sensores de visión nocturna, sistemas de fotografía y grabación de vídeo, equipos de intervención de llamadas, detectores infrarrojos de calor y demás. Tenía una autonomía de vuelo asombrosa, hasta doce horas a gran altitud, y operaba silenciosamente incluso a baja altura. A más de seis mil metros podía seguir a su presa y pasar casi inadvertido. A Jorge le impresionó particularmente la bóveda de visión nocturna que tenía debajo del fuselaje.

Era la máquina de los sueños de cualquier oficial de inteligencia amante de la aviación. Aunque la nave estaba allí para ser usada contra sus jefes, Jorge sintió más envidia que preocupación. Deseó poder ir a bordo durante una misión nocturna. Tendría que idear algunos cambios operacionales en tierra para contrarrestar lo que el Cóndor podía ver desde el cielo. Esta era la parte de su trabajo que más disfrutaba: poner a prueba sus habilidades... y enfrentarse al que consideraba el mejor servicio de inteligencia del mundo.

Hasta el día en que llegó el Cóndor, la seguridad rutinaria del cártel solo requería mantener un perfil bajo en espacios públicos. Durante las reuniones o en los grandes eventos a los cuales asistía alguno de los padrinos, los guardaespaldas tomaban posiciones discretas y los coches se aparcaban fuera de la vista del público, detrás de portones o muros. Pero esconder autos y multitudes iba a ser mucho más complicado sabiendo que las autoridades eran capaces de ver desde los cielos, incluso en la oscuridad. Jorge hizo los arreglos necesarios para que alguien de la base aérea le avisara cada vez que el Cóndor estuviera a punto de despegar.

Parecía evidente que el gobierno estadounidense estaba elevando su apuesta en la guerra contra la droga en Colombia. El Cóndor, en su hangar, bajo llave, lo decía todo: como Jorge lo había sospechado, el cártel de Cali se había convertido en el nuevo gran villano de Estados Unidos.

Las negociaciones que habían considerado la rendición en masa de todos los traficantes de Cali fueron archivadas definitivamente y las conversaciones secretas entre Miguel y el fiscal De Greiff siguieron a paso de tortuga, hasta que los Rodríguez Orejuela decidieron adoptar una estrategia más audaz: comprar la Presidencia en las elecciones de 1994.

Ernesto Samper, ex embajador de Colombia en España, fue el escogido del cártel.* Jorge no supo por qué o cómo lo eligieron los padrinos, pero se convirtieron en los principales patrocinadores de la campaña samperista. Pallomari fue el encargado de llevar los libros con las contribuciones a la campaña, procedentes de todos los rincones de la organización: doce negocios pequeños pusieron 50.000 dólares cada uno; varios mandos medios, 100.000 cada uno; los lugartenientes, 200.000 cada uno. Los padrinos, por su parte, dieron una cuota inicial de 800.000 dólares. Los fondos secretos de la campaña de Samper pronto sumaron millones, y cada centavo que ponía el cártel de Cali era registrado en los libros contables de Pallomari.

Al acercarse el día de las elecciones, los encuestadores pronosticaban una contienda apretada. Muy apretada. Apenas unos 20.000 votos, de un total de seis millones previstos, separaban a Samper de Andrés Pastrana. No hubo ganador en la primera vuelta y fue necesario ir a la segunda. Esta ampliación de la contienda hasta mediados de año aumentó el flujo de contribuciones del cártel.

Los funcionarios de la campaña de Samper se volvieron visitantes regulares de Cali. Algunas veces Jorge les servía de chófer para llevarlos a reuniones con Miguel y Gilberto; otras, debía situarse a la entrada de la oficina de Miguel mientras pasaban los visitantes. En ocasiones estos se marchaban con paquetes del tamaño de una caja de zapatos, envueltos con papeles vistosos y alegres; era el método favorito de Miguel a la hora de distribuir miles de dólares en efectivo.

Muchos de los dólares que invirtió el cártel en la campaña de Samper habían llegado a Colombia en cargamentos provenientes de México, remitidos por Amado Carrillo Fuentes, el capo de

---

* Era el candidato del Partido Liberal. *(N. de la T.)*

Juárez. Este se hacía llamar «el Señor de los Cielos», por su flota de grandes aeronaves en las cuales transportaba contrabando y dinero en efectivo. Por lo general, enviaba el dinero a Cali en *jets* desechables.

En el mercado de aeronaves usadas era muy fácil conseguir Boeings 727 obsoletos pero aún operativos. Se podían conseguir legalmente por menos —a veces mucho menos— de un millón de dólares. Dado que los cárteles necesitaban transportar toneladas de billetes, los *jets* viejos les resultaban muy útiles, pues tenían muchísima más capacidad que cualquier camioneta, coche o avión pequeño, y eran menos sospechosos cuando cruzaban las fronteras de los países. Una vez que el Boeing lleno de dólares llegaba al aeropuerto de Cali, o a cualquier otra parte, era descargado y abandonado. Cuando alguien se daba cuenta, el dinero había desaparecido hacía rato y el dueño de la aeronave resultaba ser ficticio. Abandonar este tipo de aviones era más barato que pagar el diez por ciento o más a cualquier servicio de mensajería terrestre.

El coronel Velásquez apenas acababa de asumir las funciones de su nuevo cargo en el Bloque de Búsqueda cuando los padrinos decidieron poner a prueba la aseveración de Jorge, según la cual era un hombre honesto. Enviaron a un político local, que trabajaba para ellos y que estaba bien conectado con el Bloque de Búsqueda, a almorzar con el coronel en el hotel Intercontinental. La prueba llegó con el postre.

El emisario habló sobre la familia Rodríguez Orejuela. Dijo que no eran malas personas, que no se parecían en nada a Pablo Escobar y que les gustaría conocer al coronel. A continuación, habló de la promesa de generosos beneficios futuros y mencionó que, como demostración de su amistad, la familia estaría dispuesta a darle un regalo de 300.000 dólares. El coronel se levantó de un salto, observó en silencio al hombre que estaba al otro lado de la mesa y se marchó del restaurante sin decir media palabra.

Más tarde, fuentes militares informaron a los padrinos que al regresar del almuerzo, sin siquiera valorar la oferta, el coronel había informado a sus superiores y a los agentes de inteligencia estadounidenses el intento de soborno. Jorge había tenido razón en cuanto a Velásquez. El coronel seguía siendo un personaje remilgado y desagradable. Y, al parecer, insobornable. Jorge tendría que encontrar otras maneras de contrarrestarlo.

Entonces organizó una primera línea de defensa a las puertas del cuartel del Bloque de Búsqueda. Alquiló casas en los alrededores y situó vigías en cada una. Algunos menesterosos familiares de guardaespaldas de confianza del cártel obtuvieron vivienda gratis a cambio de vigilar el tráfico que entraba y salía del complejo militar. Cada vigía informaban a Jorge por radioteléfono. Y cada vez que salía un vehículo del Bloque de Búsqueda, hombres en motocicleta lo seguían y también informaban a Jorge por radioteléfono.

En la ladera de una colina cercana que miraba hacia la oficina de Velásquez, Jorge instaló un puesto de escucha permanente. Desde un apartamento con vistas al edificio de oficinas, Jorge podía monitorizar y grabar gran parte de lo que sucedía alrededor del coronel. También intervino su teléfono e instaló un micrófono espía de baja potencia en el ordenador IBM de la oficina. Este dispositivo captaba las conversaciones de la recepción que estaba justo a la entrada del despacho del coronel.

Todas las interceptaciones, tanto del teléfono como del micrófono del ordenador, eran grabadas. Regularmente, Jorge iba al apartamento a escuchar las grabaciones y a veces se sentaba largas horas, con los auriculares, a seguir conversaciones en directo.

El coronel ordenaba revisiones periódicas de su oficina para detectar micrófonos ocultos, pero los técnicos en electrónica que llevaban a cabo estas revisiones siempre eran los mismos que habían hecho la instalación. Jorge no dejaba nada al azar.

Una tarde, mientras escuchaba una conversación telefónica en directo, oyó que alguien le informaba a Velásquez sobre actividades sospechosas en el aeropuerto. Estaban descargando un *jet* blanco, sin ninguna identificación, estacionado en el área reservada para aviones privados.

—¡No permitas que se vaya! Salimos de inmediato para allá —bramó Velásquez.

Jorge se quitó los auriculares y llamó a José Estrada por el radioteléfono.

—¡Richard! ¿Cómo estás, hombre? —lo saludó Estrada, alegremente.

—Bien, bien. Dime, José, ¿tienes algo en marcha con un avión blanco en el aeropuerto?

—Dios santo. ¿Cómo lo sabes?

Jorge le explicó rápidamente; acto seguido, Estrada colgó. En ese momento estaba de pie a la sombra de un Boeing 727 blanco. Unos cuantos hombres descansaban en las cercanías; fumaban recostados en un camión cargado con enormes bolsas de dinero en efectivo que acababan de sacar del avión.

—¡Vámonos, fuera todos ya! ¡Viene el Bloque de Búsqueda! —gritó Estrada, y todos los hombres se dispersaron rápidamente.

El chófer del camión cargado con seis toneladas de billetes de cinco, diez, veinte y cien dólares se puso en marcha y se dirigió hacia una de las vías de acceso al aeropuerto. Giró por una carretera secundaria justo en el momento en que el convoy del Bloque de Búsqueda aminoraba la velocidad para tomar la vía de acceso al aeropuerto.

Dos agentes de la CIA se unieron al equipo del Bloque de Búsqueda y organizaron su estancia dentro del complejo militar. Un día, Jorge interceptó una orden de instalación de televisión por cable. Personal del cártel, haciéndose pasar por los técnicos de la televisión, colocaron un micrófono transmisor modificado dentro del decodificador. Su señal era muy baja y difícil de detectar. Además, no necesitaba que se le cambiaran las pilas, pues funcionaba con la energía de la caja.

—Lo único de lo que nos hemos enterado es de que beben mucha cerveza —le notificó a Miguel tiempo después.

El micrófono no proporcionó ninguna información útil, pero a Jorge le enorgullecía haber sido capaz de ponérselo en las narices a los agentes de la CIA.

Al poco tiempo, los estadounidenses devolvieron el favor, colocando un micrófono en la oficina de Amparo, la hermana de Miguel y de Gilberto. Alguien avisó a Miguel y este mandó a Jorge a quitarlo. Jorge usó un detector de señales y recorrió toda la oficina tratando de encontrar ondas radiales. En cuanto se acercó a la biblioteca, el detector se iluminó y empezó a sonar muy alto, pero al cabo de unos momentos se silenció. Probablemente los agentes que monitorizaban el micrófono lo habían apagado. Jorge examinó cada centímetro de la biblioteca pero no encontró nada, como si el micrófono fuera invisible. Entonces llamó a Miguel y le explicó su frustración.

Dos días más tarde, después de que el padrino hubiera hablado del incidente con una fuente secreta, Jorge obtuvo una descripción precisa del dispositivo de espionaje: era una pieza de madera adherida debajo de uno de los anaqueles, que parecía parte del mueble.

—No te preocupes por dañar la biblioteca. Destruye lo que haga falta, pero encuentra el micrófono —le dijo Miguel.

Siguiendo esas instrucciones, Jorge tomó un cincel y removió lo que parecía una tira de madera de la biblioteca. Una vez en su mano, examinó el maravilloso diseño del dispositivo. No cabía sorprenderse de que su ojo tan entrenado lo hubiera pasado por alto. El micrófono no tenía ninguna marca, pero bien habría podido llevar estampadas las letras «CIA» en rojo. Jorge deseó conocer al ingeniero que lo había ideado.

Algo que sorprendía muchísimo a Jorge era la calidad de las fuentes de Miguel.

—¿Cómo lo supo? —no pudo evitar preguntarle a su jefe, quien tomó la pregunta como un cumplido.

—Zúñiga —le respondió orgullosamente.

Se refería al general Camilo Zúñiga, comandante general de las fuerzas armadas de Colombia. Era él quien había puesto al coronel Velásquez al frente del Bloque de Búsqueda.

Jorge se quedó de una pieza. El cargo de Zúñiga era el mismo que le habían negado a su padre hacía casi treinta años. Y ahora se enteraba de que ese general, de todas las personas posibles, era informante de los padrinos del cártel de Cali.

Sexo, espías y cintas de vídeo

La principal misión del Bloque de Búsqueda en Cali era encontrar a los padrinos, arrestarlos e imputarles cargos por narcotráfico. Los años en que se les había ignorado habían llegado a su fin. De repente, Jorge estaba más ocupado que nunca.

La vigilancia del coronel Velásquez y su oficina producía horas y horas de grabaciones que Jorge registraba y guardaba meticulosamente. Con frecuencia se las llevaba a casa para poder escucharlas a cualquier hora. Su diligencia contribuyó a identificar rápidamente que el coronel utilizaba a una informante cuyo nombre en clave era «Diana», una mujer de la clase alta caleña.

Jorge notó una rápida evolución en esa relación. En cuestión de pocas semanas, sus conversaciones empezaron a hacerse más largas; con frecuencia, el coronel despachaba los temas laborales con presteza y dedicaba más tiempo a preguntarle a Diana por su bienestar. Algunas veces, además, le proponía que cenaran juntos para que ella le expusiera sus informes. Los coqueteos telefónicos del coronel, que era un hombre casado, hacían refunfuñar a Jorge.

Un día que estaba escuchando en directo, Diana le contó al coronel que un grupo de hombres armados patrullaba el tercer piso de un edificio de consultorios médicos.

—El paciente debe de ser muy importante. No sé quién es, pero hay muchos guardaespaldas armados.

De inmediato, Jorge supo a quién se refería: era Pacho Herrera, que estaba recibiendo tratamiento para una afección de la piel en la prestigiosa Clínica de Occidente. Jorge le envió una advertencia y Pacho se marchó rápidamente. Poco tiempo después, la mujer le informó a Velásquez de un evento social al cual había asistido Martha Lucía.

Jorge le hizo saber a Miguel que el coronel tenía una espía peligrosamente cercana a la familia Rodríguez Orejuela.

—¿Quién es? —demandó el padrino.

—El coronel la llama Diana, pero probablemente ese es un nombre clave —respondió Jorge—. Quizá yo esté equivocado, pero me parece que él y la mujer se están acercando... personalmente.

Miguel sonrió como pocas veces lo hacía.

—¿En serio? —fue como si Jorge le hubiera dicho que su bienamado América de Cali había ganado un partido importante—. ¿Crees que se interese en trabajar para nosotros? —preguntó.

Jorge solo pudo encogerse de hombros. No tenía idea de quién era la mujer ni cómo podría contactarla. Pero Miguel ya estaba tramando un plan: unas cuantas fotos vergonzosas podrían hacer que el coronel los dejara tranquilos.

Si no podían sobornarlo, tal vez podrían chantajearlo. Miguel estaba seguro de poder conseguir el nombre de la espía. No se le dijo a Jorge, pero iba a llamar al sargento Valencia, que tenía su puesto de trabajo justo a la entrada de la oficina de Velásquez.

El romance floreció en la familia Rodríguez Orejuela a principios de 1994. La hija mayor de Gilberto, Claudia, anunció en abril que se casaría a mediados de mayo con el hijo de un general retirado de Bogotá. Enviaron invitaciones a familiares y amigos; la boda se celebraría el sábado 14 de mayo. Desafortunadamente para la hija del capo, entre quienes estaban planeando asistir se encontraba un escuadrón del Bloque de Búsqueda. El coronel Velásquez iba a irrumpir en la fiesta en compañía de hombres fuertemente armados. Arrestar al padre de la novia sería un golpe mediático para el Bloque de Búsqueda, además de un momento de gloria política para el aspirante a general.

Gilberto se sintió consternado al enterarse de que el coronel planeaba echar abajo la fiesta familiar.

—El hijueputa quiere arruinar el gran día de mi hija.

El Ajedrecista tenía que agradecerle al sargento Valencia por haberlo alertado sobre los planes de Velásquez. El sargento también identificó a la espía del coronel: se trataba de Dolly Buendía de la Vega.

Dolly era una mujer de temperamento legendario, cercana a los cuarenta años de edad y ex esposa de un hacendado de Popayán. Su matrimonio había terminado en una escena airada de la cual todavía se hablaba en la región. Se contaba que una tarde ella había llegado a la hacienda más temprano que de costumbre y había encontrado a su marido entreteniendo a dos o tres amiguitas en la piscina. Su último acto como esposa fue ponerse tras el volante de su coche, hacer rechinar los neumáticos y abalanzarse a la piscina, mientras su marido y las amigas desnudas trataban de salir del agua, aterrorizados.

Jorge había escuchado la historia y, casualmente, conocía a la mujer. Fueron vecinos en el elegante edificio Parque Versalles unos diez años atrás, cuando él estaba separado. Vivían en pisos diferentes, pero a veces se encontraban en el ascensor o en la piscina. Aunque no eran amigos, tenían una relación cordial.

—Perfecto —concluyó Miguel.

El padrino le encomendó a Jorge el manejo de la doble agente Dolly y la organización del plan para chantajear a Velásquez. Chepe Santacruz y Dolly tenían amigos en común que los presentaron; en una reunión preliminar, ella accedió a colaborar con el cártel. El padrino le ofreció mucho más dinero del que Velásquez le estaba pagando y le dijo que un hombre llamado Richard iba a ponerse en contacto con ella.

—¡Ah, eres tú! —exclamó Dolly sonriendo cuando, al día siguiente, Jorge se presentó como Richard.

Ella recordaba el rostro, pero no el nombre. No se mostró sorprendida por el hecho de que Jorge fuera un agente del cártel, y él se sintió agradecido por eso. Le alegraba haber reencontrado a su conocida, que seguía siendo la misma mujer de ojos expresivos, juguetona, coqueta y sensual.

Se encontraron para desayunar en el centro, en el restaurante del hotel Dann. Comenzaron poniéndose al corriente de lo que había pasado en esos diez años. La mujer ahora era la madre soltera de una adolescente y necesitaba ganarse la vida por sí misma. Afrontaba los retos con un buen humor que a Jorge le pareció enternecedor; entendía perfectamente por qué el rígido coronel había decidido romper algunas reglas con ella. En cuanto a los servicios que le prestaba al Bloque de Búsqueda, la mujer le dijo a Jorge que no tenía nada en contra de la familia Rodríguez Orejuela y que solo ayudaba a Velásquez porque le pagaba doscientos cincuenta dólares a la semana y ella necesitaba el dinero. Estuvieron de acuerdo en que se trataba de un sueldo muy generoso; de hecho, la mujer ganaba lo mismo que Jorge. El coronel le pagaba con dinero público mientras sostenía una relación íntima con ella. Estos dos hechos molestaron a Jorge.

No porque fuera moralista. El coronel Velásquez había empezado a disgustarle desde antes de enterarse de su relación con Dolly, pues al escuchar las grabaciones se había hecho la imagen de un burócrata oficioso. Sus empleados se quejaban de él entre sí y en conversaciones telefónicas con sus esposas. Habiendo escuchado tantas cosas, Jorge decidió que el coronel era un tipo tan desagradable como los oficiales corruptos que él despreciaba, lo que por supuesto le facilitaba llevar a cabo el plan del chantaje.

—¿Has hecho algo más con él, aparte de cenar y tomar unos tragos? —le preguntó Jorge, tratando de no ser muy directo, pero Dolly entendió que quería saber si se habían acostado.

—Sí —respondió—. Algunas veces vamos de copas y después a un motel, el Campoamor. —El tono no denotó ninguna emoción; Jorge apenas se inmutó—. A veces tengo que decirle que no; de lo contrario, me temo que querría ir al motel todas las noches.

Desde su nuevo papel de chantajista, a Jorge eso le sonaba demasiado bueno para ser verdad, pero continuó.

—¿Podrías arreglar una cita con el coronel para ir al motel la semana entrante? —le preguntó.

—Probablemente —dijo ella, encogiéndose de hombros.

—¿El lunes?

—Bueno.

—Vamos a poner cámaras para grabar el encuentro —le dijo él.

—¿Cámaras? ¿En serio…? —por primera vez, la mujer vaciló un momento, pero solo un momento—. Sí, claro —concluyó.

Dolly y Velásquez llegaron el lunes a Tangos y Rancheras, el bar preferido del coronel, un poco después de las diez de la noche. Su reservado favorito estaba disponible. Se sentaron lo suficientemente cerca como para besarse y la mujer se aseguró de que sus abrazos duraran un par de segundos más para facilitar el trabajo al fotógrafo que se escondía en la penumbra, al otro lado del salón. Era Jorge, que estaba sentado en una mesa con una de las operadoras de telecomunicaciones del cártel, su cita falsa. Llevaba la cámara automática Canon escondida en un bolso negro con una abertura del tamaño del objetivo. Tenía un mando a distancia para tomar las fotos a bajísima velocidad, con el fin de compensar la escasa luz. La música sonaba más alto de lo habitual esa noche, para disimular el ruido del obturador y el motor de la cámara.

Jorge le había pagado al camarero para que subiera el volumen y para que le diera la mesa más conveniente a su propósito.

El motel Campoamor estaba a quince minutos en coche. En su marquesina verde y roja estaban representados los símbolos bíblicos de la tentación: la serpiente y la manzana del Jardín del Edén. Era uno de los mejores moteles de la ciudad.

La administración prestaba mucha atención a la privacidad, por lo que la primera línea de defensa la proveían altos muros tras los cuales los clientes aparcaban sus coches en garajes privados. Allí los recibía un conserje que los guiaba hasta la habitación. Cada una estaba equipada con aire acondicionado, un minibar bien surtido y un circuito cerrado de televisión que emitía películas pornográficas gratis las veinticuatro horas del día.

El Campoamor pertenecía a unos traficantes de nivel medio que eran buenos amigos de Miguel y estaban ansiosos por colaborar con el cártel. Le dieron a Jorge libre acceso a dos habitaciones contiguas.

El lunes por la mañana, Jorge y sus hombres equiparon una de las habitaciones para la grabación clandestina. Colocaron una cámara en el conducto del aire acondicionado, en la parte superior de la pared. Con las pestañas de la persiana semicerradas hacia abajo, el objetivo se disimulaba y daba una magnífica visión de la cama. Jorge tomó la precaución de cubrir el indicador de grabación para que la lucecita roja no delatara la presencia de la cámara. También caminó de un lado a otro de la habitación para cerciorarse de que dicha cámara no fuera visible desde ningún ángulo, e incluso se acostó en la cama en diferentes posiciones, hasta asegurarse de que estaba bien camuflada. Los cables de la cámara se extendían a lo largo del conducto de aluminio del aire acondicionado hasta la habitación contigua, donde estaban conectados a un monitor y a un equipo de grabación.

Jorge revisó otra vez los equipos para confirmar que todo estuviera en orden. Entonces su radioteléfono sonó. Era Enrique Sánchez, uno de sus hombres.

—Ya llegaron —anunció.

Jorge accionó la cámara. En la pantalla pudo ver la cama extragrande y la habitación vacía y silenciosa.

En el garaje privado adyacente, otro agente del cártel, vestido con el uniforme del Campoamor —pantalones negros y camisa blanca—, recibió a la pareja, la registró y la condujo a su habitación. Jorge escuchó que la puerta se abría y vio en el monitor que Dolly y el coronel entraban en su campo visual.

El coronel estaba ansioso y el encuentro se llevó a cabo con presteza. Poco después, Jorge informó a los padrinos que había ocupado menos de cuarenta y cinco minutos de cinta desde el momento en que la pareja llegó completamente vestida y hasta el instante en que se fue completamente vestida. A pesar de su brevedad, la grabación era perfecta para el chantaje.

Al día siguiente, los padrinos se reunieron para ver el vídeo con la misma ansiedad que unos adolescentes a punto de ver su primera película pornográfica. Mientras la reproducían y volvían a reproducirla, Chepe y Gilberto, especialmente burlones, hacían mofa de todos y cada uno de los movimientos y los gemidos del coronel.

—¡Es terrible! —exclamó Chepe más de una vez.

—Debería aprender cómo tratar a una dama —añadió Gilberto.

Después de que todos comentaron, se declaró a Velásquez un mal amante y a Jorge, un héroe. Enviaron la grabación a un editor de vídeo del cártel para que sacara varias copias e hiciera una versión corta, de diez a doce minutos.

—Solo los momentos más interesantes —ordenó Gilberto.

La grabación se mantuvo en secreto diez días más, hasta la mañana en que se celebraría la boda de Claudia, el 14 de mayo de 1994. Los cuatro padrinos se reunieron para escribir una carta al coronel Velásquez. Gilberto tecleaba mientras los otros hacían sugerencias. La misiva acusaba al coronel de haber ido demasiado lejos y le exigía que se dedicara a sus propios asuntos. Chepe insistió en que incluyeran algún insulto personal «para quebrarlo»; entonces Gilberto añadió una oración en la que cuestionaba las habilidades amatorias del coronel.

La carta fue incluida en un sobre con la copia editada del vídeo y doce fotos tomadas en el bar. A las diez de la mañana, un capitán retirado del ejército que era amigo del cártel llevó el sobre hasta la sede del Bloque de Búsqueda y le dijo a Velásquez que dos hombres en motocicleta lo habían obligado, bajo amenaza de muerte. El escéptico coronel se retiró a su despacho a revisar el contenido del sobre, fumando un cigarrillo tras otro, y no salió pasadas más de dos horas. Valencia informaba directamente a Miguel sobre cada una de las reacciones de Velásquez.

Al final, el coronel que no se dejaba sobornar tampoco se dejó chantajear. En vez de eso, confesó. De mala gana, llamó a sus superiores y les comunicó el intento de chantaje. También admitió la relación inapropiada que estaba manteniendo con una mujer que no era su esposa y que además era una informante pagada del cártel de Cali.

Aunque terriblemente humillado, Velásquez seguía siendo el jefe del Bloque de Búsqueda, y aún pensaba que el 14 de mayo de 1994 terminaría siendo un día de gloria para él. La boda estaba planeada para la tarde y se esperaban cientos de invitados a la fiesta que se llevaría a cabo en una hacienda cerca de Jamundí, al sur de Cali. El coronel estaba convencido de que iba a reír al último, cuando arrestara a Gilberto en la recepción.

—El Ajedrecista se va a llevar una tremenda sorpresa esta noche por cuenta mía —le dijo a Valencia cuando estuvieron a solas.

El escuadrón del Bloque de Búsqueda, una tropa de soldados en uniforme de combate fuertemente armados, abandonó el cuartel general poco después del atardecer. Motocicletas del cártel salieron al encuentro del convoy en el centro de Cali y lo siguieron de lejos y de cerca. Informaban a Jorge por radioteléfono, en clave, sobre la ubicación, la dirección y la velocidad de los camiones militares.

Los mensajes en clave eran recibidos por un transmisor que chirriaba en un patio; allí, Jorge se los traducía a tres hombres vestidos de esmoquin. Los hermanos Rodríguez Orejuela —Gilberto, Miguel y Jorge Eliécer, el menor, al que llamaban «Cañengo»— estaban sentados tranquilamente, disfrutando de un vaso de Chivas Regal; la botella descansaba cerca, dentro de una bolsa de terciopelo azul. El patio estaba silencioso, con excepción del sonido del hielo en los vasos y de los informes periódicos en el radiotransmisor. No había motivo de preocupación. Jorge y los hermanos sabían adónde se dirigía el convoy militar: a una animada fiesta en una hacienda bien iluminada, muy lejos de donde ellos estaban en ese momento.

En el lugar oficial de la boda de Claudia, cuatrocientas personas en traje de gala bailaban al ritmo de una orquesta, pero nadie de la familia estaba presente. El primer camión del convoy pasó de largo el puesto del aparcacoches, y lo mismo hicieron los demás. Hombres con pasamontañas negros y rifles saltaron de los vehículos y desataron un griterío entre los asistentes a la fiesta. No se disparó un solo tiro. Los militares cerraron el perímetro, rodearon a los invitados y preguntaron por Gilberto Rodríguez Orejuela.

La elegante fiesta en la hacienda resultó ser un elaborado señuelo. La lista de invitados incluía a personajes de la élite social y política, pero no había rastro de los novios ni de los padrinos, ni siquiera de sus sobrinos o sus primos. Absolutamente nadie de la familia estaba presente. La boda se había llevado a cabo en un pueblo al norte de Cali, en una ceremonia pequeña y discreta a la que solo habían asistido familiares y amigos íntimos. Después, los invitados se habían reunido de nuevo en un lugar secreto de la ciudad para celebrar, mientras la fiesta señuelo seguía su curso como estaba planeado, pero sin ellos. Los hermanos Rodríguez Orejuela no asistieron a ninguna de las dos recepciones; celebraron solos con su Chivas Regal en el patio de una casa clandestina del cártel. Gilberto sonrió cuando Jorge transmitió el último informe desde el lugar de la fiesta falsa.

—Tal vez todavía tengo tiempo de bailar con mi hija —dijo, burlón.

—No, no, mejor vámonos directamente a casa —replicó Miguel; Gilberto asintió, solo estaba bromeando; habían humillado doblemente al coronel Velásquez; todos estuvieron de acuerdo cuando Miguel concluyó—: Tuvimos un buen día.

La cuenta del «Buitre»

Gilberto tenía un dicho favorito: «El dinero lo compra todo». Y pruebas de ello se veían por doquier. El cártel de Cali era dueño de policías, generales y políticos... de aviones, yates, casas y mansiones... de contables, pilotos y sicarios. Su dinero compraba silencio, lealtad, muerte... e incluso una Constitución hecha a la medida de sus necesidades. Pero la corrupción también venía a escala pequeña.

A mediados de 1994, un agente futbolístico argentino ofreció a los Rodríguez Orejuela una suntuosa fiesta en un refugio en las montañas de las afueras de Cali. El avión privado del agente trajo contenedores con la mejor carne de res argentina, cajas de vino, a su chef personal y a una docena de bailarinas exóticas de Buenos Aires. Todas vestían *shorts* y zapatillas del América de Cali.

Después de una sensual presentación al estilo yanqui, las bailarinas se pasearon por el lugar y dejaron bien claro que estaban disponibles para prestar servicios de entretenimiento privado. Los invitados, sin embargo, estaban más interesados en interactuar con Miguel y con Gilberto que en tener rápidos encuentros sexuales detrás de las puertas. Las chicas terminaron aburridas y subempleadas, sin participar mucho de la fiesta.

La bailarina principal, una mujer de unos treinta años de edad —era la mayor de todas—, llamó a Gilberto aparte para hacerle una petición especial:

—Quiero a esa chica para mí —le dijo, señalando a la novia de Julián Murcillo, el relaciones públicas del cártel.

Gilberto le pidió a Jorge que la llamara.

—¡Por supuesto que no! —respondió ella cuando le hicieron la propuesta.

Gilberto sacó de su bolsillo un fajo de billetes de cien dólares. Mientras los contaba uno por uno, le preguntó a la renuente joven:

—¿Cuántos de estos se necesitan para que digas que sí?

—Por favor... —protestó ella, pero Gilberto seguía contando los billetes; entonces vaciló—: ¿Qué hay de Julián? —Su novio estaba al otro lado del recinto.

—Julián va a estar lejos de aquí —respondió el padrino, y siguió contando—. ¿Cuántos quieres: uno... dos... tres...?

La joven empezó a lidiar consigo misma. Jorge entendía la sensación perfectamente. Por una parte, le encantaba su trabajo como jefe de seguridad y vigilancia, le gustaban los aparatos y disfrutaba las misiones desafiantes. Pero se sentía asqueado por la violencia y la corrupción que generaba el cártel. A veces se sentía como si fuera propiedad del cártel.

Gilberto seguía contando:

—¿Ocho... nueve... diez?

—Suficiente —dijo ella, casi susurrando.

Gilberto mandó a Julián a recoger a un par de invitados fantasmas que, según le dijo, lo estarían esperando en el hotel Intercontinental. Una vez que el hombre se hubo marchado, un grupo selecto de espectadores pasó a una suite. Miguel, Gilberto, José Estrada, el argentino y Jorge se acomodaron de pie contra la pared mientras empezaba la seducción.

—Tú solo relájate —le dijo la bailarina a la joven, mientras la tocaba suavemente y caminaba a su alrededor, haciéndose cargo de la situación. Sabiendo muy bien lo que hacía, la desvistió, la acarició y la besó sin prisa. Después de unos minutos, ninguna de las dos parecía tener conciencia de los hombres que estaban presentes o de que estaban actuando para un público. En cierto momento,

Jorge dejó de preocuparse por la novia de Julián, que se aferraba a la bailarina, se estremecía bajo sus manos, gemía y jadeaba; parecía querer más. Cuando todo acabó, Gilberto se acercó a la mesa de noche del lado de la joven y soltó allí los diez billetes. Ella lo detuvo.

—La mitad para ella —le dijo al padrino, señalando con la cabeza a la bailarina.

A Jorge le sorprendió la transformación. El dinero había convertido a la dulce chica en una prostituta; lo que demostraba una vez más que la máxima de Gilberto era cierta. Pero eso no fue nada en comparación con el siguiente truco de los padrinos de Cali.

—¡Lo logramos! ¡Compramos un presidente! —exclamó Miguel, dando un puñetazo triunfal sobre su escritorio.

Les había costado millones de dólares a los padrinos de Cali, pero una noche de junio de 1994, Ernesto Samper —el hombre del cártel en el Partido Liberal— obtuvo una victoria apretadísima en la segunda vuelta y se convirtió en el presidente de Colombia.

La diferencia entre los candidatos fue tan estrecha que todos los que habían contribuido a la campaña samperista podían achacarse parte del crédito por la victoria. Sin embargo, las contribuciones clandestinas del cártel, que sumaban más de seis millones de dólares, excedían con creces la generosidad de todos los demás. A Jorge le pareció un desenlace poco apropiado para una democracia orgullosa como la colombiana, pero tuvo la esperanza de que el nuevo amigo poderoso del cártel lograra negociar la rendición de los padrinos, el aterrizaje suave que ellos querían.

Algunos altos mandos de la organización estaban tan seguros de que se avecinaban tiempos maravillosos, que finalmente pidieron las vacaciones largamente pospuestas debido a la guerra entre los cárteles. Mario del Basto, por ejemplo, decidió que quería ver algunos partidos del Mundial de Fútbol en Estados Unidos. Durante su ausencia, Jorge quedó al cargo de todas las operaciones de seguridad del cártel... y más.

Un día antes de irse de vacaciones, Mario hizo los arreglos para que Jorge conociera a uno de los informantes claves del cártel dentro del comando antinarcóticos de élite. El capitán Efrén Buitrago estaba vinculado al grupo de la policía que formaba parte de fuerza de intervención conjunta. Aparentaba unos treinta años de edad y era un hombre delgado y atlético de casi metro ochenta metros de estatura. De entrada, a Jorge no le gustaron sus ínfulas. Y a Mario, quien lo había apodado «el Buitre», le pasaba lo mismo. Jorge pensó que, para ser un policía corrupto, el tipo se tenía en demasiada estima. La presentación tuvo lugar a plena luz del día, en un mercado de productos agrícolas muy popular de la ciudad. Mario le advirtió a Jorge que tuviera cuidado con las artimañas del capitán, pues era dado a retener parte de la información para después buscar la oportunidad de compartirla directamente con Miguel.

—No me cae bien —le confesó a Jorge—, pero Miguel lo tiene en muy buen concepto.

A Buitrago lo acompañaba un cabo que nunca lo perdía de vista. Estaba tan ansioso de cumplir las órdenes del capitán que Jorge lo apodó «la Sombra»; nunca pudo recordar su nombre.

En esa primera reunión en el mercado, Buitrago le dio a Jorge un buscapersonas para avisarle cada vez que tuviera información. Acordaron reunirse en ese mismo lugar siempre que Jorge recibiera una señal del busca. Las alertas de Buitrago siempre eran útiles: avisaba al cártel de qué cuentas bancarias estaban siendo investigadas, qué teléfonos estaban intervenidos, qué oficinas corrían peligro de ser registradas y qué miembros del cártel estaban siendo vigilados.

Por su parte, Jorge debía encargarse de alimentar y cuidar al capitán. Por lo general se encontraban una vez a la semana; durante esas reuniones Jorge le pagaba en efectivo por sus servicios, a veces con una bonificación adicional. Después de que Mario regresó de sus vacaciones, Jorge mantuvo el contacto con Buitrago, pues le completaba la información que obtenía de otras fuentes. Jorge tenía ojos, oídos y equipo de espionaje dentro de la fuerza de intervención conjunta, tanto en el grupo de la policía como en el del ejército, pero sus informantes eran apenas una mínima parte de la infiltración generalizada del cártel en las instituciones colombianas. El sistema de inteligencia del cártel estaba estrictamente compartimentado y cada uno de los cuatro padrinos tenía sus propios contactos, todos en altos cargos.

No era de sorprenderse, entonces, que las autoridades estadounidenses estuvieran impresionadas. La inteligencia del cártel era muy superior a la del gobierno colombiano. El jueves 16 de junio de 1994, *The Washington Post* publicó un artículo de Douglas Farah en el cual se citaba a una fuente anónima del gobierno de Estados Unidos que reconocía la ventaja del cártel sobre las autoridades colombianas: «Todas las operaciones en contra del cártel han estado comprometidas. Parece imposible llevar a cabo una operación en Cali, o que algo ocurra en Cali, sin que el cártel se entere». Los agentes antinarcóticos estadounidenses se referían a la red de seguridad del cártel como «la KGB caleña».

A finales de junio, cuando los Rodríguez Orejuela todavía estaban celebrando su inversión de seis millones de dólares en la Presidencia del país, unas grabaciones hechas por la policía se filtraron a los medios de comunicación. Al cabo de un tiempo, se responsabilizó de la filtración al director saliente de la DEA en Colombia.* Uno de los llamados «narcocasetes» reproducía una conversación en la que Miguel y uno de los jefes de la campaña samperista

---

* Joe Toft. (*N. de la T.*)

hablaban de una donación de dos millones de dólares por parte del cártel. De un día para otro, el triunfo político se convirtió en un escándalo.

Andrés Pastrana, el candidato perdedor, le pidió a Samper que renunciara a la presidencia y se sometiera a una nueva vuelta electoral, y Estados Unidos amenazó con quitarle el apoyo económico al gobierno colombiano.

Jorge siguió las noticias con preocupación. Los vínculos con el cártel de Cali amenazaban la presidencia de Samper incluso antes de que hubiera tomado posesión. Él negó haber aceptado dinero del narcotráfico, pero sus jefes de campaña finalmente confesaron haberlo hecho en su nombre. Samper asumió el cargo presidencial en medio de grandes críticas, luchando por su supervivencia política. Los Rodríguez Orejuela trataron de ayudarlo, difundiendo una carta pública en la que negaban rotundamente haber contribuido a la campaña.

Samper fue absuelto en la investigación que le abrió el Congreso gracias a que la mayoría de los parlamentarios pertenecían al Partido Liberal. Sin embargo, pronto se hizo evidente que las esperanzas que tenía el cártel de ser tratado amistosamente por la nueva administración se verían postergadas, y eso si tenían suerte. De hecho, la presión sobre el cártel se intensificó a medida que Samper luchaba desesperadamente por probar, al menos al gobierno de Estados Unidos, que estaba en contra de los narcotraficantes. La esperanza de un aterrizaje suave se desvanecía otra vez.

Una noche de julio, mientras revisaba unas grabaciones en el puesto de escucha de las afueras del Bloque de Búsqueda, Jorge oyó una conversación que llamó su atención. Al parecer, se estaba planeando para el día siguiente la redada de un lugar al que sólo identificaban con un número. Jorge se dio cuenta de que el número correspondía a la dirección de la oficina del centro de Cali donde Pallomari llevaba a cabo sus operaciones contables. Entonces lo llamó para advertírselo.

—Sí, ya sabemos que algo puede pasar —respondió el contable; uno de los informantes dentro del Bloque de Búsqueda ya le había avisado; le dijo a Jorge que no había de qué preocuparse: todos los libros estaban en orden y todo era legal—. Solo somos empresarios y no tenemos nada que esconder.

Al día siguiente, Jorge estaba en Jamundí cuando su radioteléfono sonó. Era uno de sus equipos de seguridad motorizados:

—Alerta uno... Alerta uno —El mensaje codificado anunciaba que se aproximaba un convoy del ejército.

Las motos de Jorge iban al lado de los camiones militares, informando de cada uno de sus movimientos. Se dirigían al este, después al norte, luego al centro. Finalmente, el convoy se detuvo frente al edificio de Pallomari. Una gran cantidad de uniformados saltaron de los vehículos y entraron a toda prisa. Jorge ordenó a sus hombres que se marcharan antes de que alguien notara su presencia y volvió a Cali lo más pronto que pudo, para reunirse con los padrinos.

Pallomari no solo ignoró las advertencias de Jorge para que se marchara, por lo que fue detenido, sino que dejó a la vista mucha información confidencial que decomisaron los oficiales. Al principio, los Rodríguez Orejuela se mostraron sorprendentemente optimistas. Jorge supo la razón: un personaje importante de la oficina del fiscal trabajaba para el cártel; como ellos habían predicho, las autoridades liberaron al contable al día siguiente. Pero no antes de formularle algunas preguntas sencillas, como para quién trabajaba, a lo que él contestó con toda sinceridad que su función era la de administrador comercial de la familia Rodríguez Orejuela. Respuesta equivocada.

Los hermanos esperaban que Pallomari negara absolutamente todo; que mintiera, si era necesario, y que hiciera cuanto fuera preciso para desviar la atención de la familia y del cártel. Se suponía que lo último que debía hacer era decir que trabajaba para ellos. Y agravó el error al no tener una respuesta convincente para explicar las grandes sumas de dinero que aparecían en su contabilidad supuestamente legal. En resumen, demostró ser un pésimo mentiroso.

Cuando se enteró de los detalles del desastroso interrogatorio al contable, Gilberto se enfureció, y no escatimó dureza en sus apreciaciones, que Jorge compartía. Se quejó de que Pallomari era «un idiota» y «un hombre peligroso», particularmente para sus amigos.

—Cuentan que tuvieron que golpearlo una vez para que empezara a hablar —dijo Gilberto—, y dos veces para que se callara.

Aunque el padrino estuviera bromeando, no parecía contento. Sentenció que Pallomari era «un terrible problema», lo que en otras circunstancias habría hecho que el contable recibiera la visita de un hombre como Memo Lara, el Pecoso o el Gamín. Pero matar a Pallomari requería el acuerdo unánime de los cuatro padrinos, y Miguel se opuso enfáticamente. Todavía valoraba la meticulosa contabilidad del chileno y confiaba en él para el manejo de las operaciones cotidianas. Gilberto accedió.

—Lo mantendremos lejos del público; verás que va a estar bien —le aseguró Miguel a su hermano.

Acordaron que Pallomari tendría que cambiar el testimonio que había rendido en el Bloque de Búsqueda y asegurar, por medio de una carta o de una declaración jurada, que no trabajaba para la familia Rodríguez Orejuela.

Pallomari accedió, sabiendo que la seguridad de su esposa y de sus dos hijos estaba en juego. También, bajo expresas órdenes del cártel, pasó a la clandestinidad, a pesar de que una de las condiciones para su controvertida liberación era que tenía que volver al Bloque de Búsqueda a continuar con el interrogatorio que había quedado inconcluso.

La gran cantidad de documentos y registros del cártel que el Bloque de Búsqueda había decomisado en el asalto a la oficina de Pallomari finalmente le dio al coronel Velásquez una gran victoria, su primer éxito real tras una cadena ininterrumpida de fracasos. Aprovechó al máximo las pistas proporcionadas por esos registros para identificar e irrumpir en otras oficinas del cártel. Luego se dedicó a revisar el ordenador de Pallomari, que a pesar de no contener toda la información que manejaba el contable, proveyó evidencias extraordinarias. Encontró archivos que documentaban los sobornos a funcionarios públicos de alto nivel, con nombres, fechas y valores. Nunca antes la privacidad del cártel de Cali había sido violada de esa manera.

La contabilidad del cártel mostraba pagos mensuales a oficiales de la policía que oscilaban entre 275 y 1.250 dólares. Durante las semanas siguientes a las redadas, varios cientos de policías fueron despedidos o asignados a otras funciones. Sin embargo, diversos informantes claves, incluidos Valencia y el Buitre, no fueron identificados, porque sus pagos figuraban en otros libros. Ellos todavía no se hallaban en riesgo, pero por todas partes se veían señales de que los corruptos iban a caer.

Debido a que la información que se había hecho pública había generado una enorme cobertura en los medios, Samper pareció forzado a posicionarse contra el cártel. Entretanto, el coronel Velásquez seguía realizando redadas, identificando bienes y rastreando a los miembros de la organización. Los ominosos acontecimientos mantenían a Miguel al borde de una migraña permanente y lo volvieron propenso a sospechar casi de cualquiera. Quiso tener a Jorge más cerca que nunca y exigió seguridad adicional; le preocupaba que alguien quisiera sacar ventaja de las dificultades que estaba atravesando su familia.

Y, para colmo, hubo un problema en Panamá: las autoridades

decomisaron un enorme cargamento de droga. Esas cosas pasaban, por supuesto, pero esta vez Miguel sospechó que la causa había sido una traición. Jorge no supo si se trataba de una reacción exagerada o de una preocupación legítima. En todo caso, entendió que se avecinaban problemas: en medio del miedo y la paranoia crecientes, una mera sospecha podía ser letal.

Se llamaba Emilia

El 15 de agosto de 1994, Miguel cumplió cincuenta y un años y celebró en casa con su familia y algunos amigos, en medio de las inevitables llamadas telefónicas, pero con pocas reuniones de trabajo. Como no pensaba salir, las exigencias de seguridad eran mínimas y Jorge pensó que podría llegar a casa a tiempo para cenar con Lena y con sus hijos, algo que sucedía muy rara vez. Mientras tanto, hizo sus rondas para solucionar problemas de la red de comunicaciones, atendió las necesidades de sus equipos de seguridad motorizados y finalmente pasó por el puesto de escucha de las afueras del Bloque de Búsqueda para recoger las últimas grabaciones.

Casi al final de la tarde recibió la llamada que temía: era Mateo, el asistente de Miguel, para decirle que este había decidido salir. Planeaba una visita a El Desierto, la hacienda de Pacho Herrera al nordeste de la ciudad. El nombre no le hacía justicia: parecía un lujoso complejo turístico. Era uno de los lugares favoritos de los padrinos para organizar fiestas, pues tenía campos de fútbol y pistas de tenis, piscinas, establos, un cercado para peleas de gallos e incluso un lago con playa de arena importada. Jorge supuso que a última hora le habían organizado una fiesta de cumpleaños a Miguel. A pesar de la decepción, se dirigió de inmediato a la hacienda para encargarse de la seguridad del padrino.

El año anterior, Martha Lucía, la Esposa Número Cuatro, había ofrecido una celebración de lo más completa para el cumpleaños de Miguel, con adornos de orquídeas, un camino flanqueado por antorchas, y servilleteros de plata con la inscripción «MRO-50» que los invitados podían llevarse como recuerdo. Seguramente en este no se vería tal despliegue de extravagancia. Había muchos problemas en todos los frentes: legales, políticos y comerciales.

La pérdida del cargamento de cocaína en Panamá atormentaba a los padrinos, pues sospechaban que alguien de la organización había pasado información a las autoridades. Miguel convocó en Cali a Rhadamés Trujillo para que investigara el costoso incidente. Jorge lo encontró por casualidad en el hotel Intercontinental. No se habían visto desde que Rhadamés le presentó a Bilonick en Panamá, hacía ya casi dos años.

El radioteléfono aulló de nuevo. Jorge estaba atrapado en un embotellamiento, tratando de salir de la ciudad. Esta vez era Miguel en persona. Le dijo que Rhadamés iba a estar en la hacienda y que quería que lo interrogara.

—Ya que lo conoces, quiero que le preguntes si tiene alguna relación con... las tres letras —le dijo el padrino.

«Las tres letras» era el nombre en clave con el que el cártel se refería a la DEA.

—Por supuesto, señor, pero yo no sé nada de...

—Solo hazle esa pregunta cuando lo veas. Yo voy más tarde —dijo Miguel, y cortó la comunicación.

Jorge se quedó preocupado. No sabía nada de la incautación del cargamento por parte de la DEA ni de las circunstancias en que se había llevado a cabo. Era extraño que Miguel esperara que Rhadamés se incriminara. De repente, nada parecía tener sentido.

Llegó a la entrada principal de El Desierto después de conducir una media hora desde Cali. Uno de sus escoltas en motocicleta ya se había cerciorado de que la entrada era segura. La casa quedaba a unos cuatrocientos metros de la carretera. Cuando llegó, Jorge se encontró con varios sicarios de Pacho, que entraban y salían. De hecho, solo vio sicarios; no parecía haber nadie más en la casa. Definitivamente, no era una fiesta. Jorge llamó a Mateo, mientras miraba a su alrededor tratando de identificar quién estaba a cargo de la situación.

—Todo seguro en El Desierto —le notificó a Mateo.

El hombre cortó la comunicación antes de que Jorge pudiera preguntarle a qué hora pensaba llegar Miguel. Según el procedimiento habitual, Mateo lo llamaría nuevamente para avisarle cuando el convoy se hubiera puesto en marcha. Si salían de inmediato, llegarían en treinta o cuarenta minutos.

—Buenas noches, don Richard. —Jorge escuchó una voz fría, plana y conocida que lo saludaba desde atrás; Memo Lara se le acercó silenciosamente y juntos observaron las luces de un par de coches que se acercaban por la carretera—. ¿Qué lo trae por acá?

Parecía una pregunta extraña, pero Jorge se encogió de hombros y respondió lo obvio:

—El Señor viene en camino.

Memo no respondió, porque en ese momento dos coches pasaron frente a ellos y se detuvieron más adelante. Hombres armados se bajaron primero, seguidos por Rhadamés. Este parecía tener mucha prisa por ir al baño, por lo que se apresuró a entrar a la casa sin percatarse de la presencia de Jorge.

Jorge no conocía a los dos hombres que se bajaron después. Los escoltas del cártel se dirigieron a uno de ellos como «mayor»; tenía el porte inequívoco de un oficial del ejército. El otro era un hombre de estatura y apariencia media y Jorge casi no lo identificó porque la última persona en bajarse lo distrajo. Se trataba de una mujer muy atractiva de treinta o treinta y cinco años, de cabello oscuro, corto y a la moda. Jorge los vio entrar a la casa mientras unos hombres sacaban de los coches cuatro maletas y otras bolsas de equipaje y las ponían a un lado. Al terminar, los dos coches se marcharon. Era evidente, pensó Jorge, que los panameños se hospedarían en la hacienda.

Al parecer, no había prisa por interrogar a Rhadamés. Jorge decidió conducir alrededor de la hacienda para verificar que sus hombres estuvieran en sus puestos de vigilancia. Antes de partir, avisó a Memo:

—Cuando regrese… Miguel quiere que yo le pregunte a Rhadamés sobre la DEA.

El sicario se encogió de hombros y replicó:

—No se demore mucho.

Jorge no entendió la respuesta. Pensaba que no había prisa, teniendo en cuenta que Miguel ni siquiera se había puesto en camino todavía. En todo caso, se apresuró e hizo la ronda en diez minutos, tras los cuales regresó a la casa.

Al entrar, notó que cualquier señal de hospitalidad se había desvanecido. Encontró a los adustos hombres de Pacho encargados de la casa y a la mujer sentada, sola, en uno de los sofás de cuero de la sala. Fumaba un cigarrillo.

—¿Quiere tomar algo? ¿Agua o jugo? —le preguntó Jorge.

—No, gracias. —Ella sonrió ligeramente, agradeciendo la cortesía.

Entonces Jorge escuchó ruidos: voces airadas, golpes fuertes, muebles que se rompían. Corrió por el pasillo siguiendo la algazara, que provenía de una habitación. Al asomarse vio lo que parecía una pelea. «¿Acaso los panameños estaban tratando de tomar el control de la hacienda? ¿Tendría que llamar a Miguel?», se preguntó.

—¡Deténganlo, deténganlo! —gritaba alguien cuando Jorge reconoció al mayor, a quien al menos cuatro sicarios trataban de derribar al suelo.

Pero el fornido militar no estaba dispuesto a ceder. La lucha continuó mientras los hombres trataban de reducirlo con golpes y patadas. Jorge estaba desesperado por entender lo que ocurría.

El mayor era el único panameño en la habitación, y si él había iniciado la pelea, se estaba llevando la peor parte. Mientras Jorge observaba, la situación del mayor iba empeorando inexorablemente. Memo le pasó una soga alrededor del cuello y la retorció con un trozo de palo de escoba, creando un garrote instantáneo al mejor estilo de la Inquisición. Era como un torniquete en el cuello del hombre.

Las pequeñas manos de Memo hacían girar el palo diestramente y sin pausa, mientras Jorge observaba hipnotizado. Por un momento perdió la noción de lo que estaba sucediendo. Nunca antes había visto cómo mataban a alguien. ¿Qué hacer en un momento así? ¿Tenía que mirar? «No, por supuesto que no», se dijo, y salió deprisa.

Impresionado y confundido, se quedó un momento en el corredor. Entonces vio a otro sicario, que estaba custodiando una puerta al final del pasillo.

—¿Dónde está Rhadamés? —le preguntó.

El hombre señaló un baño ubicado en el otro extremo del corredor. Jorge se dirigió hacia allá y encontró a Rhadamés sentado en el suelo del baño, junto a la taza del váter, mirando con recelo a los dos sicarios armados que lo estaban vigilando. Al ver a Jorge, su expresión fue de alivio.

—¿Dónde está Miguel? —le preguntó, suplicante.

—Rhadamés, no sé qué está sucediendo aquí, pero tengo que hacerte una pregunta muy importante. Miguel quiere saber… ¿Tuviste algo que ver con la incautación de la DEA?

—¡No, por supuesto que no! —chilló el hombre—. Ha habido un terrible malentendido.

—Él va a venir a preguntártelo nuevamente, así que es mejor que estés preparado —le dijo Jorge—. Viene en camino.

Obviamente, Jorge ya sabía que Miguel no iba a ir, pero decidió decir una mentira piadosa. El padrino nunca visitaría la escena de un crimen, y para ese momento ya había un cadáver al final del corredor. Jorge pensó regresar a Cali. Fue su primer impulso, alejarse de ese horror, pero el procedimiento habitual requería que recibiera una llamada de Miguel confirmando el cambio de planes. Y el radioteléfono seguía en silencio.

Caminó hasta la cocina, en busca de un lugar donde pudiera estar a solas. Pero a cualquier parte hacia donde mirara encontraba gritos e hiperactividad, hombres corriendo de un lado para otro a toda prisa, al borde de la histeria. Jorge nunca había presenciado algo así, pero pudo reconocer en el ambiente el frenesí que producía matar.

—¡Necesito un cuchillo! ¡Necesito un cuchillo! —le dijo casi a gritos un sicario, con el pelo corto delante y largo atrás, que corrió hacia él.

Jorge se hizo a un lado y el hombre pasó de largo en su búsqueda exaltada. Se dio cuenta de que había empezado a sudar y estaba hiperventilando. Decidió ir a ver a sus centinelas nuevamente. Necesitaba salir de allí. El receso le dio tiempo para pensar, pero también permitió que la paranoia lo invadiera. Pensó que había razones por las cuales podía ser uno de los condenados. Tal vez su intento de renuncia en diciembre había levantado sospechas sobre su lealtad. O tal vez se debía al caso Noriega. Si el cártel había decidido deshacerse de los panameños para encubrir su relación con el asunto, Jorge también estaba en una situación vulnerable, porque sabía cómo se había desarrollado todo. Además, sentía que lo habían enviado a la hacienda en una misión falsa. Su responsabilidad era proteger a Miguel, pero ya se había dado cuenta de que el padrino no iba a ir. ¿Lo habrían enviado a su ejecución?

Regresó a la casa temiendo lo que podría encontrar. Decidió no usar la puerta principal y dio un rodeo por fuera, caminando a lo largo de la terraza circundante. Se detuvo frente a una ventana por la cual salía luz y vio a la mujer sentada a los pies de la cama, con las piernas cruzadas y fumando otro cigarrillo. Se veía muy plácida, incluso aburrida, como si estuviera en la sala de espera de una clínica. Jorge se preguntó por qué no abría la ventana y corría para salvar su vida.

—¿Por qué se la pasa yéndose? —le preguntó una voz en la oscuridad.

Jorge se sobresaltó. Era Memo Lara.

—Estoy revisando la seguridad. ¿Cuál es el problema? —le contestó secamente Jorge, con la esperanza de sonar más irritado que aterrorizado.

De pie frente a Memo, se dio cuenta de que más le valía empezar a comportarse como un jefe de seguridad, en lugar de mostrarse amedrentado y temeroso, aunque en realidad lo estuviera. Se dirigió a hacer las rondas de seguridad de la casa y sus alrededores.

Casi de inmediato se encontró con tres hombres en el aparcamiento. Forcejeaban con el peso de un cadáver envuelto en cortinas ensangrentadas, el cual echaron en el maletero de un Chevrolet Sprint y después arrancaron a toda velocidad en la oscuridad. Jorge supo, por la dirección que tomó el coche, que se dirigían al puente sobre el río Cauca, que no estaba muy lejos de allí.

Unos momentos después, se encontró con el hombre del corte de pelo peculiar que había estado buscando un cuchillo. Iba cubierto de sangre; su labor era destripar los cadáveres. La estrangulación había sido solo una parte del ritual de esa noche en la hacienda. Años de experiencia les habían enseñado a los asesinos que cuando hay que arrojar los cuerpos al río, abrirles el abdomen evita que se hinchen y floten corriente abajo.

Jorge decidió entrar de nuevo a la casa, ahora silenciosa. Una extraña calma se había apoderado del lugar. Se escuchaban voces ahogadas y la gente se movía a velocidad normal. El frenesí había cesado. Instintivamente, supo que había sobrevivido. No había nadie en la cocina ni en la sala. Se dirigió hacia uno de los corredores... Entonces se detuvo en seco.

El cuerpo desnudo de la mujer yacía boca arriba sobre las baldosas ensangrentadas, en el mismo lugar donde habían preparado a los otros tres cadáveres para tirarlos al río. Había muerto hacía tan poco que aún se veía un leve tono rosado en sus labios azules. El cuerpo no tenía ninguna marca, con excepción de una tenue línea morada alrededor del cuello. Jorge no supo cómo la habían matado, si con el garrote o con una bolsa de plástico sellada en torno del suave cuello por las fuertes manos del asesino. No vio cómo sucedió; no vio nada más después de salir huyendo de la habitación donde habían matado al mayor. Esa noche todo lo que sucedió a su alrededor fue muerte y lo único que él pudo hacer fue tratar de no mirar. Nunca se había sentido más impotente ni más asustado.

Entonces el cuerpo se movió. No todo el cuerpo, sino solo los pies, los dos a la vez. Se arquearon y se estiraron lentamente hasta quedar apuntando hacia abajo, como en puntillas. El movimiento involuntario de los músculos asustó a Jorge, que sintió un hormigueo en la nuca. La mujer parecía una bailarina de plástico, un juguete que la hijita de Jorge hubiera desechado.

No había hecho nada para merecer una muerte así, Jorge estaba seguro de eso. De hecho, era posible que ninguno de los cuatro fuera culpable de traición. En el caso de Rhadamés, la sola sospecha lo había hecho acreedor a la pena de muerte. Pero ¿cuál había sido la culpa de esta mujer? Solo fue una testigo, que estuvo en el lugar equivocado en el momento equivocado. Sabía demasiado. Jorge pudo identificarse con eso.

Su silencio y sus reflexiones se vieron interrumpidos por el regreso de quienes tenían el encargo de deshacerse de los cadáveres. Se trataba del hombre del corte de pelo extraño y el cuchillo de cocina, y otro que traía entre los brazos unas cortinas limpias. Jorge se dirigió hacia la puerta, tratando de no correr.

Una fogata encendida con gasolina resplandecía en el aparcamiento. Memo estaba quemando las pertenencias de los panameños: su ropa, su equipaje, sus enseres de aseo.

—Hay que quemar todo —les dijo a los hombres que lo ayudaban—, menos los documentos de identidad. Quiero pasaportes, licencias de conducir, boletos de avión... —Memo le mostró un puñado de documentos a Jorge, que se había detenido a su lado—. Todos volverán a casa en la mañana —le dijo con un tono risueño poco característico de él, como si sus propias palabras le hicieran gracia; cuatro personas del cártel viajarían a Panamá haciéndose pasar por los muertos; así, cualquier búsqueda de los desaparecidos tendría que empezar en la ciudad de Panamá y no en Cali—. ¿Pudo hablar con Rhadamés?

—Me dijo que no tenía nada que ver con la DEA —le respondió Jorge.

Memo se encogió de hombros y examinó a Jorge a la luz parpadeante de la fogata.

—Parece que hubiera visto un fantasma —le dijo finalmente.

Jorge sintió que no tenía fuerzas ni ganas para hacerse el valiente. No le importaba lo que pensara el sicario. Estaba cansado, terriblemente cansado, y su sensación de vulnerabilidad se había desvanecido. Decidió hacer caso omiso del comentario de Memo.

—Quiero ver los documentos —le dijo, señalando con la cabeza los papeles que el sicario tenía en la mano.

Sin vacilar un segundo, él le entregó todo. Jorge ojeó los billetes de avión y los pasaportes hasta encontrar el permiso de conducir de la mujer.

Se llamaba Emilia, era de Costa Rica y estaba casada con uno de los hombres que habían sido asesinados. Tenía el pelo más corto en la foto del permiso, pero su expresión le pareció familiar. Era el mismo gesto que tenía cuando estaba sentada a los pies de la cama, fumando mientras esperaba la muerte. Eso era, se dio cuenta Jorge: no era una expresión de aburrimiento, sino de resignación. Y percatarse de ese hecho provocó que el estómago le diera un vuelco. La mujer no había buscado una salida de escape, sino que inexplicablemente había aceptado su destino.

Jorge estaba decidido a no aceptar lo inaceptable. Y, a diferencia de Emilia, todavía podía resistirse. Tenía el tiempo y la oportunidad para reescribir su final. No sabía cómo alejarse ni cómo alejar a su familia de estos amigos peligrosos, asesinos despiadados; pero la experiencia de aquella noche en la hacienda no le dejaba más alternativa que intentarlo.

Le devolvió los documentos a Memo y se dio la vuelta.

—Me voy a casa —le dijo.

Después de su encuentro cercano con el asesinato en masa, Jorge sintió un ligero cambio en su relación de trabajo con Miguel... y con Memo. Los dos hombres parecían más cómodos en su presencia, mientras hablaban de los asesinatos que cometían, como si lo hubieran admitido en un club secreto, en la fraternidad de los asesinos.

A los pocos días del homicidio de Rhadamés y sus amigos, otro de sus socios comerciales en Panamá fue requerido en Bogotá, donde Memo lo esperaba. Y como solía ser costumbre del cártel en aquellos asuntos, el cadáver de esa persona nunca fue encontrado.

La repentina desaparición de aquel hombre desencadenó una búsqueda frenética por parte de su esposa, quien acudió a todos los hospitales y a todas las morgues de Bogotá, tratando de resolver el misterio. Finalmente, la mujer llamó a Miguel para rogarle que la ayudara. Jorge escuchó la intervención del padrino en esa conversación:

—Lo siento muchísimo —dijo—. Tal vez sufrió un accidente. Le prometo que algunos de mis mejores empleados van a ayudar a buscarlo. —Después de una pausa, durante la cual al parecer la mujer le agradeció y le dijo que iba a regresar a Panamá, él insistió—: No, no, espere aquí. Voy a mandarle a Memo Lara, uno de mis empleados de mayor confianza, para que la ayude en lo que necesite. Estará encantado de acompañarla hasta su casa.

El comentario del padrino hizo que un estremecimiento recorriera la columna de Jorge. El cinismo de Miguel le pareció demoledor. Jorge solo pudo rezar en silencio: «Por favor, Dios, haz que se marche, que huya lo más rápido que pueda».

Los chicos nuevos del barrio

Miguel Rodríguez Orejuela no era un hombre paciente por naturaleza. Muchas cosas podían ponerlo de mal humor, y cuando estaba enojado, era común que se desquitara con cualquiera que se le cruzara en el camino. Se trataba de un comportamiento tan habitual, que con frecuencia Mateo alertaba a sus colegas.

—El Señor está enfadado hoy —solía avisarles.

Más de una vez le advirtió a Jorge que evitara pasar por su oficina.

A mediados de 1994, el Señor se enfadaba con mucha frecuencia. El cártel solo ganaba para dolores de cabeza como consecuencia de los seis millones de dólares que había invertido en el nuevo presidente. Al mismo tiempo, varios decomisos en Florida habían puesto al descubierto figuras claves de la red de distribución del cártel en Estados Unidos. Al menos cuatro de los últimos cinco jefes de la organización en Miami habían sido arrestados. El socio de Miguel en México, Amado Carrillo Fuentes, llamaba cada vez con más frecuencia en estado de ebriedad. Los registros contables de Pallomari habían puesto en peligro a cientos de informantes útiles, y quienes continuaban en la nómina exigían sobornos más costosos. Para colmo, el América de Cali pasaba por un momento difícil: derrota tras derrota. El dueño decidió que quería hablar con los jugadores. Se organizó una reunión vespertina en el club del equipo, una especie de casa grande con muchas habitaciones y una sala del tamaño de un aula de colegio.

Como de costumbre, Jorge llegó primero. Tras verificar la seguridad, le confirmó a su jefe que todo estaba bien. Sin embargo, el primero de la familia en llegar fue William Rodríguez Abadía, el hijo mayor de Miguel, un abogado de aproximadamente treinta años de edad. Su padre empezaba a capacitarlo para que se hiciera cargo de los negocios de la familia; particularmente quería que asumiera más responsabilidades en la administración del equipo.

El joven abogado estaba tratando de ayudar a su progenitor a solucionar el desastre causado por el decomiso de los registros contables de Pallomari. También comenzó a asumir responsabilidades de contabilidad en el cártel y a contratar su propio personal; poco a poco, se encargó de algunos asuntos que antes eran responsabilidad de Pallomari, como el blanqueo de dinero. Al mismo tiempo, Miguel lo mantenía ocupado redactando declaraciones juradas de poco valor legal que serían firmadas por docenas de traficantes detenidos. Saltaba a la vista que muchas de ellas eran falsas. Para un abogado joven que todavía estaba aprendiendo su profesión, la carga de proteger una empresa criminal de tal envergadura era muy angustiosa.

A Jorge le llamó la atención la expresión cansada de William. Le preguntó si estaba enfermo.

—No, es mi papá, que me tiene loco —respondió el joven—. No sé cómo hacer todo lo que espera de mí.

La respuesta sincera de William cogió a Jorge por sorpresa, pero le pareció que era una señal de confianza. Se arriesgó a ofrecerle unas palabras de consuelo:

—Sé a qué se refiere. Las cosas se están complicando mucho y no parece que la situación vaya a mejorar en el futuro cercano —le dijo—. Creo que tiene que velar por sus propios intereses.

—Tiene razón, pero ya sabe cómo es mi papá. ¿Quién puede decirle que no?

Jorge asintió y le dio unas palmaditas en la espalda.

—Sin importar lo que haga, William, no herede el trono.

Su conversación fue interrumpida abruptamente por la llegada del coche de Miguel. Más de doce jugadores, junto con los entrenadores y el resto del equipo, corrieron hacia la sala y tomaron asiento mirando la mesa desde donde Miguel presidiría la reunión. El padrino entró en la sala con expresión furiosa y arremetió contra el desempeño físico y emocional del equipo.

—Ustedes son un insulto a nuestro uniforme —espetó.

Acto seguido, despidió al jugador estrella de la plantilla.

Miguel insistió en que William se quedara a su lado todo el tiempo; quería que los jugadores vieran en su hijo la extensión de su propia autoridad. Jorge, que presenciaba la reunión desde la puerta al fondo de la sala, sintió pena por el muchacho. Compartían el mismo dilema: al igual que él, el hijo del padrino no tenía escapatoria.

La propensión de Miguel a sostener larguísimas conferencias telefónicas con sus asociados en el extranjero finalmente le causó problemas legales, tanto en Colombia como en Estados Unidos. Agentes federales de Luisiana interceptaron una conversación entre el padrino y un traficante de Estados Unidos en la cual se discutía el envío de una tonelada de cocaína. Las autoridades estadounidenses imputaron cargos a los hermanos Rodríguez Orejuela y notificaron el caso al gobierno colombiano, que hizo lo propio basándose en la misma evidencia.

De inmediato, los padrinos contrataron abogados en Colombia y en Estados Unidos. Las autoridades llevaron a Colombia a dos testigos claves, traficantes que habían estado presos en Estados Unidos. Pero en cuanto un abogado del cártel les pagó 50.000 dólares, negaron haber trabajado para los Rodríguez Orejuela e incluso olvidaron repentinamente quiénes eran ellos. El juez que llevaba el caso en Colombia se vio obligado a retirar los cargos.

Tiempo después, Miguel le dio a Jorge otro teléfono móvil de la Empresa de Teléfonos de Cali. Sospechaba que había sido identificado como de su propiedad.

—Destrúyelo —le ordenó.

Jorge se pasó media hora despedazando la tarjeta madre y martilleando los circuitos integrados; después esparció los restos en diferentes lugares.

La reciente colaboración entre las autoridades judiciales de Estados Unidos y Colombia resultaba alarmante para el cártel. Varios antiguos procesos criminales en contra de los padrinos —algunos de los cuales se remontaban a principios de los ochenta— estaban archivados y olvidados en juzgados desde California hasta Nueva York. Si eran retomados y compartidos con las autoridades colombianas, el caso de Luisiana no sería el último.

Y peores noticias se estaban cocinando. La cúpula del cártel no lo sabía aún, pero cuatro de los cinco antiguos administradores de su red de distribución en el sur de Florida estaban negociando en secreto con la oficina del fiscal en Miami. A cambio de una reducción de sus penas, iban a colaborar con investigadores estadounidenses que estaban decididos a desmantelar el cártel de Cali.

A mediados de año hubo un cambio de personal en la embajada de Estados Unidos en Bogotá que pasó inadvertido en Cali. Miguel y los otros padrinos nunca habían oído hablar de Chris Feistl ni de David Mitchell, un par de agresivos agentes antinarcóticos que apenas sobrepasaban los treinta años. Tenían toda la energía juvenil de su edad, pero carecían de experiencia en Colombia. Los habían enviado desde Miami para fortalecer el equipo de agentes dedicados exclusivamente al cártel de Cali. Ambos eran altos, rubios y tan evidentemente yanquis que sus colegas temían por su seguridad en cualquier parte de Colombia. Al principio les prohibieron salir de Bogotá. El Departamento de Estado consideraba que Cali era un lugar muy peligroso para cualquier estadounidense.

Para unos agentes a quienes se les había asignado la misión de desmantelar el cártel de Cali, esa restricción era difícil de aceptar. Mitchell, un paracaidista del ejército, empezó a presionar a la embajada para que les levantaran la prohibición. Era muy poco lo que podían hacer desde Bogotá; necesitaban aprender cómo eran las cosas en Cali y cómo moverse allí antes de poder desarrollar nuevas fuentes de información. Finalmente, la solicitud fue aceptada y Mitchell y Feistl pudieron viajar a Cali, con la condición de volver a Bogotá antes del anochecer. Se suponía que aquella era la misión de los sueños de cualquier agente antinarcóticos estadounidense, pero los dos hombres estaban empezando a sentirse como los chicos nuevos del barrio, sujetos a un estricto toque de queda. Sin embargo, se las arreglaron rápidamente para entablar buenas relaciones con la policía vinculada al Bloque de Búsqueda. Poco a poco, las restricciones fueron cediendo y ellos empezaron a pasar algunas noches en el cuartel del Bloque.

A pesar de su buena relación con los oficiales colombianos, los dos agentes eran recelosos. Si bien la Policía Nacional había cercado y dado de baja a Pablo Escobar, era del conocimiento público que el cártel de Cali tenía amigos de alto rango dentro de las fuerzas antinarcóticos en todo el país. Así, para proteger la seguridad de sus pistas, los dos trabajaban de manera independiente y compartían con los agentes colombianos solo lo necesario para sus esfuerzos conjuntos. Uno de los oficiales de mayor rango era fastidioso: hacía muchas preguntas, era demasiado amistoso y se entrometía en conversaciones privadas. Después de uno de esos molestos encuentros, Mitchell se preguntó en voz alta cómo debían lidiar con el entrometido. No sabían, por supuesto, que el aludido, capitán de nombre Efrén Buitrago, era el Buitre, uno de los informantes mejor pagados de Miguel.

A Jorge no le preocupaban los nuevos agentes de la DEA. Estaba considerando el panorama general, y no le gustaba lo que veía. El gobierno de Estados Unidos no confiaba en Ernesto Samper y amenazaba con recortar en millones de dólares la ayuda económica a su administración. El Departamento de Estado negó la visa a altos funcionarios del gobierno de Colombia y el director de la CIA rehusó reunirse con su homólogo colombiano. Jorge se preguntó si Estados Unidos estaría planeando una invasión del país como la de Panamá en 1989. Pero incluso si la administración Clinton descartaba esa opción, la presión que ejercía sobre Colombia estaba cambiando las reglas del juego de una forma que los padrinos no parecían comprender. Todavía pensaban que podrían llegar a un acuerdo con el gobierno nacional.

En 1995, el cártel tenía dos estrategias en marcha. La primera —un nuevo intento de aterrizaje suave— era la negociación de un supuesto sometimiento a la justicia con el gobierno de Samper. Las cabezas del cártel se entregarían voluntariamente, prometerían no seguir en el negocio del narcotráfico y accederían a someterse a penas menores. Los padrinos esperaban que los trataran al menos con la misma benevolencia con la que había sido tratado Escobar después de su entrega, en 1991. Los cuatro estaban dispuestos a aceptar un máximo de cinco años de arresto domiciliario.

La segunda estrategia, promovida por los congresistas amigos del cártel, consistía en lograr algún tipo de amnistía legislativa. La llamaban «el modelo argentino» o «perdón y olvido», por ser una versión de las leyes de amnistía que habían cobijado a los militares argentinos responsables de crímenes de lesa humanidad durante la dictadura. Los padrinos argumentaban que el gobierno colombiano debía demostrar la misma piedad hacia los narcotraficantes retirados que el gobierno argentino había demostrado hacia los militares. Y apoyaban su iniciativa con un agresivo cabildeo.

Una tarde, Miguel mandó a Jorge a un restaurante a recoger a tres congresistas, dos de los cuales acababan de ser elegidos representantes a la Cámara: Ingrid Betancourt y el ex guerrillero del M-19 Carlos Alonso Lucio. Eran votos potenciales a favor de sus leyes de amnistía y habían accedido a reunirse en privado con los padrinos en una hacienda de Pacho, en las montañas. Jorge los condujo al punto de reunión por un camino sinuoso y empinado de casi trece kilómetros.

Betancourt era una atractiva mujer de treinta y tres años de edad que provenía de una familia de vieja tradición política. Había estado casada con un diplomático francés. Jorge tenía mucha curiosidad de conocerla, pues siempre había presumido ser una candidata que ondeaba la bandera contra la corrupción. En su campaña para llegar a la Cámara había repartido condones en las calles «para frenar el sida de la corrupción». Lucio, por su parte, había sido elegido representante como candidato de la Alianza Democrática M-19, partido político en el que se convirtió la guerrilla del M-19 después de desmovilizarse en 1990, durante el gobierno de Virgilio Barco. Jorge pensaba que ese había sido un mal acuerdo para el país. Sentía un enorme desprecio por el ex guerrillero, incluso antes de que se hubiera subido al Mazda.

A medio camino, Lucio señaló unos montes soleados al norte de la carretera y les contó a sus acompañantes que una vez se había enfrentado al ejército en ese lugar. Después describió el encuentro con todo lujo de detalles y relató una incursión del M-19 en Yumbo, una historia que a Jorge le sonó terriblemente familiar.

—Nos superaban en número, pero logramos tomar el pueblo —alardeó.

Jorge echó un vistazo al espejo retrovisor para observar a Lucio representando su papel de valiente guerrillero frente a la impresionada Ingrid Betancourt.

—Nos retiramos a la montaña bajo una terrible balacera —concluyó Lucio.

Jorge se sintió indispuesto. Trató de concentrarse en la línea intermitente pintada en la carretera, pero no pudo ahuyentar una imagen que nunca había logrado olvidar del todo: el Renault humeante y ensangrentado con los cadáveres de tres adolescentes. Por primera vez, tenía a alguien enfrente a quien culpar.

En la hacienda, los padrinos se reunieron en privado con los congresistas durante cerca de dos horas. Jorge fue llamado cuando los visitantes recogían sus pertenencias. Escuchó a Miguel:

—Muchas gracias por venir. Esperamos contar con su apoyo.

Acto seguido, Chepe interrumpió con otro gesto amigable lo que ya parecía una despedida cordial.

—Un momento —les dijo—. No queremos que se vayan con las manos vacías. —Sacó su talonario de cheques y garabateó un nombre y una cifra con muchos ceros: cincuenta millones de pesos—.* Es para los tres, repártanlo.

Jorge sonrió mientras mantenía abierta la puerta del coche para que los visitantes se subieran. Fue lo único que pudo hacer para ocultar su desprecio.

El presidente Samper resultó una decepción para los padrinos, sin que él pudiera evitarlo. A veces parecía que tenía menos influencia en su gobierno de la que tenía Clinton. Washington había obligado a Samper a destituir a su director de la Policía Nacional y a nombrar en su lugar al elegido de la administración Clinton: el general Rosso José Serrano. Este pronto había consolidado su independencia con el despido de cerca de dos mil policías por sospechas de extorsión, corrupción y vínculos con el narcotráfico.

Durante esa época, el cártel también vio irse al traste todo el tiempo y el esfuerzo invertidos en las negociaciones con el fiscal De Greiff. Debido a las fuertes críticas del gobierno estadouni-

---

* Aproximadamente 50.000 dólares. *(N. de la T.)*

dense, De Greiff fue destituido de su cargo y sustituido por Alfonso Valdivieso, un ambicioso abogado, primo de Luis Carlos Galán. El nuevo fiscal general de la nación declaró, al tomar posesión de su cargo, que, a diferencia de su predecesor, nunca negociaría con el cártel, y a principios de 1995 empezó a emitir una gran cantidad de órdenes de registro y detención que serían ejecutadas por el equipo de agentes antinarcóticos del general Serrano.

Jorge comprendió que no podría evitar de manera indefinida la captura de Miguel. Era hora de conversar francamente con su jefe sobre el deterioro de la situación del cártel y sobre el futuro de la seguridad de los padrinos. Pidió una audiencia privada.

Los Rodríguez Orejuela estaban utilizando como oficina un lujoso ático en el barrio Santa Mónica, a menos de un kilómetro de la casa amurallada de Miguel y de la residencia privada de Gilberto. El ático, en la séptima planta de un edificio, tenía una pantalla de televisión gigante que descendía del techo por medio de un mando a distancia. A los padrinos les encantaba el lugar, pero Jorge lo detestaba. Le parecía que el garaje subterráneo era idóneo para una trampa y que la angosta rampa de acceso podía convertirse en una pesadilla si tenían que escapar a toda prisa.

La reunión tuvo lugar dos días después de la solicitud de Jorge; sería la última en la apretada agenda de los padrinos ese día. Poco después de la medianoche, un senador salió del despacho de los hermanos mientras estos llamaban a Jorge, que se sentó al otro lado del escritorio, frente a Miguel y a Gilberto. Era la primera vez que les pedía una cita formal.

—He estado pensando mucho sobre lo que veo que está sucediendo —empezó— y quiero que sepan que lo que les voy a decir me sale del corazón.

Los sentimientos de Jorge hacia los padrinos se habían hecho mucho más complejos con el paso del tiempo, tras ser testigo de primera mano de la corrupción y la violencia que permitían y generaban. Pero esa noche se concentró en lo que admiraba de ellos: su compromiso con la familia, su ética de trabajo, su sentido de la amistad. Jorge quería retirarse. Sin embargo, también quería ser sincero cuando dijo que solo estaba pensando en lo que más les convenía. Los hermanos lo instaron a continuar.

—Como recordarán, vine a ayudarles, a protegerlos, a ustedes y a sus familias, de los ataques de Pablo Escobar. Y aún hoy sigo trabajando por su bienestar y por el de sus familiares, pero estoy muy preocupado. Veo que la presión aumenta, sobre todo la internacional, y no parece haber ningún progreso en las negociaciones con el gobierno. Me parece que ustedes también deberían estar preocupados.

Continuó. Pensaba que desde la caída del Muro de Berlín y el colapso de la Unión Soviética, Estados Unidos era la única potencia mundial, y que después de haber provocado la defenestración de Noriega y de haber sacado a Sadam Husein de Kuwait, tenía una gran cantidad de recursos militares sin utilizar. Les dijo que incluso temía que fuerzas militares estadounidenses aterrizaran en Cali para arrestar a los jefes del cártel.

—Me pregunto si no sería preferible que ustedes y sus familias se entregaran a la justicia colombiana ahora, mientras sigan teniendo la posibilidad de un acuerdo beneficioso, en vez de esperar a que sea demasiado tarde —concluyó Jorge.

—Dios mío, ni lo menciones —respondió Miguel de inmediato—. Es de mala suerte.

—No, no, no... Richard tiene razón —lo contradijo Gilberto—. Estoy de acuerdo en que es posible que no nos quede mucho tiempo. Es cierto que tenemos un gran problema.

Jorge continuó, dirigiéndose a los dos:

—Estoy convencido de que en este momento Estados Unidos los ha declarado su enemigo número uno. Y en algún lugar de Washington, donde sea que el gobierno guarde sus trofeos, estoy seguro de que tienen reservado un espacio para colgar las cabezas de ustedes dos.

Miguel frunció el ceño, pero Gilberto agradeció a Jorge su franqueza.

—Es posible que no estés enterado de todo lo que hemos estado haciendo tras bambalinas —dijo el mayor de los hermanos—, pero has de saber que sí estamos haciendo grandes progresos. Por favor, no te preocupes. Agradezco mucho tu interés.

Jorge abandonó el despacho con la convicción de que había cumplido con su deber respecto a sus jefes. Les había advertido sobre lo que veía cernirse en el horizonte y les había recomendado una estrategia que tenía por objeto protegerlos de lo peor que podría venir. Albergaba la esperanza de que una entrega en el futuro cercano lo liberara antes de que fuera demasiado tarde para él, antes de que estuviera metido hasta el cuello en algún problema legal y antes de que alguien notara que su trabajo ya no lo entusiasmaba como antes. Jorge temía que en cualquier momento sus verdaderos sentimientos se hicieran peligrosamente evidentes.

Las cosas se pusieron definitivamente mal a principios de 1995, cuando el presidente Clinton amenazó con quitarle la certificación a Colombia como socio de confianza en la lucha contra las drogas. Esta amenaza ponía en riesgo millones de dólares en ayuda estadounidense y constituía un terrible golpe al prestigio político de Samper, por lo que el presidente se vio obligado a demostrar por todos los medios que no era aliado de los narcotraficantes. El cártel de Cali sufrió serios daños colaterales.

El ex senador Eduardo Mestre, respetada figura del Partido Liberal, llegó a Cali una noche como emisario de Samper, a bordo de uno de los aviones ejecutivos de Pacho, un Beechcraft 200. Jorge lo estaba esperando en el aeropuerto y lo paseó por la ciudad mientras esperaba la llamada de los padrinos. Cuando Mestre habló desprevenidamente sobre los problemas políticos de Samper, Jorge le hizo la pregunta que más le inquietaba por aquellos días:

—Senador, ¿qué opina sobre el prospecto de las negociaciones entre los Caballeros y el gobierno?

—Son tiempos difíciles —respondió él, tristemente, negando con la cabeza.

Jorge guardó silencio unos momentos. Después añadió:

—Sí, estoy muy preocupado por su seguridad.

—Todos estamos preocupados, por eso estoy aquí esta noche —respondió Mestre, mirando por la ventana—. El presidente Samper envía sus disculpas y un mensaje: quiere que los Caballeros sepan que no puede hacer nada. Tiene las manos atadas. Por ahora solo puede aconsejarles que… no se dejen atrapar.

El límite

A comienzos de 1995, el cártel de Cali estaba bajo mucha presión, pero no sitiado. Reconociendo la eficacia de las autoridades estadounidenses para desmantelar sus redes de distribución en Florida, los padrinos incrementaron sus relaciones con los traficantes mexicanos. Y en casa se concentraron en sus responsabilidades legales, en poner en orden sus cosas y en no dejar cabos sueltos. Los empleados extranjeros del cártel eran sujetos potenciales de extradición y, por tanto, se les consideraba un peligro para la seguridad de la organización.

Jorge pasó su sexto aniversario con el cártel fingiendo que estaba buscando a Sergio Aguilar, un cubano de Miami que a principios de los noventa manejaba un concesionario de coches en Florida. Caribbean International Motors recibía financiación del cártel y a cambio le suministraba coches y camionetas con registros falsos para transportar efectivo y cocaína. Ahora Aguilar se escondía en Colombia como consecuencia de una orden de busca y captura que pesaba sobre él en Estados Unidos.

A principios de 1995, Cali se había convertido en una estación de paso para los empleados del cártel que eran requeridos por la justicia estadounidense. Algunos de los traficantes desplazados habían sido trasladados a otras sucursales del cártel, en países como Bolivia, Ecuador y Venezuela, o a puntos de distribución en Europa y en Rusia. Los menos ambiciosos o versátiles languidecían en Colombia. Algunos sobrevivían con la ayuda económica de los padrinos, a quienes este servicio de beneficencia estaba comenzando a irritar.

Uno de ellos era Aguilar. El hombre tenía fama de donjuán, fiestero y bebedor, todo a expensas del cártel. La paciencia de los padrinos llegó a su límite cuando se enteraron de que Aguilar alardeaba de que era pariente de la familia Rodríguez Orejuela, algo absolutamente prohibido para cualquiera que no llevara su ADN. Miguel llegó a la conclusión de que Aguilar sabía demasiado, hablaba demasiado y bebía demasiado.

Por instinto, Jorge sabía que era mejor no esforzarse mucho por localizar al cubano. Le dijo a Miguel que lo único que había logrado confirmar era que Aguilar se había mudado a Bogotá, pero no conocía su dirección. A finales de enero, Memo Lara fue a ver a Miguel.

—Buenas tardes —lo saludó Jorge—. Hace tiempo que no lo veía por acá. ¿Andaba de viaje?

—Estaba en Bogotá —le respondió Memo—. Tenía que matar a Sergio Aguilar.

Lo que más le impresionó a Jorge de la contestación de Memo fue que no lo conmovió. Era parte del negocio. Más tarde cuestionó su reacción fría y se preguntó si su conciencia volvería a ser la misma alguna vez. Pero el caso del guatemalteco Carlos Salvador Ponciano lo ayudó a recuperar la fe, al menos en sí mismo.

Ponciano era un empleado de bajo nivel que hacía las veces de chófer y mensajero de Walter Soto, el jefe regional del cártel en la ciudad de Guatemala. Cuando Soto tuvo que huir de Guatemala para evitar su arresto, el fiel Ponciano viajó con él. Poco después, Soto fue trasladado a Bolivia y Ponciano se quedó en Cali, donde Jorge lo encontró, al cabo de un tiempo, mendigando en las calles, sin techo ni comida. Entonces convenció a Miguel de que le ayudara económicamente.

Después de haberle pagado unos 3.000 dólares a Ponciano, Miguel convocó a Soto en Cali. El tema de conversación fue Ponciano, que sería extraditado si llegaban a arrestarlo.

—Podría ser un problema —le dijo Miguel a Soto—. Si lo arrestan, va a ser un terrible dolor de cabeza para nosotros. Quiero que te encargues de él.

—Pero, don Miguel, Carlos es un buen hombre. No es peligroso en lo absoluto —trató de protestar Soto.

—Deshazte de él —insistió Miguel.

Fuera del despacho, a solas con Jorge, Soto le expresó su consternación.

—¿Cómo puede pedirme algo así? Carlos es mi amigo y mi empleado. Y me guarda una lealtad a toda prueba —le dijo—. No tenemos que hacer esto… ¿No es cierto?

—No, no tenemos que hacerlo —le confirmó Jorge, tratando de sonar más seguro de lo que se sentía.

Desobedecer las órdenes de Miguel podía ser muy peligroso, lo mismo que tener secretos con él. Sin embargo, en el caso de Ponciano, Jorge accedió a hacer ambas cosas. Por fortuna para todos, en ese momento el cártel tenía problemas mucho más apremiantes y Miguel nunca volvió a preguntar por el guatemalteco incómodo.

Una cadena de éxitos de las autoridades antidroga de Florida puso aún más nervioso a Miguel. Sufría hipoglucemia y era propenso a bajadas de azúcar en la sangre que lo hacían sentir al borde del desmayo. Además, padecía jaquecas, y el estrés no había hecho sino empeorar todos sus síntomas. Por esos días se enfadaba con más facilidad que nunca, al verse obligado a lidiar con una crisis tras otra. Uno de los problemas que enfrentaba el cártel era la gran cantidad de cocaína retenida en el país: estaban produciendo más de la que podían enviar al extranjero debido a que los canales habituales de distribución habían caído. Cada cargamento perdido enfurecía a Miguel pues implicaba más trabajadores del cártel detenidos cuyo silencio había que garantizar, y más abogados, pero no de cualquier tipo. Necesitaban abogados estadounidenses dispuestos a jugar según las reglas del cártel. La más importante de todas era que «nadie dice nada... nunca».

Desde el punto de vista del cártel, el villano número uno era el operativo Piedra Angular, un grupo especial de agentes antinarcóticos con base en Miami cuyo principal objetivo eran los capos de Cali y sus redes de distribución en el sur de Florida. Piedra Angular reunía numerosos investigadores federales y locales. El sabueso que más les amargaría la vida a los padrinos era un desconocido agente federal llamado Eddie.

Edward Kacerosky, del Servicio de Aduanas de Estados Unidos, era un investigador obsesivo que tenía en la mira a los peces gordos de Cali y llevaba a la cintura un busca que rara vez estaba en silencio. Había declinado ascensos, aumentos de sueldo y misiones que otros agentes envidiarían para dedicarse al caso de los padrinos de Cali, el caso de su vida. Sus diversos golpes exitosos al cártel habían servido de apoyo a otros operativos federales en contra de la empresa criminal más grande de la historia. Su vasto conocimiento del cártel de Cali y sus métodos lo convertían en el mayor experto estadounidense sobre el imperio de los Rodríguez Orejuela.

Al igual que Miguel, Kacerosky era metódico, organizado y constante. Sus investigaciones solían dar como resultado pistas que alimentaban a los ansiosos y jóvenes agentes de la DEA radicados en Colombia. Ninguno de los padrinos tenía ni la más remota idea, pero Kacerosky era lo peor que les había pasado.

En 1995, el veterano agente tenía en la mira a los abogados estadounidenses del cártel por instigación al perjurio, blanqueo de dinero y coacción a testigos. La información que había recogido le valió una autorización sin precedentes de la Corte para intervenir los teléfonos de prestigiosos abogados. Las autoridades estaban grabando cuando algunos de ellos transmitían a sus clientes las amenazas de los padrinos.

En Cali, los mayores temores del cártel se concentraban en Guillermo Pallomari. Las autoridades judiciales habían expedido una orden de busca y captura en su contra por varios delitos de corrupción, basados en la evidencia de los archivos incautados. Si llegaba a ser extraditado y lo convencían para de colaborar con la justicia de Estados Unidos, Pallomari podía hacer más daño al cártel que cualquier otra persona, por ser el extranjero de más alto nivel en la organización.

William, el hijo de Miguel, había comenzado a reemplazar gradualmente a Pallomari, asumiendo responsabilidades importantes como el manejo cotidiano de los bienes del cártel y la supervisión de los contables. Jorge fue lento en reconocer un patrón que ya había visto en casos similares y sus implicaciones para el futuro del contable. Pero Pallomari, al sentirse desplazado, se dio cuenta de su creciente vulnerabilidad. En el segundo trimestre de 1995 no solo se escondía de las autoridades sino de algunos de sus colegas del cártel.

William también invadió el territorio de Jorge; decidió nombrar a uno de sus mejores amigos, Juan Carlos Delgado, como segundo en el departamento de seguridad. Delgado, cuyo nombre en clave era «Darío», había sido teniente del ejército pero tenía poca experiencia en seguridad. Lo que más le gustaba era irse de fiesta, esnifar cocaína y dormir hasta tarde. Jorge nunca se quejó. Darío era casi de la familia, pues estaba comprometido con una sobrina de Martha Lucía.

A veces había fricciones entre Jorge y Mario. Por lo general, Jorge rehusaba ir a las reuniones de seguridad semanales que Mario organizaba, y tampoco quería compartir información de inteligencia con el equipo de su amigo. Los dos tenían la misma jerarquía en la estructura del cártel, pero las responsabilidades de Mario eran más amplias. Jorge era el encargado del sistema de comunicaciones, del control y seguimiento del Bloque de Búsqueda y de la seguridad personal de Miguel. Sus hombres en motocicleta eran los ojos y los oídos del cártel en la ciudad. En cambio, Mario era el jefe de seguridad para todo lo demás. Solían tener conflictos cuando Jorge se quejaba de que las reuniones para temas de seguridad eran una pérdida de tiempo y un riesgo innecesario. En algunas épocas, los dos amigos a duras penas se dirigían la palabra.

Al fin, Miguel decidió intervenir. Sin tomar partido ni darle la razón a ninguno de los dos, insistió en que Mario y Jorge trabajaran de manera coordinada.

—Necesito que ustedes dos trabajen juntos —le exigió a Jorge en una conversación telefónica.

A las tres de la tarde del viernes 9 de junio de 1995, Jorge respondió una llamada urgente de Miguel. Quería que llamara a la policía y dijera que los Caballeros de Cali estaban reunidos en ese mismo momento a unos dos kilómetros del escondite de Gilberto. Era una pista falsa, por supuesto. El Bloque de Búsqueda ya estaba en la puerta de la oficina del Ajedrecista y Miguel trataba desesperadamente de alejarlo. Jorge corrió a un teléfono público e hizo lo que el padrino le había pedido. Cuando lo llamó para informarle, notó que Miguel tenía el ánimo por los suelos.

—Demasiado tarde —le dijo—. Me temo que ya tienen a Gilberto.

—Lo siento mucho —respondió Jorge.

—Ten mucho cuidado y mantén los ojos bien abiertos —le advirtió el padrino—. Los tenemos en la nuca.

En el momento en que Jorge hacía esa llamada, un helicóptero de la Policía Nacional volaba en círculos sobre la residencia secreta de Gilberto; un equipo de búsqueda, del que formaban parte dos agentes estadounidenses, ya estaba dentro. Tardaron casi una hora, pero finalmente encontraron al padrino escondido en un armario empotrado, detrás de un televisor de pantalla gigante. Cuando Rubén Prieto, un agente de la DEA que no iba armado, lo encontró, el Ajedrecista estaba descalzo y en ropa interior, blandiendo dos pistolas.

Al oír ruidos y voces provenientes de la habitación, los demás oficiales se dirigieron deprisa hacia allá, amartillando ruidosamente sus armas automáticas para disparar. Por un tenso instante, Prieto quedó en medio de las armas de los policías y las del padrino, pero Gilberto cedió.

—No disparen. Soy un hombre de paz —dijo, bajando las pistolas.

El Bloque de Búsqueda había encontrado el lujoso escondite de Gilberto tras haber espiado y seguido a un miembro del cártel a quien apodaban «el Flaco». El arresto de Gilberto apareció en todos los medios de comunicación de Cali antes de circular por el mundo entero. Jorge escuchó las noticias y se aseguró de que sus hombres se mantuvieran lo más lejos posible de la escena objeto de investigación. En las horas siguientes se enteró de que el equipo que había encontrado a Gilberto no era parte del Bloque de Búsqueda sino que dependía del coronel Carlos Barragán, un oficial de bajo perfil decidido a hacer cumplir la ley, que dependía directamente del general Serrano. Así, mientras la cara visible de las fuerzas antinarcóticos era Serrano, Barragán era el puño enguantado.

Sus hombres eran los favoritos de los agentes de la DEA en Bogotá. El equipo había sido formado específicamente para colaborar con los agentes de inteligencia estadounidenses; con mucha frecuencia sus miembros eran sometidos al detector de mentiras. El cártel había penetrado en el Bloque de Búsqueda, la policía y el ejército, pero había sido incapaz de corromper la unidad de Barragán.

—Le temo mucho a este coronel —le dijo Miguel a Jorge.

El traslado de Gilberto a la prisión de Bogotá fue pospuesto hasta que el general Serrano llegó a Cali para tomarse la foto oficial llevando al Ajedrecista a su sitio de reclusión. El presidente Samper expidió un triunfal comunicado en el cual resaltaba el compromiso de su gobierno con el desmantelamiento de las mafias del narcotráfico y brindó con champán por el arresto. Para Miguel, esa no era la manera de mostrar agradecimiento por los seis millones de dólares que los padrinos de Cali habían aportado a su campaña.

—¡Maldito hijueputa! —gruñó.

Miguel mandó a William a visitar a Gilberto el día siguiente. Durante varios meses, Gilberto había insistido en que los problemas del cártel tenían su origen en la redada efectuada en las oficinas de Pallomari y en la ineptitud que este había mostrado al incriminarse durante el interrogatorio. Solo el apoyo de Miguel lo había salvado de ser despedido… o algo peor. Pero William regresó de la cárcel de Bogotá con un mensaje de su tío: el contrato de Pallomari con el cártel había expirado.

Miguel citó a Jorge a La Muralla la tarde del domingo siguiente a la captura de Gilberto. Le dijo que su hermano estaba bien, le dio las gracias por el interés y pasó rápidamente al objeto de la reunión.

—Lo que te voy a decir es de suma importancia. Conoces a Guillermo Pallomari. Es un buen hombre y sabes que lo apreciamos mucho, pero ha cometido muchos errores y habla demasiado. —«Dios mío, por favor, no», empezó a rezar Jorge—. Ahora es peligroso para nosotros. Muy peligroso. Siento mucho tener que decir esto, pero… tenemos que matarlo.

«Ayúdame, Dios mío», rezó de nuevo Jorge. Trató de adoptar una expresión inquisitiva, como si lo que Miguel había dicho no hubiera sido claro.

—Por supuesto, César Yusti se hará cargo, pero quiero que lo ayudes. Nadie debe saber esto. Es importante que encuentres a Pallomari y colabores para realizar los preparativos necesarios. Quiero que te asegures de que eso se haga... y se haga ya. Pallomari tiene que desaparecer. ¿Entiendes lo que te estoy diciendo?

Jorge no respondió de inmediato; sentía como si hubiera un gran estruendo dentro de su cabeza. En su interior se rebeló tenazmente: «¡No! No voy a hacer esto, no voy a matar a nadie. ¡No, no y no!», gritó en silencio. Sin embargo, al mismo tiempo asentía y le decía a su jefe exactamente lo que quería oír:

—Sí, por supuesto, entiendo. —Su primer instinto fue ganar tiempo, porque no sabía qué más hacer.

Jorge sintió que el círculo se cerraba. Lo habían contratado para dar de baja a Pablo Escobar y ahora le pedían que diera de baja a otra persona que se había vuelto una amenaza para el cártel. La diferencia, por supuesto, era que Jorge pensaba que matar a Escobar en nombre de su aterrorizado país era un acto de patriotismo; en cambio, matar a Pallomari en nombre de los intereses comerciales del cártel era un asesinato a sangre fría.

En ese momento supo que había llegado a su límite, a pesar de la respuesta que le había dado a Miguel. Esa era la línea que no cruzaría por ningún motivo.

Ahora se enfrentaba a un terrible dilema. Rechazar la misión de matar a Pallomari podía ser letal para él mismo. Iba a arriesgar su vida por el contable. Y ni siquiera le caía bien ese hipócrita presumido.

Tercera parte

LOS ÚLTIMOS DÍAS
(MEDIADOS DE 1995)

Más del número equivocado

Cali, Colombia
Lunes 12 de junio de 1995

Horas antes del amanecer, Jorge yacía despierto en un apartamento tranquilo y oscuro, dándole vueltas y reflexionando acerca de sus escasas opciones. Cerca, su esposa y sus hijos dormían tranquilamente, ajenos a su silenciosa lucha interior. Habían pasado solo unas horas desde que Miguel le pidiera intervenir en la muerte de Pallomari. Esa misión aterradora le había dejado en claro una cosa: tenía que zafarse del plan de asesinato e irse del cártel, y posiblemente de Colombia. Las primeras luces del día empezaban a iluminar las montañas al oriente cuando se dio la vuelta y cerró los ojos. Tenía muy poco tiempo, pero finalmente había logrado idear un plan... más o menos.

En los comienzos de su carrera como ingeniero, Jorge había diseñado una compleja maquinaria de precisión; después, como jefe de seguridad del cártel, había montado un refinado sistema de radiocomunicaciones. Ahora, como un hombre desesperado tratando de escapar del cártel de Cali, solo había podido idear un plan tan precario que más parecía un castillo de naipes.

Matar a Pallomari era muy importante para los padrinos; Jorge sabía que no podía declinar la misión sin sufrir las consecuencias. Tendría que renunciar, pero nadie renunciaba al cártel sin asistir a su propio funeral. Se dio cuenta, entonces, de que la única manera de sortear ese dilema era destruir la organización, algo que parecía imposible. Podría ayudar a las autoridades a capturar a Miguel; sin embargo, Pablo Escobar había seguido manejando el cártel de Medellín desde la cárcel sin ningún problema, y probablemente los Rodríguez Orejuela harían lo mismo. Si el arresto de Miguel era lo único que Jorge lograba, no habría lugar en la Tierra donde pudiera esconderse sin vivir con el temor permanente a que Memo Lara, el Pecoso o cualquier sicario anónimo le siguieran la pista y lo ejecutaran, junto con su familia.

Tenía que darle un golpe mortal al cártel. Debía encontrar una manera de exponer sus redes de distribución de droga y sus miles de millones de dólares en activos clandestinos. Quitar su fortuna a los padrinos les quitaría poder, pero Jorge también creía que era esencial develar la vasta red de funcionarios públicos corruptos que trabajaban para ellos: identificarlos, ponerlos en la picota y encarcelarlos. Solo así se pondría fin a la indecente influencia del cártel sobre el gobierno colombiano.

Durante esa larga noche de reflexión silenciosa, Jorge se dio cuenta de que derribar al cártel quizá no era imposible. Uno de sus miembros podía hacerlo: Guillermo Pallomari, cuyos archivos y testimonios tanto preocupaban a los padrinos. El contable también parecía ser la llave de la liberación de Jorge.

Así las cosas, tenía que salvar al hombre al que se suponía debía matar.

Ese lunes por la mañana, Jorge salió de su casa para realizar las rondas de seguridad habituales, como si todo marchara normalmente. No le dijo nada de sus planes a Lena. La habría asustado. Pero no solo guardó silencio para ahorrarle la preocupación a su esposa, sino porque pensó que el miedo de ella podría delatarlos. Lena tenía una personalidad abierta y directa. Era una pésima mentirosa. Y considerando las circunstancias, ese rasgo de carácter podía resultar muy peligroso. Jorge decidió que él mentiría por ambos.

Un poco después de la una de la tarde, se dirigió al concurrido edificio de Telecom en el centro de la ciudad. Allí había cabinas telefónicas privadas; lo que más le gustaba a Jorge era la certeza de que las líneas no estaban intervenidas por el cártel.

Entró en una de las cabinas, se secó el sudor de la frente y descolgó el auricular del teléfono. Solicitó que lo comunicaran con una operadora internacional. Al cabo de unos momentos, una mujer le contestó en inglés, y él le pidió el número de la CIA en Langley, Virginia. Para Jorge, que se sentía tan patriota, era muy amargo pensar que no podía confiar en nadie en su país. Los funcionarios colombianos honestos solían estar rodeados de corruptos. Y dado que sentía que estaba apostando su vida y la de su familia, no confiaba en nadie más que en la CIA. Al escuchar el repique del timbre, respiró profundamente y se dijo que no había marcha atrás.

—Agencia Central de Inteligencia —contestó amablemente una voz femenina.

Durante los siguientes minutos Jorge intentó, sin éxito, ofrecerle al gobierno de Estados Unidos su ayuda para capturar al máximo padrino de Cali. La mujer no le prestó atención, lo trató como a un demente y lo despachó rápidamente. Así las cosas, tendría que buscar a alguien más en quien confiar.

El ajetreado día de un sicario

César Yusti, el sicario a quien los padrinos habían asignado la misión de matar a Pallomari, tenía algo más de treinta años. Era uno de los hombres de José Estrada y desempeñaba labores variadas en sus bodegas, como contestar al teléfono y servir de guardaespaldas, chófer y mensajero. A veces desaparecía durante semanas enteras; sin embargo, Jorge no conocía sus habilidades como sicario. Yusti le parecía un hombrecito nervioso; difícilmente podía ver en él a un asesino a sangre fría, como Memo Lara y otros sicarios del cártel.

Tenía una apariencia completamente inofensiva: era de baja estatura —no medía más de metro sesenta— y poco atractivo. Como se estaba quedando calvo, con el pelo de los lados intentaba cubrirse el cráneo. Parecía más un oficinista gris o un vendedor de zapatos.

Jorge habló con él por teléfono para acordar una cita. Cuando se entrevistaron personalmente, el mismo Yusti puso en claro la naturaleza de su misión:

—Me han ordenado ponerme de acuerdo con usted para matar a Guillermo Pallomari.

Jorge casi no podía creer que estuvieran hablando de un asesinato como si se tratara de una transacción comercial cualquiera. Trató de parecer igual de indiferente.

—Así es. Espero que sea un trabajo sencillo.

Por fortuna, Pallomari se había escondido bien desde que William había asumido la supervisión de las finanzas y la contabilidad del cártel. El contable, que a veces parecía un inepto, había sido lo suficientemente agudo para darse cuenta de que sabía demasiado y de que eso no era bueno para él. Sin embargo, no había tratado de huir de Cali, pues allí vivían sus hijos y su esposa, Patricia, que seguía manejando el negocio de ordenadores.

Jorge sabía dónde estaban ubicados la casa de Pallomari y el negocio de Patricia; incluso conocía dónde se escondía el contable: en el apartamento de un amigo. Había ido a ese apartamento una vez para hacerle un favor al abogado de Pallomari, que necesitaba que este le firmara unos documentos. Sin embargo, en esa primera reunión con Yusti, fingió no saber nada.

—Voy a tratar de localizarlo lo más pronto posible —le dijo.

Yusti le preguntó si sabía dónde podía conseguir un rifle AR-15. A pesar de que Jorge sabía exactamente dónde —en su arsenal privado—, le dijo que lo averiguaría. La petición podría darle un poco más de tiempo... Aunque fuera un par de días. Pero lo que terminó dándole más tiempo fue la apretada agenda del sicario, que desapareció durante dos semanas.

Un día, mientras Jorge seguía pensando cómo proceder y cómo establecer contacto con los estadounidenses sin correr peligro, su busca sonó. Era Mario, que quería verlo. Jorge fue a casa de su amigo y lo encontró sin camisa, relajado y conversador. Era mediodía. Mario le ofreció un plato de sopa casera. Hablaron sobre las horas extras que todo el mundo había tenido que trabajar desde el infortunado arresto de Gilberto. Era como en los viejos tiempos, cuando eran buenos amigos y compañeros, antes de que la ambición de Mario lo hiciera sentirse celoso de la relación tan próxima que había entre Jorge y Miguel. Ese día, por razones que Jorge no pudo explicar, el resentimiento de Mario parecía haberse desvanecido.

Mario le confesó que estaba cansado y le expresó la frustración que le producía Miguel:

—Nos exige que resolvamos este desastre o el otro, que tomemos riesgos. Pero cuando lo hacemos, no nos apoya —le dijo a Jorge, tal vez la única persona en el cártel con quien podía quejarse de su jefe.

Su problema más reciente era la lentitud de los reembolsos. Mario había pagado de su propio bolsillo a varios informantes y todavía estaba esperando que le devolvieran el dinero. Desde que Pallomari estaba escondido, la eficiencia administrativa del cártel se había resentido demasiado.

Mario le contó a Jorge acerca de una reunión de seguridad que tendría lugar esa tarde con cerca de doce de sus hombres. Pensaba compartir con ellos informes de inteligencia recientes proporcionados por el capitán Buitrago: números telefónicos que el Bloque de Búsqueda tenía intervenidos, placas de coches del cártel que la policía estaba siguiendo. Mario había programado la reunión en uno de los campos de entrenamiento del América de Cali.

—Eres bienvenido, pero no te preocupes si no puedes ir —le dijo Mario.

Apenas un mes antes, Mario exigía que Jorge asistiera a estas reuniones, lo que había motivado la intervención de Miguel. El padrino reprendió a Jorge y les ordenó a ambos que trabajaran de manera conjunta. Ahora la actitud de Mario era conciliadora, incluso parecía estar disculpándose. Jorge se alegró con el regreso de su relación amistosa. Sin embargo, seguía pensando que no quería participar en esas reuniones, así que se excusó cortésmente y le deseó suerte a Mario.

—Puede ser peligroso reunirse allí a plena luz del día. Ten cuidado —le dijo.

Dos horas más tarde, el busca y el radioteléfono de Jorge empezaron a sonar ininterrumpidamente. Un operativo militar se estaba llevando a cabo en las instalaciones de entrenamiento del América. Jorge supo de inmediato que se avecinaba un desastre para el cártel.

Una cosa lo dejó perplejo: el equipo militar no formaba parte de la fuerza de intervención del Bloque de Búsqueda; era una unidad regular del ejército, un pequeño escuadrón que pertenecía al Batallón Pichincha. A mediados de los ochenta, Mario había sido el segundo a cargo de este batallón, en el cual Jorge era reservista. Por lo general, el Pichincha no cumplía funciones antidroga.

Mario y sus hombres estaban reunidos a la sombra de una tribuna cuando un escuadrón de ocho hombres entró. Los militares dijeron que les habían informado de una reunión de civiles que parecían estar armados. Los del cártel los superaban en número, y probablemente en armamento, pero ni Mario ni alguno de los otros opusieron resistencia. En lugar de eso, empezaron a tragarse los documentos que tenían en su poder, tratando de deshacerse la evidencia, hasta que los encañonaron y les ordenaron detenerse. Los militares pidieron refuerzos y rescataron muchas copias intactas de documentos confidenciales del Bloque de Búsqueda que estaban en manos del cártel. Con esa evidencia, les imputaron cargos por espionaje y los arrestaron. Las cámaras de televisión mostraron cuando se los llevaban con las manos esposadas; a todos, menos al ex mayor Mario del Basto. Como cortesía con el antiguo número dos del Batallón Pichincha, lo arrestaron sin la humillación de las esposas.

Esa tarde, en La Muralla, Miguel montó en cólera al recibir la noticia. Pero no por la pérdida del valioso personal de seguridad, sino por el daño que se le había hecho a la reputación de su equipo de fútbol. Aunque todo el mundo sabía que la familia Rodríguez Orejuela era dueña del América, los arrestos en las instalaciones del equipo hacían imposible negar los vínculos.

—¡Es un estúpido... estúpido... estúpido! —decía Miguel una y otra vez—. ¿Cómo pudo ser tan estúpido ese hijueputa?

Jorge nunca lo había visto tan enfurecido. El padrino estaba sorprendido de que hubiera sido tan fácil aprehender a los supuestos expertos en seguridad fuera de guardia, y a plena luz del día.

—¿Acaso tienen mierda en la cabeza, en lugar de cerebro? —bramó.

Forzado a dar su opinión, Jorge no tuvo más remedio que aceptar que le había advertido a Mario que tuviera cuidado. Fue un error, y se dio cuenta de inmediato.

—¡¿Cómo?! ¿Sabías que se iban a reunir allí y no los detuviste? —Miguel la emprendió contra Jorge—. ¡Debiste habérmelo dicho! La cagaste. ¿Te das cuenta?

A Jorge le pareció que era el momento apropiado de excusarse y retirarse. Era posible que este error de Mario eclipsara todos sus aciertos y sus éxitos durante los seis años en los que había protegido a los padrinos y a su familia extensa. Otros empleados del cártel que decepcionaron a los padrinos habían terminado mal, comenzando por el pobre mayor Gómez, el inepto director de Seguridad Hércules, acribillado pocos días después de que Jorge se uniera al cártel. Ahora se trataba de Guillermo Pallomari.

Los dos golpes —el arresto de Gilberto y la detención de Mario y sus hombres— detonaron una serie de llamadas de solidaridad y ofrecimientos de ayuda por parte de aliados leales a Miguel. Uno de ellos era Juan Carlos Ramírez Abadía, más conocido como «Chupeta». A sus treinta y dos años ya había amasado una fortuna de más de mil millones de dólares y se había ganado la reputación de hombre despiadado. Jorge lo consideraba el quinto padrino.

Dos días después del arresto de Mario, Miguel le pidió a Jorge que organizara una reunión con la gente de Chupeta. Acordaron reunirse a las seis de la tarde en las afueras del centro comercial Unicentro. Jorge ocupó el asiento del copiloto, junto al jefe de seguridad de Chupeta. En el asiento trasero iban dos hombres con uniforme de la Policía Nacional. Eran mayores.

—Estamos acá para ayudar en lo que se necesite —dijo el hombre de Chupeta.

Los de atrás también ofrecieron sus servicios. Jorge pensó que esos dos mayores eran otra prueba —si es que la necesitaba— de que nunca podría recurrir a las autoridades colombianas en busca de ayuda o protección.

Empezó a correr el rumor de que algunos de los hombres de Mario culpaban a Jorge del arresto de su jefe. En la cultura del cártel rara vez se aceptaba que algo pudiera ser coincidencia. El hecho de que Mario lo hubiera invitado a la reunión y él no hubiera asistido lo hacía sospechoso ante algunos ojos. En ese ambiente de desconfianza, Jorge recibió un mensaje de Yusti pidiéndole una cita.

Sintió que la paranoia se apoderaba de él, pues conocía bien el patrón. La víctima era citada por alguien conocido. Sin sospechar nada, llegaba al encuentro, y nunca volvía a saberse de ella. Así les había sucedido a Sergio Aguilar y a Rhadamés Trujillo, entre muchos otros. Pero, por otra parte, era posible que Yusti solo quisiera hablar con él sobre Pallomari. Jorge se metió su pistola Walther en el bolsillo... por si acaso.

Acordó encontrarse con Yusti en una zona verde de Ciudad Jardín.* Un quiosco de bambú le permitió esconderse para observar de lejos al sicario, que llegó solo y aparcó su coche en la calle. Era una buena señal que no trajera acompañante ni escolta en moto.

Jorge se mantuvo oculto hasta que Yusti caminó al lugar de encuentro, un puesto de helados en medio del parque, en ese momento lleno de familias y eventuales testigos. Cuando finalmente se convenció de que era seguro, salió de su escondite y fue al encuentro del sicario para discutir el asesinato de Pallomari

* Barrio de clase alta en el sur de Cali. *(N. de la T.)*

mientras se comían un helado. Yusti le preguntó si había logrado conseguir el AR-15.

—Sí. Está en la casa de un amigo —mintió Jorge.

—Qué bien. Vamos por él de una vez.

—Ahora no se puede. Mi amigo está fuera de la ciudad por unos días —mintió de nuevo Jorge.

—Bueno, no importa. Pallomari es un blanco fácil. Pronto caerá.

Mientras Jorge trataba de demorar la misión de Pallomari, la paranoia se iba apoderando del cártel, algo muy peligroso en una comunidad de hombres armados. El arresto de Mario había sido tan sorpresivo que desató miedos irracionales. ¿Acaso formaba parte de un operativo militar estadounidense que era secreto para las autoridades colombianas? ¿Era obra de departamentos en los cuales el cártel no tenía informantes? Durante días, nadie estuvo seguro de a quién o a qué temer. Jorge sugirió que todas las comunicaciones que no fueran de emergencia se realizaran a través de teléfonos públicos o en encuentros personales en lugares seguros.

Mientras tanto, el gobierno colombiano, con apoyo del gobierno estadounidense, lanzó unos anuncios de televisión en los que ofrecía un millón de dólares por pistas que condujeran al arresto de los demás padrinos. Era dinero suficiente para mantener los teléfonos de la policía sonando. Desafortunadamente para muchos soplones, el cártel había intervenido la línea de denuncias, así que algunos murieron antes de que las autoridades pudieran investigar sus pistas.

Jorge y varios empleados de alto rango del cártel fueron convocados para escuchar una grabación en particular. Un hombre afirmaba que trabajaba en el proyecto de una clínica que en ese momento se construía en Cali con dinero del narcotráfico. Jorge no reconoció al hombre, que sin duda colaboraba con José Estrada en la multimillonaria clínica de alta tecnología financiada por los Rodríguez Orejuela.

El hombre también afirmó que se sentía hastiado de ver cómo el crimen organizado destruía a la sociedad colombiana. Había decidido colaborar con las autoridades, agregó, porque no quería que sus hijos crecieran en una sociedad tan corrupta.

—¿Quién es este tipo? —le preguntó Miguel a Estrada en tono exigente.

A finales de junio de 1995, Jorge se encontró con Yusti en un barrio desde el cual podía verse el complejo residencial donde estaba escondido Pallomari. Con renuencia, le había revelado esa información al sicario, pues no podía fingir completa ignorancia sin levantar la sospecha de que estaba ocultando algo. Sin embargo, fingió no saber cuál era el edificio donde se encontraba el contable.

A lo largo de la conversación, Jorge notó a Yusti extrañamente distraído e impaciente. El sicario no formuló ninguna pregunta, asintió a todo lo que Jorge le dijo y no hizo más que mirar su reloj.

—¿Tiene otra cita? —le preguntó Jorge.

Eran casi las doce del día.

—Sí, me temo que sí —respondió Yusti.

Tenía que ir al restaurante El Rancho de Jonás, cerca de allí. Había hecho una reserva para las doce y media y debía ser puntual. Iba a matar a un comensal: el arquitecto de la clínica de Estrada. Al parecer, el informante de la línea de denuncias de la policía había sido identificado. El hombre que no quería que sus hijos crecieran en una sociedad corrupta estaba a punto de dejarlos huérfanos.

«Dios mío, ayúdalo», rezó Jorge en silencio, pero lo que dijo en voz alta sonó como un cumplido a Yusti:

—Usted debe tener muy buena puntería.

—Uso una pistola automática con mira láser —le respondió el otro, sonriendo—. No hay manera de fallar.

No podía quedarse charlando, porque tenía una segunda misión justo después del almuerzo: a las dos de la tarde iba a matar a alguien en una parada de autobús al otro lado de la ciudad.

La orgía de muertes tenía a Yusti muy ocupado como para concentrarse en Pallomari. Y eso era, a pesar de todo, algo bueno, particularmente si tenía en cuenta que Jorge aún no sabía cómo salvar al contable y, por tanto, a sí mismo.

El Dorado en un escritorio

Un efecto secundario del sorprendente arresto de Mario fue el ascenso de Jorge a jefe único de seguridad del cártel. Ninguno de los rumores falsos sobre su posible colaboración en la captura de Mario tuvo acogida entre los padrinos. Así, las filtraciones del Bloque de Búsqueda empezaron a llegar directamente a Jorge. Una tarde, mientras examinaba una lista de redadas planeadas, se encontró con uno que se llevaría a cabo al día siguiente en el complejo residencial donde estaba escondido Pallomari.

Ahora que Jorge estaba decidido a proteger al contable como parte de su propio plan de huida, no podía darse el lujo de permitir que las autoridades colombianas lo apresaran. Estaba seguro de que Pallomari no saldría vivo de la cárcel. El único misterio tras su muerte sería quién lo había encontrado primero: si los padrinos, los policías corruptos o los políticos involucrados con el cártel.

Jorge llegó al apartamento del amigo de Pallomari a las tres de la tarde. El dueño de la casa abrió la puerta y negó que alguien más viviera allí, pero Jorge insistió, cada vez en tono más urgente.

—Es una emergencia. La vida de Guillermo está en peligro.

Pallomari salió, vacilante, de una de las habitaciones del fondo.

—¿Qué estás haciendo acá? —le preguntó a Jorge en tono hosco, sin ningún gesto de hospitalidad.

Jorge le dijo que las autoridades estaban planeando un registro para el día siguiente en algún lugar de la zona. Puesto que no podía saber con certeza en qué casa o apartamento, le sugería que se marchara al menos durante las próximas doce horas. Le ofreció una casa clandestina del cártel donde podía pasar la noche y esperar hasta que se llevara a cabo el operativo. Pallomari dudó. Sus dos hijos, de quince y once años de edad, salieron de la habitación y se detuvieron a su lado. Estaban asustados.

—Tus hijos estarán más seguros si no estás aquí —le dijo Jorge.

Pallomari estuvo de acuerdo. Guardó en la bolsa una muda de ropa y se subió al Mazda 626 plateado de Jorge. En diez minutos llegaron a la casa clandestina, cuyo nombre en clave era «Los Gemelos». Jorge había convertido la más pequeña de dos casas vecinas similares en un puesto de escucha donde se realizaban grabaciones de algunos de los teléfonos intervenidos por el cártel y se guardaban copias de ellas. Solo él tenía acceso rutinario a esa casa. Le aseguró a Pallomari que allí estaría a salvo.

—Volveré en la mañana, después del allanamiento, para llevarte a casa —le dijo antes de salir.

El contable cerró la puerta con seguro en cuanto se fue Jorge.

Las autoridades no registraron el apartamento del amigo de Pallomari. A la mañana siguiente, Jorge fue a Los Gemelos. Nadie le abrió: el contable se había marchado. Pensó que era una buena señal que el hombre no confiara en nadie. Al menos así reducía las probabilidades de caer inocentemente en alguna trampa del cártel.

Jorge tampoco confiaba en Pallomari, al menos no en cuanto a su vida se refería. Por tanto, no se arriesgaría a contarle sobre el plan de asesinato ni acerca de sus esfuerzos por salvarlo. Jorge temía que el contable, desesperado, lo entregara al cártel a cambio de una promesa de perdón por parte de los padrinos. Con facilidad podía imaginarse el resultado: ambos terminarían muertos. Quizá serían otras dos misiones para la apretada agenda cotidiana de César Yusti.

En junio de 1995, el Bloque de Búsqueda realizaba un registro tras otro, gracias a los archivos incautados a Pallomari y a la colaboración de los empleados del cártel en Florida que estaban tras las rejas. Una de las consecuencias inesperadas de estas redadas fue que muchos mandos medios decidieron entregarse a las autoridades. A algunos les parecía intolerable pasar la vida escondiéndose, prófugos de la justicia. Pero Miguel parecía disfrutar su aislamiento forzado, pues le significaba menos distracciones del trabajo. Seguía recibiendo visitas, hablando por teléfono y ocupándose del transporte de droga y efectivo. Evidentemente, no tenía intenciones de entregarse.

Previendo que quizá tendría que mudarse de una casa a otra debido al riesgo de una redada, el padrino sacó copias de sus documentos más importantes, números de teléfonos de los miembros del cártel y listas de amigos. Imprimió el registro de todas las personas que le debían favores a la organización, y qué tipo de favores. Guardó esa información en disquetes y dejó carpetas con copias de los documentos en varias casas de la ciudad, junto con talonarios y otros registros financieros. Sin importar dónde se escondiera, quería tener a la mano todo lo que pudiera necesitar para ejercer influencia política y manejar las operaciones habituales del cártel.

Miguel había vivido tranquilamente en La Muralla casi durante dos años, hasta una mañana de junio de 1995. Ese día Jorge escuchó una conversación en uno de los teléfonos intervenidos del Bloque de Búsqueda, en la que se discutía una redada en esa dirección. Se apresuró a alertar a Miguel, quien de inmediato llamó al capitán Buitrago. El informante le confirmó que sí: el operativo se llevaría a cabo, pero no antes de las tres de la tarde.

El Bloque de Búsqueda siempre cumplía su calendario de trabajo. Miguel tuvo casi cuatro horas para hacer las maletas antes de irse. Se bañó sin prisa, se vistió con sus prendas habituales —pantalones negros y camisa azul— y almorzó.

Cuando llegó el escuadrón del Bloque de Búsqueda, encontró una casa vacía. Solo estaba Carlos, el joven encargado del mantenimiento de la piscina. Al ser interrogado, dijo que los dueños de la casa estaban de viaje por Europa y que tardarían en volver. Ni siquiera los conocía, concluyó. Tras una búsqueda exhaustiva, los oficiales se marcharon con las manos vacías. Sin embargo, Miguel llegó a la conclusión de que esa batida había comprometido la seguridad de su casa y decidió no regresar.

Más tarde, ese mismo día, Jorge escuchó, en uno de los teléfonos intervenidos, a un hombre furioso. Parecía ser el soplón que le había dado al Bloque de Búsqueda la información sobre el paradero de Miguel. Se quejó de que los hombres del escuadrón habían sido lentos premeditadamente y los acusó de incompetentes. No hubo ninguna pista sobre la identidad del hombre.

La nueva residencia del Señor quedaba en un callejón sin salida del barrio Ciudad Jardín. Era propiedad de Salomón Prado, uno de los amigos de infancia de Miguel, quien lo llamaba «Chalo». Como Prado trabajaba en Bogotá, la casa solía permanecer desocupada durante varios meses. Era amplia y cómoda y tenía un enorme jacuzzi. Instalado allí, el padrino pudo retomar sus labores donde las había dejado la noche anterior, supervisando la administración del cártel sin perder un segundo. Pero antes de continuar, quiso saber sobre un escritorio nuevo que se había quedado en La Muralla.

Mateo llamó a Carlos, el joven de la piscina, para que le informara sobre el registro practicado. ¿Qué hicieron los hombres del escuadrón? ¿Qué examinaron? ¿Cuántos eran? ¿En qué partes de la casa estuvieron? En fin, preguntas rutinarias e informales, hasta que Miguel presionó a Mateo para que averiguara sobre el escritorio. Quería saber si había llamado la atención de los oficiales, si lo habían revisado, si lo habían dañado. Carlos respondió que nadie le había prestado atención y que tampoco lo habían abierto.

—Pasó la prueba —exclamó Miguel con entusiasmo, pero Mateo no estaba de ánimo para celebraciones.

Más tarde, a solas con Jorge, se quejó de que ese mueble podía ser un peligro para la seguridad del padrino.

Miguel había encargado la fabricación de un escritorio con madera rojiza, posiblemente cerezo, con un compartimento secreto de diez o doce centímetros dentro de la tapa. Allí había guardado una carpeta con la información más delicada del cártel: cheques anulados, copias impresas por ordenador, disquetes; un tesoro de datos que documentaba los pagos a toda la nómina del cártel. Mateo llamaba a esa carpeta la «Petición de rescate» de Miguel. Si a alguien se le olvidaban los favores que le debía a la familia Rodríguez Orejuela, Miguel se los recordaría. Le gustaba tener a la mano las pruebas suficientes a tal efecto. Genaro Ángel, el carpintero del cártel, había diseñado y construido el escritorio y lo había llevado a La Muralla apenas una semana antes del registro. Muy pocos sabían de su existencia, y Miguel planeaba cargarlo consigo a donde tuviera que mudarse.

—Me temo que el Señor se está portando como un estúpido en esto —le dijo Mateo a Jorge.

Pensaba que era un riesgo innecesario guardar todos esos archivos en un solo lugar, y tan cerca del padrino. Al parecer, quería que Jorge le ayudara a convencer a Miguel de ese hecho. Jorge, que estaba de acuerdo con la opinión de Mateo, le dijo que iba a tratar de hablar con el padrino, pero al final decidió no hacerlo. Si Miguel quería que el escritorio fuera un secreto para todos, era mejor dejar las cosas así. El secreto de Miguel sería también el secreto de Jorge.

Para él era evidente que el escritorio rojo de Miguel era un tesoro de inteligencia, el sueño dorado de los fiscales de Bogotá y de Miami. Era como tener, en el mismo lugar, el tesoro de El Dorado, el tesoro de la Sierra Madre y el tesoro de Moctezuma. En las manos correctas, ese escritorio y su contenido podían destruir el cártel de Cali.

Aunque muy cómoda, la casa de Chalo en Ciudad Jardín siempre había sido considerada una residencia temporal para Miguel. Como el padrino no la había visitado antes, era muy improbable que las autoridades lo relacionaran con esa dirección. De hecho, se sentía tan seguro allí que llamó a una de sus esposas para que se quedara con él.

En ese momento, Miguel estaba tratando de abrir canales secretos de negociación con funcionarios públicos no identificados utilizando como intermediario a Bernardo Hoyos, un ex sacerdote de izquierda. Hasta hacía poco, Hoyos había desempeñado el cargo de alcalde de Barranquilla y era un personaje polémico que tenía vínculos con varias causas radicales. Miguel quería el respaldo de los aliados políticos de Hoyos, y una tarde lo invitó a la casa de Chalo. Las autoridades lo siguieron hasta allá.

Agentes de la DEA habían descubierto hacía tiempo las conversaciones entre Hoyos y el padrino, y decidieron mantener al activista de izquierda bajo vigilancia cada vez que fuera a Cali. Así, dieron con la casa en la calle cerrada.

A la mañana siguiente de la visita de Hoyos, Jorge acababa de despertarse cuando los vidrios de su casa temblaron por el ruido de las hélices de un helicóptero de la Policía Nacional que pasaba volando bajo. Él vivía a unos cinco minutos en coche de la casa de Chalo y temió que se avecinara un nuevo registro.

Se vistió deprisa y se dirigió hacia el escondite. Un momento después, vio que el helicóptero permanecía suspendido ruidosamente sobre la casa de Chalo. Pudo contar, en un solar detrás de la casa, al menos a diez policías en uniforme, apostados allí para impedir una fuga. Decidió ordenar a su equipo de guardaespaldas que se retirara de la zona de inmediato. Si las autoridades notaban su presencia, eso les confirmaría que Miguel estaba cerca.

Jorge no pudo acercarse lo suficiente para ver una camioneta de la policía con vidrios tintados que había aparcado frente a la casa. Desde allí, los agentes Chris Feistl y Dave Mitchell observaban la acción y escuchaban los informes radiados de los oficiales dentro de la casa. Debido a que se quería disimular tanto como fuera posible la participación de Estados Unidos en todas aquellas redadas, solo se permitió que Jerry Salameh formara parte del operativo. El agente estadounidense de ascendencia palestina tenía el pelo oscuro y era de complexión trigueña. Parecía colombiano.

El escuadrón solo encontró en la casa a Martha Lucía, a una empleada del servicio doméstico y a Carlos Millán, el chófer que durante esos días reemplazaba a Mateo y a Fercho, que estaban descansando. La presencia de la esposa de Miguel y de un hombre del que se sabía era empleado del cártel aumentó las expectativas, pero después de casi dos horas de registrar cada rincón de la casa, sin encontrar ningún rastro del padrino, los oficiales supusieron que había sido alertado de las redadas y había tenido tiempo de huir. Cuando el escuadrón de la policía se marchó, los medios de comunicación locales ya estaban acampando afuera de la casa. No había manera de esconderse. La primera página de *El Tiempo* del día siguiente reproducía una foto del agente Salameh en la puerta.

Un poco antes del mediodía, Mateo llamó a Jorge al busca. El padrino necesitaba que lo rescataran. Jorge condujo hasta la casa de Chalo y se hizo pasar por un amigo de Martha Lucía que venía a acompañarla. Metió el coche en el garaje y cerró la puerta tras de sí.

Miguel estaba con un ánimo amargo. Estaba a punto de mudarse a la casa de otra mujer, lo que había enfriado las cosas con Martha Lucía. Además, las dos horas que duró el operativo de la policía las había pasado escondido en un estrecho espacio debajo del jacuzzi, al lado de la tubería y del sistema de calefacción. Era bastante claustrofóbico y ese confinamiento había sido un verdadero martirio. Se dirigió al garaje con Jorge, quien abrió el maletero de su Mazda 626. El padrino vaciló antes de dejarse encerrar en otro espacio reducido.

—Son solo cinco minutos —le aseguró Jorge.

El amor en tiempos de crisis

Las redadas que habían obligado a Miguel a mudarse de residencia dos veces en cuestión de días representaron un gran beneficio para su jefe de seguridad: Jorge pudo posponer la misión de buscar y matar a Pallomari, lo que le dio algún alivio. Lo disfrutó mientras pudo. Una mañana se encontró con Darío, su segundo al cargo.

—Hola, Richard —lo saludó el joven con un alegre tono conspirativo—. ¿Sabes a quién van a matar? —Jorge se encogió de hombros y esperó la respuesta en silencio—. A Pallomari, pero no solo a él: ¡también a su esposa!

—¿Qué? —Jorge fingió sorpresa con respecto a Pallomari, pero su consternación al enterarse de que también querían matar a Patricia era genuina—. ¿Cómo lo sabes?

—William me lo contó. Me dijo que Pallomari es peligroso, que habla demasiado.

Jorge no mencionó nada sobre su participación en el plan; al parecer, Darío no sabía esa parte de la historia. Lo presionó para confirmar cuánto de aquella misión secreta se había filtrado.

—Puedo entender que quieran matar al contable. Recuerdo que hubo un problema después de su arresto el año pasado. Pero ¿por qué a la esposa?

—Imagínate todo lo que sabe —respondió Darío, como si fuera obvio.

Jorge se sintió ansioso. Tenía que suponer que el círculo próximo de William sabía cosas sobre Pallomari; además, le preocupaba que sus tácticas de dilación estuvieran surtiendo tanto efecto. Tal vez no le habían contado a Darío que Jorge era el encargado de la misión porque se la habían dado a alguien más, quizá a alguno de los amigos de William. Eso sería un desastre. Era absurdo: Jorge solo podía proteger al contable si estaba al cargo de la misión de asesinarlo. En cuanto se quedó solo, llamó a Yusti para pedirle que se vieran.

También era urgente que Jorge se pusiera en contacto con las autoridades estadounidenses. Parecía inevitable ir a la embajada en Bogotá, por lo que consideró varios disfraces: sombreros, bufandas; tal vez algo más radical, como afeitarse la barba. La espera no iba a mantener a Pallomari con vida indefinidamente. Casi de inmediato, sin embargo, las prioridades cambiaron de nuevo y Yusti desapareció, al parecer en una misión fuera de la ciudad. Jorge no hizo ninguna pregunta, pero se imaginó que su buena suerte significaba la tragedia de alguien más.

La nueva residencia secreta de Miguel era el hogar de una bella y joven viuda: Claudia Escobar, la mujer de Claudio Endo, el narcotraficante a quien el Gamín y sus vengativos hombres habían acribillado en su finca. Su hija había cumplido cinco años y Miguel se había convertido en una figura paterna para ella. Solo Jorge, Mateo y Fercho sabían que el Señor se estaba escondiendo allí.

Por esos días, Jorge se convirtió en el celestino de Miguel. A petición suya, hizo los preparativos para que Claudia se sometiera a una liposucción. Como el padrino no podía arriesgarse a visitarla en la clínica, era Jorge quien le llevaba flores y le transmitía los buenos deseos de su jefe. Cuando Claudia se recuperó lo suficiente como para viajar en coche, Miguel le pidió a Jorge que les sirviera de chófer en la búsqueda de una propiedad: quería comprarles, a Claudia y a su hija, una finca o una casa de recreo.

Durante la visita a una propiedad, Jorge encontró a Miguel a gatas, sirviéndole de caballito a la hija de Claudia, que no paraba de reírse. Para un jefe tan dolorosamente solemne, resultaba vergonzoso ser visto en una situación tan poco digna. El ceño fruncido del padrino le hizo entender a Jorge que no debía contarle ni una palabra a nadie de lo que acababa de ver. Lo único que atinó a hacer fue retroceder rápidamente y dejar a la pequeña familia en su privacidad.

El amor entre Miguel y Claudia había ido creciendo desde los días posteriores a la muerte de Endo. A Jorge le parecía que ella tenía un efecto tranquilizador sobre el Señor, quien la trataba casi con veneración. Claudia y todo el mundo sabían que a su marido lo había matado gente del cártel, pero Jorge dudaba de que ella supiera que Miguel había aprobado la ejecución.

Su primer contacto se dio a través de un intermediario. Los sicarios que mataron a Endo se habían llevado de la finca las joyas que encontraron en la habitación de Claudia, algunas de las cuales tenían gran valor sentimental para ella. Después de que el intermediario hizo lo suyo, Miguel se encargó de que las joyas volvieran a su dueña. Más adelante, cuando se conocieron, el padrino de cincuenta y un años se enamoró de ella perdidamente, como un adolescente, según decía Jorge. Además, se convirtió en su defensor furibundo; cuando los hermanos del muerto trataron de reclamar posesión sobre las propiedades de este, Miguel intervino para asegurarse de que los derechos de Claudia fueran respetados. Como era de esperar, la familia Endo se asustó y desistió de cualquier pretensión.

La estancia de Miguel en casa de Claudia duró apenas unas dos semanas, pero le dio un respiro en su trabajo; como una especie de vacaciones forzadas. Mientras tanto, estaba acondicionando la siguiente residencia clandestina, en el barrio Santa Rita. Se trataba de un apartamento donde había vivido Memo Lara. Antes de que el padrino pudiera mudarse allí, había que adecuarlo para satisfacer las exigencias del negocio. Como primera medida, debía construirse un compartimento secreto, lo que en Colombia se llama «caleta», donde Miguel pudiera esconderse en caso de necesidad. «Tanga» Vélez, hermano del Pecoso, fue uno de los instaladores.

—He estado trabajando día y noche en las caletas. Son una belleza —había alardeado Tanga frente a Jorge poco antes.

Le contó que la caleta del antiguo apartamento de Memo era particularmente ingeniosa: estaba escondida detrás de la pared de un pequeño baño que daba a la sala.

También se estaba instalando cableado en el apartamento para ampliar la cobertura telefónica. Las operaciones diarias del cártel requerían un conmutador con varias líneas, que permitiera realizar teleconferencias y reproducir música mientras había una llamada en espera, además de otras funciones que no eran de uso habitual en Colombia en aquella época. Miguel insistía en que los equipos de sus casas fueran de la marca Panasonic. Quienes lo esperaban en la línea siempre escuchaban «The Entertainer», la melodía de la película *El golpe*,* compuesta por Scott Joplin.

La instalación de las líneas telefónicas se le encargó a Carlos Espinosa, ejecutivo de una empresa caleña de teléfonos, a quien apodaban «Pinchadito». El hombre, uno de los empleados de más confianza en el cártel, usaba zapatos blancos, un Rolex de oro y agua de colonia importada. Jorge consideraba que, gracias a Pinchadito, Miguel siempre estaba un paso por delante del Bloque de Búsqueda, pues el técnico se aseguraba de que sus líneas estuvieran direccionadas a través de un dispositivo de *router* que hacía imposible el rastreo. Para el gobierno colombiano, al igual que para la DEA y la CIA, los teléfonos de Miguel siempre estaban en algún edificio del centro de la ciudad, a muchos kilómetros de distancia de su verdadera ubicación.

Teniendo en cuenta que la residencia de Claudia no tenía caleta ni sistema telefónico especial, solo era segura para Miguel en la medida en que nadie lo viera entrando o saliendo. El padrino se había visto obligado a delegar el manejo del cártel a otras personas durante varios días debido a las limitaciones del lugar. Proba-

---

* *The Sting*. (N. de la T.)

blemente en cualquier otra parte se hubiera sentido cada vez más ansioso o frustrado, pero en compañía de Claudia siempre estaba relajado y contento. Jorge no recordaba haberlo visto así durante los seis años y medio que llevaba trabajando para él. Pero los días felices y despreocupados duraron poco.

El área de inteligencia del cártel sufrió un duro golpe en aquellos días: el sargento Valencia fue despedido del Bloque de Búsqueda tras fallar en una prueba con el detector de mentiras, cuyo uso se había vuelto rutinario para detectar filtraciones. Con el despido de Valencia, el capitán Buitrago era el único informante que le quedaba al cártel dentro del Bloque.

De inmediato, el cártel contrató a Valencia a tiempo completo; Miguel le dijo a Jorge que lo colocara donde mejor pudiera servir a la organización. Sin embargo, no había muchas opciones. El sargento había salido de las fuerzas armadas tan desacreditado que sus colegas lo rehuían completamente, por lo que no volvió a tener acceso a información útil para el cártel. De hecho, se convirtió en un rival para Jorge; trataba de llamar la atención de Miguel para que lo nombrara consejero de inteligencia.

Mientras tanto, otros mandos medios del cártel decidieron entregarse a las autoridades y los padrinos decidieron suspender sus reuniones habituales, pues eran muy arriesgadas. Chepe Santacruz se mudó a Bogotá, con la esperanza de disfrutar del anonimato que brinda una ciudad más grande. Sin embargo, su gusto por la comida lo sacó de su aislamiento el 4 de julio de 1995, cuando decidió ir a cenar al restaurante Carbón de Palo, en las proximidades de su escondite. Alguien lo reconoció y avisó a las autoridades, que llegaron antes de que el padrino pudiera pagar la cuenta.

Mientras los fuegos artificiales del Cuatro de Julio iluminaban el cielo de Estados Unidos, los agentes de la DEA en la embajada de Bogotá celebraban que la mitad de la cúpula del cártel de Cali ya estuviera tras las rejas. Pero el jefe supremo, Miguel, seguía siéndoles esquivo. Era el principal objetivo.

En julio de 1995, los agentes Feistl y Mitchell cumplieron su primer aniversario en Colombia. Durante ese año habían formado un equipo fidedigno de informantes confidenciales y habían aprendido a moverse por Cali, tanto geográfica como políticamente, pero aún no le habían dado ningún golpe de importancia a la organización criminal que se suponía debían desmantelar. Entonces decidieron pedir ayuda a sus colegas del operativo Piedra Angular en Miami.

El agente de aduanas, Eddie Kacerosky, tenía varios testigos dispuestos a colaborar, incluidos antiguos empleados del cártel en el sur de Florida que habían sido arrestados. Puesto que el mundo de los investigadores del crimen organizado en Estados Unidos está terriblemente politizado, la competencia entre las agencias del gobierno —el Servicio de Aduanas y la DEA; el FBI, la CIA e Inmigración— con mucha frecuencia impide la colaboración entre ellas. Pero hay excepciones, cuando la relación personal entre funcionarios de diferentes agencias permite salvar el abismo burocrático. Feistl y Kacerosky eran un ejemplo. Habían trabajado juntos en varios casos en Florida, tenían una buena relación y se respetaban mutuamente.

Feistl fue quien dio el primer paso y le preguntó a Kacerosky si podía pedir a sus testigos que elaboraran una lista de las personas más cercanas a Miguel en Cali. Él y Mitchell podrían seguirles la pista quizá hasta llegar al padrino.

A los pocos días, Kacerosky le envió una lista medio en clave que tenía dos partes: «Mejores pistas para encontrar a Mickey» y «Mickey en Disneylandia: mejores lugares». Eran siete páginas manuscritas, tamaño legal, con nombres y direcciones dispuestos en orden de relevancia. Contenían unos cuantos mapas garabateados.

El número uno de la lista de Eddie era Mateo, «el chófer que Mickey usa con mayor frecuencia». La entrada incluía la dirección de una empresa maderera de su propiedad y describía al hombre en detalle: «El número de su busca es 671771, código 067. Mide aproximadamente 1,67 metros, pesa unos 70 kilogramos, tiene el pelo y el bigote negros. Está entre los treinta y los cuarenta años y le gustan las gafas de sol. Casi siempre conduce sedanes con los vidrios tintados, que son propiedad de Mickey. Es de tez clara y pelo liso. Según aproximadamente seis fuentes, se cruza con Mickey entre tres y cuatro veces al día».

De inmediato, Feistl y Mitchell comenzaron a seguirle la pista a Mateo, pero su entusiasmo inicial pronto se convirtió en una profunda decepción. Lo siguieron durante días, de su casa a su oficina y a todas partes, pero el hombre nunca estuvo siquiera cerca de Miguel. Lo que los agentes de la DEA no sabían en ese momento era que Mateo tenía algunos días libres y era Fercho Castillo quien hacía el turno.

Feistl y Mitchell todavía seguían a Mateo una mañana de julio, cuando Jorge encontró en el diario *El Tiempo* una pequeña nota que le llamó la atención. La historia se originaba en Miami e informaba de que los abogados estadounidenses del cártel se enfrentaban a cargos por conspiración y chantaje. La noticia mencionaba brevemente que Joel Rosenthal había eludido los cargos más serios, pero se había declarado culpable de un delito grave. Por lo que había aprendido sobre las leyes estadounidenses, Jorge supo de inmediato que eso era algo devastador para alguien con una carrera como la de Rosenthal, que había trabajado para el gobierno tanto tiempo.

Sin embargo, la noticia consiguió que Jorge se entusiasmara como hacía mucho tiempo no lo hacía. Leyó y releyó las líneas que hablaban sobre Rosenthal, casi sin poder creer su buena fortuna. Su amigo estaba en tal lío legal que Jorge no pudo menos que dar gracias a Dios. Era exactamente la respuesta a sus oraciones.

¿Quién es Pallomari?

Jorge se alegró de poder abandonar sus planes de afeitarse la barba. Después de todo, no tendría que hacer fila afuera de la embajada estadounidense en Bogotá, exponiéndose y tratando de pasar inadvertido con un disfraz. Tampoco iba a tener que llamar a la CIA de nuevo ni aguantar que lo trataran como a un loco de remate. Y tampoco iba a necesitar la asistencia de una telefonista internacional, pues tenía el teléfono de Rosenthal.

Dejó a un lado el periódico que estaba leyendo y se dirigió inmediatamente a una sucursal de Telecom que quedaba cerca de su casa. Alrededor de las diez de la mañana, estaba en una cabina telefónica llamando a Miami.

Ninguna llamada que hubiera hecho antes había estado tan cargada de posibles consecuencias de vida o muerte. Jorge pensó que era el primer paso para salvar a Pallomari, pero también un gran paso hacia el punto de no retorno, que podía tener dos finales: la huida del cártel o una bala en la cabeza. Si esta fuera una mano de póquer, Jorge estaría apostándolo todo.

El teléfono sonaba a 2.500 kilómetros de distancia; Jorge esperaba escuchar en cualquier momento la voz siempre alegre de la secretaria de Rosenthal. Sin embargo, al cabo de varios tonos respondió un contestador automático, anunciando que la oficina del abogado estaba cerrada. Jorge tuvo que pensar rápido, pues no había considerado la posibilidad de tener que dejar un mensaje de voz. Si decidía dejarlo, tendría que ser lo suficientemente ambiguo como para que fuera seguro, sin importar quién lo recibiera, pero lo bastante directo para que Rosenthal lo entendiera con claridad. El último *bip* le indicó a Jorge que podía empezar a hablar. «Hola, Joel —saludó en inglés—. Es Jorge, llamando desde Cali. Siento mucho lo que ha pasado y quería que supieras que estoy de tu lado. Si hay algo en lo que pueda ayudarte, como nos hemos ayudado en el pasado, por favor, házmelo saber. Cuenta conmigo.» A continuación dejó el número de un busca y colgó, pensando que probablemente Rosenthal tardaría un día o más revisar sus mensajes. Apenas una hora después, el busca empezó a sonar. Mostraba en la pantalla un número desconocido de Miami.

En la misma oficina telefónica, cerca a Unicentro, Jorge marcó ese número. Joel Rosenthal contestó. Se saludaron con calidez y cada uno agradeció al otro por haber devuelto la llamada. Jorge le preguntó a Joel si había algo que pudiera hacer por él bajo la Regla 35 de las Reglas Federales de Procedimiento Penal, es decir, la que contempla una reducción de pena por colaboración con la justicia. Había aprendido sobre ella cuando trabajó con el abogado en el caso Noriega.

—Gracias, Jorge —le dijo Rosenthal—. Puedes ayudarme muchísimo, de hecho. Estoy aquí con el agente Kacerosky, que quiere hablar contigo.

La llamada de Jorge fue increíblemente oportuna. Una coincidencia extraordinaria.

Jorge ya había llamado la atención de las autoridades estadounidenses, más que nada gracias a Rosenthal. El abogado le había dicho a Kacerosky que Jorge era un candidato a desertar del cártel si se le abordaba de manera apropiada. De hecho, se había ofrecido personalmente a establecer ese primer contacto, a cambio de que le rebajaran la pena.

En la lista de siete páginas de Kacerosky, Jorge ocupaba el tercer lugar: «Jorge Salcedo, avenida Cascajal número 28-32». No era su dirección actual, pero sin duda se referían a él. La nota de Kacerosky decía: «Una vez que reciban esta lista y la hagan circular, llámenme para que hablemos de Salcedo. Creo que existe la posibilidad de que lo convenzamos de que nos ayude a ubicar a Mickey, con la colaboración de un amigo suyo acá a quien ya tenemos identificado. Llámenme antes de hacer nada. Por supuesto, el amigo de Salcedo va a insistir, amparándose en la Regla 35».

Cuando Kacerosky se refería al amigo de Jorge, hablaba de Rosenthal. Era casi como si Jorge y Joel hubieran estado desayunando en el Intercontinental en lugar de haber estado tramando planes en dos países diferentes. Cada uno veía al otro como su salvación, pero aún había que sellar el trato, y para ello Kacerosky era la clave.

El agente tomó el teléfono, saludó a Jorge en español y de inmediato le dio un par de bofetones verbales.

—Qué bueno que llamó, señor Salcedo, porque me temo que está en graves problemas. —Tras tomar a Jorge por sorpresa, continuó la ofensiva—. Estaba a punto de levantarle cargos... Tengo la información de su cuenta bancaria... Pero puede haber una manera para que usted se ayude: quiero a Miguel Rodríguez Orejuela.

Kacerosky se había excedido innecesariamente. Jorge esperó a que hiciera una pausa para respirar y lo interrumpió con cortesía.

—No tengo cuenta bancaria y puedo entregarle a Miguel cualquier día —le respondió en inglés.

—¿Sabe dónde está en este momento? —preguntó Kacerosky, de nuevo en español.

—Sí, sé dónde está —respondió Jorge en inglés—. Y sé dónde va a dormir esta noche y mañana y todas las noches, pero no tenemos tiempo para eso. Primero tiene que salvar a Pallomari. Van a matarlo.

La línea quedó en silencio unos momentos, hasta que por fin el agente preguntó:

—¿Quién es Pallomari?

Jorge necesitaba un teléfono seguro al que los agentes estadounidenses lo pudieran llamar. Kacerosky le había jurado que eran de toda confianza, pero Jorge albergaba sus dudas, pues dependían de la embajada y en incontables ocasiones había escuchado alardear a los padrinos sobre los espías que tenían infiltrados allí. De hecho, Jorge albergaba dudas sobre muchísimas cosas. Le preocupaba que los agentes estadounidenses no entendieran realmente la urgencia de la situación, y todavía le molestaba haber tenido que explicarle a Kacerosky quién era Pallomari y cuál era su importancia. Ya era muy atemorizante formar una alianza con extraños en cuyas manos tendría que poner su vida. Albergaba la esperanza de que los agentes de la DEA en Bogotá estuvieran mejor informados. Por lo menos cumplían una de sus exigencias: no eran colombianos.

Antes de acceder a reunirse con cualquier persona, Jorge le dijo a Kacerosky que no confiaba en nadie en Colombia: ni en la policía, ni en el ejército, ni en el presidente, ni en el general Serrano. Con mucha frecuencia, incluso quienes no eran corruptos estaban rodeados de amigos, compañeros o familiares que trabajaban para el cártel. Por esa razón nadie podía conocer su verdadera identidad, ni siquiera otros funcionarios de la embajada. Jorge, además, insistió en otra condición: no quería reunirse con nadie que pareciera colombiano; Kacerosky tendría que mandarle agentes que correspondieran al estereotipo del estadounidense. El hombre le aseguró que tenía a las personas idóneas. Le dijo que ya estaban en Cali y que podrían llamarlo a cualquier número que él considerara seguro para acordar una cita.

Jorge le pidió ayuda a Lena. Le dijo que necesitaba un teléfono privado en el que pudiera recibir una llamada muy importante, pero no entró en detalles. Ella sugirió el de su salón de belleza, que quedaba a pocos minutos en coche desde la casa. La dueña era su amiga. Para pedirle el favor, le dijeron que el teléfono se les había dañado. Lena no le hizo ninguna pregunta a Jorge. La llamada que él esperaba entró un poco después de las doce del día.

—Soy el amigo de Eddie Kacerosky que quedó de llamarte —al otro lado de la línea, Jorge escuchó una voz de hombre que sonaba joven—. ¿Cuándo nos podemos ver?

—Cuanto antes, mejor —respondió Jorge—. Sugiero que nos veamos en las afueras de la ciudad.

Jorge le explicó cómo llegar al Centro Internacional de Agricultura Tropical (CIAT), una granja experimental que contaba con el apoyo de la ONU. Estaba cerca del aeropuerto, es decir, a media hora en coche desde el centro de Cali. El equipo de científicos y especialistas que trabajaban en el CIAT provenían de muchas partes del mundo, por lo que dos norteamericanos rubios no atraerían la atención. Además, las carreteras largas y rectas de la zona facilitaban comprobar si alguien los estaba siguiendo o vigilando. Jorge y los agentes de la DEA todavía no confiaban mutuamente. A Jorge le preocupaba que lo pusieran en evidencia, aunque fuera sin intención, y a los agentes les preocupaba que todo fuera una trampa del cártel.

Cuando Jorge llegó al punto de encuentro acordado, a un kilómetro de la entrada principal del CIAT, los agentes lo estaban esperando dentro de un Chevrolet Sprint blanco aparcado junto a un cañamelar. Habían llegado temprano para reconocer la zona y diseñar un plan de retirada y contraataque, por si el encuentro resultaba ser una emboscada. Jorge se paró varios metros por delante del Sprint para dar oportunidad a los agentes de que lo vieran bien. Iba solo y no estaba armado. Se bajó del coche y caminó hacia los hombres con las manos a la vista y su documento de identidad en una de ellas.

En el coche blanco, Chris Feistl estaba sentado detrás del volante y David Mitchell permanecía en el asiento trasero, inclinado hacia delante para ver bien a Jorge mientras se acercaba.

—Este tipo me recuerda a alguien —le dijo Feistl a su compañero.

—Sí, es cierto. Se parece muchísimo a Sean Connery, el actor —le respondió Mitchell.

Jorge abrió la puerta del vehículo, se agachó y se dejó caer en el asiento del copiloto, mientras examinaba a sus nuevos compañeros y se hacían las presentaciones pertinentes. Su primera impresión fue que los agentes parecían un poco nerviosos. Al principio pasaron más tiempo mirando por los espejos y escrutando la carretera, que tomando nota de lo que Jorge les estaba diciendo. Pero Kacerosky había tenido razón en una cosa al menos: eran rubios, de ojos azules, y no parecían colombianos en lo más mínimo. Al igual que Jorge, ambos medían más de metro ochenta y eran anchos de hombros. Los tres hombres casi colmaban por completo el pequeño utilitario. Feistl mantuvo el aire acondicionado encendido todo el tiempo.

Desde atrás, Mitchell hizo la primera pregunta:

—¿Es cierto que nos puede entregar a Miguel Rodríguez Orejuela?

—Sí, por supuesto —respondió Jorge.

—¿Cómo es posible? —preguntó Mitchell de nuevo, esta vez en tono exigente.

—Porque soy su jefe de seguridad —contestó Jorge llanamente—. Pueden tener a Miguel cuando quieran, pero primero hay que salvar a Pallomari, antes de que lo maten.

—¿Quién es Pallomari?

Aparte del hecho de que Kacerosky y los agentes de la DEA parecían no entender la importancia de Pallomari en el cártel —algo que a Jorge le pareció alarmante—, en términos generales se sintió impresionado por los estadounidenses. Eran hombres de acción, lo que le gustaba, y además estaban más allá de la influencia corruptora del cártel. Eso era lo que más le gustaba. También sintió que los dos parecían sinceros, bien dispuestos y decididos, características que aplacaron sus temores.

—Estoy poniendo mi vida en sus manos —les dijo—. Y no solo la mía sino la de mi familia.

La reunión duró más de dos horas, durante las cuales abordaron muchos temas. Jorge les habló de los procedimientos de seguridad del cártel, las caletas, los vigías que patrullaban los barrios, el sistema de alerta por radioteléfono, es decir, de todas las razones por las cuales sería difícil capturar a Miguel. También les dijo que no confiaran en nadie del Bloque de Búsqueda y les explicó qué tenían que buscar en las redadas para confirmar si Miguel estaba en ese lugar: equipos telefónicos de la marca Panasonic, ciertos alimentos que el padrino consumía por la hipoglucemia, un Mazda 626 aparcado en el garaje. Después les contó sobre Pallomari.

En repetidas ocasiones, los dos agentes lo interrumpieron para formularle la misma pregunta de diferentes maneras: «¿Por qué está haciendo esto?». Jorge les respondió que había empezado a trabajar para el cártel con la misión de detener a Pablo Escobar, pero que ahora le estaban pidiendo cosas que sencillamente no podía hacer. También les dijo que estaba harto de la violencia y la corrupción que veía a su alrededor.

—Soy ingeniero. No pertenezco a este mundo, pero estoy atrapado en él.

Feistl y Mitchell lo interrogaron con gran detenimiento, tratando de cubrir todos los temas y manteniendo un sano escepticismo. Pero unos veinte minutos después de haber empezado el maratoniano cuestionario, se dieron cuenta de que Jorge Salcedo era un valiosísimo hallazgo. Tras un año de esfuerzos titánicos por conseguir cualquier pista sobre el paradero del padrino, ahora se les ofrecía la llave virtual de la casa de Miguel. Jorge hablaba despacio; era franco, directo y muy convincente. Todo lo que les dijo parecía ser verdad. Era información incalculable de inteligencia.

Los agentes querían actuar con presteza, apresar a Miguel ya y encargarse de Pallomari después. Jorge accedió a seguir ese orden. El primer reto era descubrir exactamente dónde se encontraba el padrino. Jorge sabía que estaba en Colinas de Santa Rita, un elegante edificio de unas ocho plantas cerca del río Cali. Su primera misión como agente encubierto de la DEA fue ubicar exactamente en qué apartamento se escondía.

Los tres estuvieron de acuerdo en comunicarse por medio de buscas. Dejarían números de teléfono en clave cada vez que necesitaran hablar o acordar una cita. El código era sencillo pero eficaz: restarle un número a cada uno de los dígitos del teléfono que dejaran en el busca. Por ejemplo, si Jorge les enviaba a los agentes el teléfono 5673456, quería decir que lo llamaran al 4562345. A Jorge le gustó el cuidado y la preocupación por la seguridad que demostraban los dos hombres; a medida que la reunión avanzaba, se sentía más confiado. Cuando se despidieron, ya los llamaba Chris y Dave.

Por supuesto, los agentes no podían referirse a Jorge por su nombre real o por el nombre clave de Richard con el cual se le conocía en el cártel. Para evitar cualquier equivocación accidental, le dieron un nuevo nombre a su nuevo informante encubierto: «Sean», por Sean Connery.

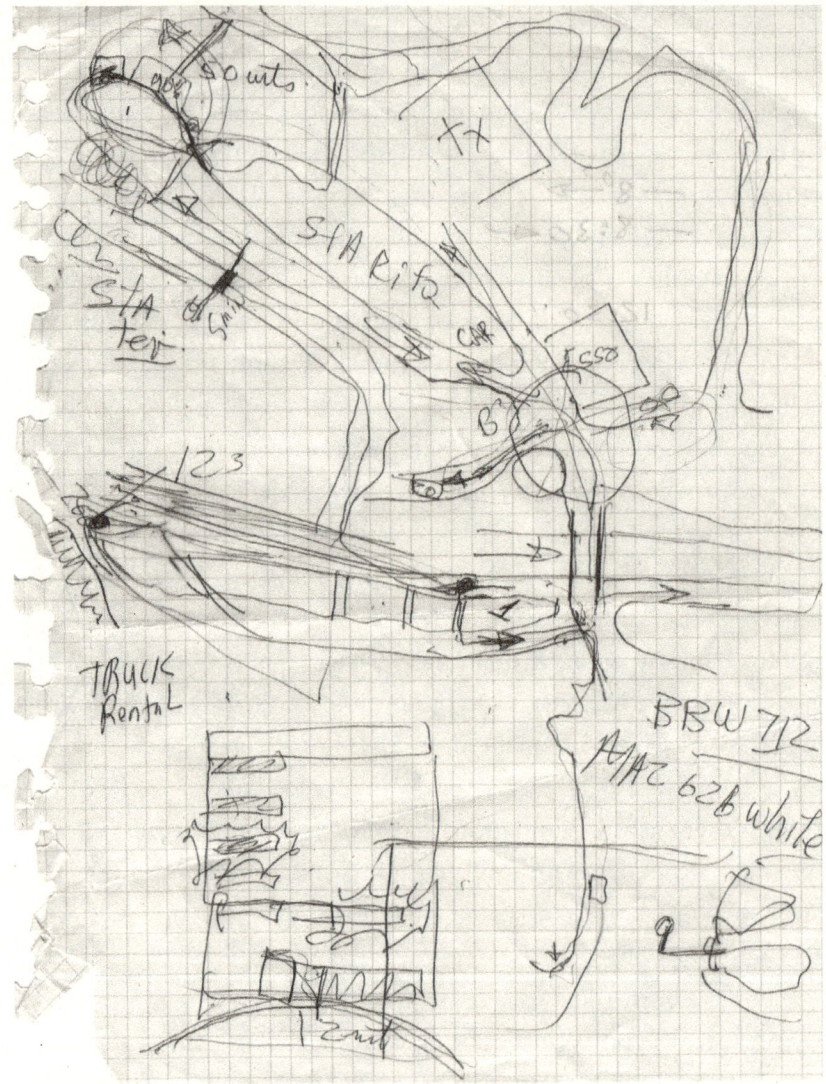

Durante su primera reunión con los agentes de la DEA, Jorge Salcedo elaboró un bosquejo del barrio Santa Rita, donde se estaba escondiendo Miguel Rodríguez Orejuela. Su lugar de residencia era un edificio de seis u ocho plantas que aparece dentro de un círculo en la esquina superior izquierda del mapa. También aparece dibujado en la parte inferior. En ese momento, Jorge no sabía si Miguel estaba viviendo en el segundo o en el cuarto piso, por lo que resaltó ambos. También apuntó la placa de un Mazda blanco que confirmaría la presencia del padrino. Asimismo, encerró en un círculo una intersección justo al otro lado del río Cali, donde estarían apostados los vigías del cártel, según les advirtió a los agentes antinarcóticos. (Este mapa procede de los archivos de la DEA.)

Ya vienen

Incluso a las tres de la mañana, las noches caleñas son tibias y húmedas en julio. Jorge se habría sentido incómodo en circunstancias normales, y estar escondido en las sombras acechando al jefe criminal más peligroso del mundo era todo menos una circunstancia normal. Hasta la noche anterior había estado trabajando para el capo, y todavía lo estaba... pero de una manera muy complicada y peligrosa. Desde una colina cercana, Jorge había estado vigilando el edificio Colinas de Santa Rita, observando cómo se apagaban las luces, una por una. Al menos una de las ventanas correspondía al escondite de Miguel.

Jorge sabía que al padrino le gustaba trabajar hasta muy tarde casi todas las noches, al menos hasta las tres o las cuatro de la madrugada. Antes de que el padrino se viera obligado a abandonar su casa favorita un mes atrás, Jorge solía quedarse con él pasada la medianoche. Pero los visitantes que solía traer y llevar —políticos, amigos, a veces periodistas— ya no eran bienvenidos.

Miguel se había convertido en un fugitivo y lo estaban cazando tan agresivamente que no podía permitir que nadie supiera con exactitud dónde pasaba las noches. Ni siquiera Jorge, que sabía cuál era el edificio, pero no el apartamento; ni siquiera los hombres de Jorge que custodiaban la zona: ellos solo sabían que el padrino se encontraba en algún lugar del barrio y estaban apostados a unas seis calles del edificio. A mediados de julio de 1995, era tal la paranoia que reinaba en el cártel de Cali que el padrino dormía escondiéndose incluso de su jefe de seguridad.

Ahora que trabajaba como informante de la DEA, Jorge había pasado a formar parte del grupo de empleados del cártel de Cali que guardaban algún secreto. Y él estaba custodiando un secreto no solo de sus colegas del cártel, sino de su familia también. Se decía que era mejor para su esposa y para sus hijos que no supieran nada, al menos por ahora, aunque eso significara que él solo tenía que cargar con el peso de comportarse normalmente mientras tomaba decisiones de vida o muerte que afectarían a todos.

Eran casi las cuatro de la madrugada cuando la última ventana iluminada se apagó en una esquina de la cuarta planta del edificio. Jorge estuvo casi seguro de que se trataba del apartamento de Miguel. Sin embargo, para cerciorarse, marcó un número en su teléfono móvil. Después de dos o tres tonos, una luz se encendió en ese mismo piso y Jorge escuchó la voz soñolienta de Castillo.

—Fercho, el equipo está en su lugar. Buenas noches —le dijo Jorge suavemente. Era el mensaje en clave para avisarle que los centinelas estaban en sus puestos de vigilancia y que él se iba a casa. Cuando colgó, vio la luz apagarse de nuevo. Estaba confirmado, entonces. Miguel dormía al otro lado del pasillo... en el cuarto piso. Pero aún había que confirmar el número del apartamento.

Jorge se reunió con sus nuevos socios de la DEA al caer la tarde del día siguiente, en un lugar escogido por él. Como el CIAT quedaba muy lejos, decidió que era mejor entrevistarse en un centro comercial que se estaba construyendo en el norte de la ciudad, suficientemente cerca de Santa Rita. Si Miguel lo llamaba, podría ir a verlo sin demora. El futuro centro comercial Chipichape ofrecía una magnífica privacidad detrás de las vallas protectoras, la maquinaria pesada y las montañas de escombros. En la obra había mucho lodo y ningún guardia.

Tanto Jorge como los agentes llegaron con información nueva. Estos investigaron los registros de propiedad del edificio Colinas de Santa Rita y descubrieron que dos apartamentos estaban a nombre de empleados conocidos del cártel. Feistl recibió a Jorge con los puños cerrados extendidos hacia él.

—Escoja una mano —le dijo—. ¿Derecha o izquierda?

Jorge tocó ligeramente los nudillos de la mano izquierda de Chris, quien la abrió para poner al descubierto un pedazo de papel que tenía escrito el número 402. A continuación abrió la otra mano. El número era 801.

—Es en el cuarto piso —les dijo Jorge, contándoles sus observaciones de la noche anterior.

—Tenemos un ganador: cuatro, cero, dos —comentó Chris, sonriendo.

La conversación pasó a los detalles de la redada. Los agentes querían actuar de inmediato, según la información disponible. De repente, Jorge se dio cuenta por primera vez de lo rápido que iban a cambiar las cosas; la velocidad de lo que estaba a punto de suceder ya no dependía exclusivamente de él. Discutieron diferentes estrategias para que los hombres armados entraran en el edificio. Jorge les dibujó un mapa, les describió el tipo de seguridad con que contaba Miguel, les contó sobre los vigías y les dio algunos consejos para llevar a cabo el asalto. Los agentes le dijeron a Jorge que podrían tener todo listo para llevar a cabo la redada el sábado por la mañana.

El jueves por la noche Jorge todavía no le había dicho a su esposa, ni a nadie de su familia, que muy probablemente tendrían que irse del país por razones de seguridad. Como iban las cosas, era probable que en cuestión de días, o incluso de horas, estuvieran en un avión rumbo a Estados Unidos. Pero eso solo pasaría si todo salía bien. Jorge reflexionó acerca de todas las cosas que podrían salir mal y decidió llamar a Feistl a su busca para pedirle que se reunieran a medianoche.

Los dos agentes estaban aparcados en una calle no muy concurrida cerca de Unicentro cuando vieron a Jorge emerger de la oscuridad, todo vestido de negro. Les pareció que actuaba un poco extraño; no podían percibir que debajo de su apariencia estoica, Jorge estaba con los nervios de punta. Planear estrategias para la batida le ayudaba a calmar la mente. Ofreció a los agentes la oportunidad de inspeccionar desde el coche el edificio de Miguel. Podía alejar a sus hombres de la zona durante unos treinta minutos, que no era mucho tiempo, pero sí el suficiente para que los agentes pudieran conducir por las calles cercanas a Colinas de Santa Rita y hacerse una idea de primera mano.

Al mediodía del viernes 14 de julio, Feistl y Mitchell pasearon en coche por el barrio Santa Rita, al norte del río Cali. La calle del edificio de Miguel no era una de las principales, por lo que no tenía mucho tráfico. Únicamente quien se dirigiera a alguna de sus casas o edificios tenía que pasar por ahí, porque la calle no desembocaba en ninguna vía principal. Era perfecta para la seguridad del cártel, pues solo había una manera de entrar y salir. Los agentes estuvieron de acuerdo en que un ataque sorpresa iba a ser difícil, sin importar la hora. Otro desafío era lograr que pasara inadvertido un escuadrón de treinta o cuarenta policías armados.

Feistl y Mitchell le aseguraron a Jorge que el ataque era secreto y que nadie más, aparte de ellos dos, sabía cuál era el objetivo, ni siquiera el general Serrano. Una orden de registro y allanamiento expedida por la oficina del fiscal general estipulaba que tenían permiso para allanar un laboratorio donde se procesaban químicos para la producción de cocaína. Y para evitar que el Bloque de Búsqueda participara, el escuadrón vendría de Bogotá. Viajarían de noche, por tierra. El edificio de Miguel sería intervenido a las cinco de la mañana, hora en que se esperaba que él aún estuviera durmiendo.

Jorge verificó que sus centinelas estuvieran en los puestos asignados alrededor del barrio y le recomendó a cada uno mantenerse alerta. Puesto que les había explicado a los agentes de la DEA cómo funcionaba el sistema de seguridad del cártel, Jorge contaba con que serían capaces de penetrar sus defensas. Cuanto más se empeñara en una seguridad robusta, menos probabilidades habría de que los culparan a él y a sus hombres por el arresto de Miguel. Además, que no se sospechara de él le daba más tiempo para salvar a Pallomari y para mantener a su familia fuera de peligro.

Finalmente, no hubo nada más que Jorge pudiera hacer, salvo esperar y rezar. Mientras conducía a casa esa noche no hizo más que repetir una letanía eterna de peticiones: «Por favor, Dios mío, sácame de aquí. Ya ha sido suficiente». Y a veces añadía: «Por favor, protege a Pallomari un poco más». Cuando se estaba preparando para meterse a la cama, su busca sonó. Era Miguel, que lo necesitaba urgentemente. Jorge salió de la casa para devolver la llamada en privado.

—Richard, parece que van a hacer un allanamiento en la mañana —le dijo el padrino en voz baja; Jorge le preguntó si podía darle más información: cuándo, dónde, cualquier cosa—. Una fuente confiable de Bogotá me dijo que Serrano va a venir a Cali esta noche, pero estoy seguro de que no saben dónde estoy. Buitrago me habría llamado si el Bloque de Búsqueda tuviera planes de venir por mí. Pero mantente alerta, Richard. Y diles a tus hombres que estén particularmente atentos esta noche.

Jorge colgó y trató de no entrar en pánico. Lo primero que pensó fue que debería tratar de detener la redada: era obvio que había un espía en la DEA. El operativo podía terminar en un desastre. Pero, por otra parte, tenía que desempeñar un papel convincente como jefe de seguridad del cártel, sin importar lo que sucediera. Llamó a personal adicional para reforzar la vigilancia del cuartel del Bloque de Búsqueda, y también llamó a Enrique

Sánchez, su hombre de más confianza, que estaba de turno. Le dijo que se apostara en la glorieta de entrada a la tranquila calle donde se hallaba Miguel, desde donde tendría una posición estratégica.

—Parece que va a haber un allanamiento —le dijo—. No deje que nadie pase por allí.

A continuación, Jorge trató de comunicarse con Feistl y Mitchell, esperando que no fuera muy tarde para abortar la misión. Marcó el número del busca de Feistl y le dictó afanosamente un mensaje a la telefonista:

—Cancelen la cena —dijo con tono urgente—. Ya no será una fiesta sorpresa.

Jorge volvió a la casa. Mientras se preparaba de nuevo para irse a la cama, empezó a dudar del mensaje que acababa de dejarles a los agentes. Que la redada se cancelara en ese momento, justo después de la llamada de Miguel, podría parecer sospechoso. Jorge temió haberse delatado con su reacción temerosa. Por supuesto, un allanamiento fallido también podía tener un mal final. No sabía qué resultado sería peor. «Dios mío, lo dejo en tus manos», rezó antes de apagar la luz. Pero dejó su radioteléfono Motorola encendido, con el volumen bajo. En la oscuridad, solo podía ver la lucecita roja del indicador.

En las oscuras horas previas al amanecer, en una solitaria carretera a las afueras de Cali, Feistl y Mitchell esperaban en el aparcamiento de una pizzería cerrada. Estaban a punto de reunirse con un contingente de policías antinarcóticos que viajaba por tierra desde Bogotá. No habían visto el mensaje de advertencia de Jorge, por lo que estaban procediendo como se había planeado. Habían alquilado dos camiones de tamaño medio, de los que suelen usarse para transportar pollos. Era común ver este tipo de camiones en todas las calles de la ciudad a primera hora de la mañana, por lo cual pensaron que llamarían menos la atención que los camiones militares. Habían pagado un millón de pesos por el alquiler de cada uno, cerca de 2.000 dólares en total. Su plan era transportar en ellos a los oficiales hasta el edificio donde estaba Miguel. Tenían la esperanza de poder llegar lo más cerca posible del padrino antes de ser descubiertos.

Finalmente llegaron los oficiales antinarcóticos, acompañados por una fiscal para garantizar que los procedimientos se llevaran a cabo de manera apropiada en todo momento y para hacer cumplir la orden de registro y allanamiento. Feistl se dirigió a los hombres para explicarles la misión: iban a incautar un laboratorio de producción de químicos para el procesamiento de cocaína. A continuación les dijo que tendrían que ir en los camiones de pollos para garantizar el factor sorpresa. Mitchell se sentó al volante de uno de los vehículos mientras Feistl iba de copiloto en el otro, puesto que el dueño había insistido en conducir.

A medida que los policías, todos uniformados, con chalecos antibalas y fuertemente armados, se subían a los camiones, empezaron a escucharse murmullos de protesta. El compartimento de carga apestaba. Antes de que los gruñidos se convirtieran en un motín, los camiones se pusieron en marcha hacia Cali.

Eran pasadas las cuatro de la madrugada y todavía estaba oscuro cuando los camiones entraron en Cali siguiendo una ruta tortuosa. Feistl pidió tomar la delantera y Mitchell lo siguió. Dieron vueltas alrededor de la ciudad para asegurarse de que nadie los siguiera y tomaron rutas diseñadas para confundir a cualquier centinela del cártel que pudieran encontrarse a lo largo del camino. Cuando por fin llegaron al río Cali, cerca del zoológico, Feistl le ordenó al conductor que desacelerara y atravesara el puente a velocidad normal.

Enrique, un hombre grande cuyo sobrenombre en el cártel era «el Gordo», estaba sentado a horcajadas sobre su motocicleta cuando vio pasar el primer camión de pollos. Le pareció sospechoso.

Pero fue el segundo camión, que pasó unos segundos después, el que activó las alarmas. De inmediato tomó su radioteléfono y, sin hacer ningún esfuerzo por transmitir el mensaje en clave, gritó:

—¡Fercho! ¡Fercho Castillo, despierta! ¡Despierta, despierta, hombre! ¡Fercho!

Encendió el motor y salió disparado calle abajo para ver hacia dónde se dirigían los camiones. Ambos habían aparcado frente a Colinas de Santa Rita; docenas de policías salían de ellos. Enrique decidió llamar a su jefe.

—¡Richard, Richard! ¡Ya vienen, ya vienen!

En el apartamento de Miguel, la voz de Enrique había despertado a Fercho, quien, a su vez, había tenido tiempo de despertar al padrino. Al otro lado de la ciudad, Jorge se despertó de un salto y buscó el radioteléfono en la oscuridad.

—¿Qué pasa?

Enrique le dijo que parecía que una fuerza de invasión estaba rodeando un edificio al final de la calle.

—Salgan de allí de inmediato —le ordenó Jorge—. Todos salgan de la zona, ya. No hay nada que podamos hacer. Apaguen sus radios y nos vemos en la estrella.

La estrella era una estación de gasolina Texaco que quedaba cerca de Santa Rita. Hacía las veces de cuartel temporal donde se encontraban para intercambiar información sin arriesgarse a que sus comunicaciones fueran interceptadas. Jorge felicitó a Enrique por su rápida reacción. Les ordenó a todos los hombres de turno que cambiaran la frecuencia de los radioteléfonos y que los usaran solo en caso de emergencia.

Luego llamó a Carlos Alfredo, su experto en comunicaciones, y lo sacó de la cama para que desactivara los radioteléfonos del apartamento de Miguel, cuyas frecuencias podían ser bloqueadas a distancia. Su rápida reacción evitaría que la policía y la DEA utilizaran los radioteléfonos que pudieran incautar para intervenir la red de telecomunicaciones del cártel.

Como informante secreto de la DEA, Jorge había desencadenado esta emergencia del cártel; como su jefe de seguridad, trataba de minimizar los daños. Estaba muy asustado para darse cuenta de la ironía.

Por favor, no se vayan

Con las primeras luces del sábado 15 de julio, el cielo parecía venirse abajo sobre el cártel de Cali. Cuarenta policías colombianos y un escuadrón de agentes antinarcóticos estadounidenses habían sitiado el edificio Colinas de Santa Rita. Una unidad del Bloque de Búsqueda llegó después, junto con los medios de comunicación y hordas de curiosos. Se rumoreaba que Miguel Rodríguez Orejuela estaba dentro. Todo el cártel contenía la respiración al unísono, esperando una fuga milagrosa, mientras se preguntaba quién podía ser el soplón.

Jorge se enfrentó al nuevo día sabiendo que iba a ser uno de los sospechosos. También con la certeza de que su vida dependía del nivel de autoridad con que desempeñara su papel de jefe de seguridad del cártel en esas circunstancias.

Lena no preguntó nada a propósito de la avalancha de llamadas que recibió Jorge esa mañana, ni hizo comentario alguno sobre el tono urgente de las mismas y las conversaciones en clave, que sugerían una crisis en el mundo de su marido. Jorge no quiso desayunar; evidentemente, estaba muy nervioso para comer, pero ella esperó a que él quisiera decir algo.

—Parece que las autoridades encontraron a Miguel —comentó Jorge al fin, mientras se preparaba para salir.

Lena lo había adivinado, y entendía que ese hecho era tanto una oportunidad como un peligro para su esposo. A pesar de que no sabía nada del papel de Jorge como informante, estaba preocupada por su seguridad. Al igual que él, sin embargo, disimuló sus sentimientos.

—Tal vez por fin voy a recuperar a mi marido —le dijo animadamente.

La mañana avanzaba sin que se comunicara ninguna noticia desde el lugar de los hechos. Jorge intentó no preocuparse, aunque había esperado saber algo al cabo de una o dos horas. Si las autoridades hubieran atrapado a Miguel, ya lo habrían sometido a los procedimientos formales de arresto y, con seguridad, el general Serrano habría pasado ante todas las cámaras de Cali custodiándolo. La larga espera sugería que el padrino había logrado escapar. Lo más probable era que se hubiera escondido en la caleta, pero también era posible que hubiera logrado salir del edificio. Por primera vez, Jorge consideró la posibilidad de que el operativo fracasara; sin duda era una perspectiva aterradora. Imaginó una investigación interna del cártel. La cosa podía ponerse fea.

Jorge revisaba a cada rato el busca que le habían dado los agentes de la DEA para verificar que estuviera funcionando bien y que no se le hubiera pasado algún mensaje. Lo había guardado, en modo de vibración, en uno de los bolsillos de su pantalón. Finalmente, decidió ir hasta Santa Rita para ver con sus propios ojos qué estaba pasando. Alrededor de las nueve de la mañana aparcó al otro lado del río Cali. Aunque árboles y edificios le impedían la vista de Colinas de Santa Rita, divisó a un grupo de sus hombres sobre un puente peatonal cercano, lo que lo molestó. Les había ordenado claramente que no se acercaran a la escena de la búsqueda; podían atraer una atención no deseada y conseguir que algún investigador diligente fuera hacia ellos, como les había pasado a Mario del Basto y a sus hombres.

En el puente estaba Rolando Mantilla, uno de los hombres de Mario. Había sido asignado al equipo de Jorge contra la voluntad de ambos. Era un ex cabo del ejército que rondaba los treinta y cinco años de edad y se tenía en muy alta estima. No le gustaba el estilo administrativo de Jorge, más bien igualitario, y se había encargado de sembrar en el cártel serias sospechas de que él había tenido algo que ver con el arresto de Mario. Mantilla parecía estar especialmente malhumorado esa mañana, por lo que Jorge decidió no llamarle la atención por haber desobedecido sus órdenes.

—¿Qué ha habido? —preguntó tranquilamente.

—Han dado justo en el clavo —gruñó Mantilla, señalando con la cabeza hacia el edificio de Miguel—. Están en su edificio y él también está allí.

—¿Está seguro? Tal vez el Señor tuvo tiempo de escapar —respondió Jorge.

—No, está ahí. William me lo dijo.

Aunque William no tenía ningún tipo de experiencia en la administración de la empresa criminal ni en el manejo de situaciones de crisis, no había duda de que los empleados del cártel estarían dispuestos a aceptar su liderazgo mientras Miguel se hallara en peligro.

El súbito poder de William, sumado al miedo y a la rabia que sentía por la situación de su padre, lo convertía en el hombre más peligroso de todo Cali. Si llegaba a sospechar que Jorge estaba detrás de la captura del padrino, no habría juicio ni pediría pruebas más allá de la duda razonable. El instinto le decía a Jorge que se mantuviera lo más lejos posible del joven Rodríguez, potencialmente volátil; sin embargo, decidió que tenía que actuar de manera estratégica. Si le interesaba mantener la confianza de William, solo había un lugar donde debía estar: cerca de él, muy cerca.

—¿Dónde está William? —preguntó Jorge.

Mantilla disfrutó el hecho de saber algo que su jefe no sabía. Le respondió que William estaba en la panadería de Benito, uno de los lugares preferidos de la gente del cártel. Situada en el centro de la ciudad, sería el puesto de mando temporal hasta nueva orden. A Jorge le preocupó pensar que tal vez Mantilla ya hubiera empezado a menoscabar la confianza que le tenía William.

Jorge encontró un aparcamiento vacío a media calle de la panadería de Benito. Estaba cruzando la calle cuando Amparo Rodríguez Orejuela, que pasaba por ahí, detuvo su coche, se acercó y lo llamó. Se la veía cansada; tal vez había estado llorando.

—Richard, dime, ¿qué sabes? —le preguntó en tono suplicante.

Jorge trató de tranquilizarla. Le dijo que el registro los había cogido a todos por sorpresa pero que uno de sus hombres había conseguido avisar a Fercho antes de que las autoridades llegaran al edificio. Tal vez Miguel había logrado escapar o esconderse.

—Le pido a Dios que lo encuentren —dijo la mujer—. Solo así llegará a su fin esta pesadilla que todos estamos viviendo. Lo único que espero es que le respeten la vida.

Jorge sabía que a la mujer le preocupaba más la seguridad de su hermano que una ruptura familiar. La sangrienta muerte de Pablo Escobar en mitad de un tiroteo todavía acechaba a la familia Rodríguez Orejuela.

—Entiendo —dijo Jorge—. Si Miguel sale de esto, ojalá pueda negociar su entrega a las autoridades. Mientras tanto, estamos haciendo todo lo posible para protegerlo.

Amparo continuó su camino y Jorge se dirigió a la panadería. Encontró a William, solo, en una de las mesas de afuera. Otros empleados del cártel revoloteaban por ahí, pero ninguno tenía el rango suficiente para compartir la mesa con el hijo del jefe. Jorge se sentó frente a él.

—¿Cómo pudo suceder algo así? —preguntó de inmediato, con la esperanza de que su desconcierto fingido fuera creíble.

William se encogió de hombros y negó con la cabeza. Aunque su expresión era sombría, le dijo a Jorge que estaba tratando de mantener la esperanza y que no debían apresurar ninguna conclusión.

—Hay que esperar a ver qué pasa. Yo creo que mi papá tuvo tiempo para esconderse en la caleta.

—Ah, entonces sí hay una caleta en el apartamento —Jorge fingió sorpresa y alivio.

Los busca y los móviles de ambos interrumpían la conversación a cada rato. En los intervalos, Jorge logró contarle a William que Miguel lo había llamado la noche anterior para anunciarle la redada y que él había convocado personal adicional de seguridad; gracias a uno de sus hombres, el padrino había sabido con anticipado que las autoridades se acercaban. William pareció intrigado e hizo muchas preguntas, a las cuales Jorge respondió con seguridad.

Por fin estaba empezando a sentirse tranquilo cuando el busca que llevaba en el bolsillo del pantalón empezó a vibrar, sobresaltándolo. Por fortuna, el suave zumbido fue ahogado por el ruido del tráfico y de la calle. Jorge se levantó rápidamente, excusándose para ir al baño. Tras la puerta cerrada, leyó el mensaje en la pantalla luminosa: «Llamar a Patricia». A continuación aparecía un número de teléfono local.

Jorge Salcedo tenía muchos nombres esa mañana. Era Richard para sus colegas del cártel, y Sean para los agentes de la DEA. Pero para esta operación específica de Colinas de Santa Rita era Patricia, al igual que Feistl y Mitchell. Patricia era su nombre en clave intercambiable. Así, «Llamar a Patricia» significaba que Jorge debía ponerse en contacto con los agentes de la DEA. O al contrario, si era Jorge quien mandaba el mensaje.

Justo en la entrada del baño había un teléfono para uso de los clientes de la panadería. Jorge lo había empleado muchas veces para tratar asuntos del cártel. Era relativamente seguro, pues quedaba en un rincón privado desde donde podía verse si alguien se acercaba. Jorge estaba solo y decidió marcar el número. Segundos más tarde, el teléfono público de un restaurante Pizza Hut cercano empezó a sonar.

La confusión burocrática y las políticas jurisdiccionales habían demorado el acceso del escuadrón al apartamento de Miguel. Cuando los oficiales colombianos se dieron cuenta de que el laboratorio químico era una farsa y de que en realidad estaban buscando al jefe del cártel de Cali, detuvieron el operativo e informaron a los frustrados agentes estadounidenses que en Colombia había que seguir las reglas colombianas.

Primero, el coronel de la policía al cargo insistió en que contactaran con el Bloque de Búsqueda para solicitar un escuadrón de refuerzo; era el procedimiento legal. Eso demoró las cosas unos veinte minutos. Cuando por fin llegó la unidad del Bloque, compuesta por unos cincuenta hombres, el capitán Efrén Buitrago —el informante de Miguel— era uno de ellos.

Después, la fiscal de Bogotá dijo que carecía de una orden de registro y redada para esa dirección en particular, e insistió en que se convocara a un fiscal local para que trajera los documentos legales pertinentes y supervisara la entrada de los oficiales al edificio. Esto demoró las cosas unos cuarenta minutos o más. El amigo del cártel en la oficina del fiscal envió a uno de sus hombres de confianza. El factor sorpresa, o lo poco que quedaba de él, se esfumó del todo en la maraña burocrática, sin que Feistl y Mitchell pudieran hacer nada al respecto.

Más de noventa minutos después, finalmente se le permitió a un escuadrón de rastreo entrar en el apartamento 402. Los hombres encontraron allí un conmutador telefónico de la marca Panasonic de varias líneas y un frigorífico lleno de zumos de fruta y verdura favoritos del padrino. Ya habían verificado que en el garaje correspondiente al 402 se encontraba el Mazda 626 con matrícula BBW712, tal como había dicho Jorge.

Encontraron a tres personas en el apartamento: dos empleadas del servicio doméstico y un hombre que dijo vivir allí y llamarse Fercho.

—¿Fercho? —le preguntó Feistl—. ¿Es usted Jorge Castillo?

—Sí —respondió él.

Feistl se volvió hacia su compañero y sonrió:

—Llegamos al lugar correcto, Dave. Está acá.

Sin embargo, encontrar a Miguel demostró ser un desafío aún más frustrante. Después de dos horas de buscar sin éxito y de interrogar concienzudamente a Fercho, se les empezaron a acabar las ideas. Feistl y Mitchell habían recorrido algunas de las habitaciones tratando de identificar paredes falsas que sugirieran una caleta, pero solo encontraron lo que a Feistl le pareció el trabajo de un maestro de obras chapucero. En un pequeño baño de la zona social, el sanitario estaba tan cerca del armario que las puertas de éste, al abrirse, lo golpeaban.

—Mira qué construcción tan mala —le dijo a Mitchell.

Entonces decidieron que era hora de llamar a Patricia. Necesitaban su ayuda para encontrar la caleta y para averiguar si Miguel había logrado escapar durante la larga espera antes de que ellos pudieran entrar en el edificio.

Los agentes salieron del apartamento y condujeron hasta un restaurante Pizza Hut cercano, del que eran clientes habituales. Allí había teléfonos públicos. Tanto los estadounidenses como Jorge sentían que había menos riesgo de que sus conversaciones fueran intervenidas si usaban teléfonos públicos escogidos al azar. Después de enviar el mensaje a Jorge, esperaron su llamada junto al teléfono de la pizzería. Mitchell contestó al primer tono.

—Está allí —dijo Jorge en voz baja—. Está en la caleta.

—¿Está seguro?

—Completamente.

Jorge explicó rápidamente que se encontraba en una panadería con William y algunos empleados del cártel. Todos estaban preocupados por Miguel, pero confiaban en que estuviera en la caleta. Cuando Dave le preguntó si tenía alguna idea de dónde podría hallarse la caleta, Jorge recordó los alardes de Tanga.

—¿Hay un baño pequeño cerca de la sala? —preguntó; el agente respondió que sí—. Concéntrense allí.

Dave le dijo que al menos había cinco baños en el apartamento, pero que examinarían con mayor detenimiento el de la zona social. Alguien se acercaba, y Jorge colgó.

Mientras regresaba a la mesa de William, Jorge se sintió muy aliviado de saber que los agentes de la DEA se hallaban en el apartamento de Miguel y a cargo de la búsqueda. Estaba seguro de que era cuestión de tiempo que descubrieran la caleta donde se escondía el Señor.

Tras su corta ausencia, Jorge se encontró con que una multitud se había arremolinado en torno a William. Darío estaba sentado a su lado, junto con Óscar, el hermano de Martha Lucía, y otro de sus amigos, el sicario Nicol Parra. Los cuatro eran inseparables; Jorge los llamaba «los cuatro fantásticos». Se preguntó si Mantilla habría llamado. El ambiente se había enfriado y William recibió a Jorge con una afabilidad exagerada, lo que lo puso en guardia de inmediato.

—Tengo buenas noticias, Richard —le dijo—. Mi papá pudo escapar. Logró escabullirse justamente después de que llegó la policía.

—¡Qué maravillosa noticia! —exclamó Jorge, fingiendo alegría.

Le pareció extraño que el muchacho le mintiera. Aun así, trajo un asiento y se unió al grupo. Jorge se inquietó. ¿Por qué William le estaba contando esa historia? Parecía una mentira para hacerle creer al escuadrón de rastreo que había llegado demasiado tarde y que era mejor retirarse. Si William creía que él tenía contacto con las autoridades e iba a transmitirles el mensaje, Jorge estaba en serios problemas. Aún trataba de entender las implicaciones cuando el mensajero de una de las esposas de Miguel llegó para entregarle a William las llaves de la nueva casa secreta del padrino, ubicada en el barrio Normandía.

—Está lista —dijo el mensajero— y es muy fácil encontrarla. Está en el edificio blanco más alto del barrio. —Le ofreció las llaves a William, pero él las rechazó.

—Déselas a Richard —dijo.

Jorge también las rechazó, diciendo que no conocía esa parte de la ciudad. En realidad no quería que nadie supiera que él tenía alguna idea de dónde iba a esconderse Miguel.

—No hay pierde —insistió el mensajero—. El edificio se alza como un monstruo sobre...

—¡Silencio! —Jorge interrumpió al desafortunado mensajero y aprovechó la oportunidad para desempeñar su papel de jefe de seguridad severo—. Usted habla demasiado —lo reprendió—. Debería saber que hay que tener más cuidado con lo que se dice en lugares públicos. No me haga repetírselo de nuevo.

A continuación, le ordenó al hombre que le diera las llaves a un amigo de William que estaba sentado en otra mesa y le dijo que se encargara de que hubiera un coche en el nuevo edificio para que Miguel lo utilizara. De hecho, Jorge no hizo más que mandar. Al amigo de William que recibió las llaves y que debía verificar el estado del apartamento le advirtió:

—Nadie debe saber esta dirección, ¿entiende? Tiene que ser muy discreto.

Nadie cuestionó sus órdenes.

A Jorge le pareció que la sugerencia de William de que él recibiera las llaves era una vaga demostración de confianza. O tal vez una trampa... O tal vez estaba siendo paranoico. Pero como no podía saber a ciencia cierta qué terreno pisaba, escondió su incertidumbre tras un despliegue vigoroso de buen criterio y acciones defensivas inteligentes. Su actuación habría sido digna de un Oscar.

El busca vibró de nuevo en el bolsillo de su pantalón, pero Jorge lo ignoró. Unos minutos más tarde, miró el busca del cártel, que siempre llevaba en el cinturón. Era casi la hora del almuerzo, y él solía almorzar en casa, con Lena y los niños. Inventó que había recibido un mensaje.

—Lena está a punto de servir el almuerzo —le dijo a William—. Voy a estar en mi casa una hora, o algo así. —Se levantó y salió de la panadería.

Jorge tomó el camino largo a casa, haciendo una parada en el hotel Intercontinental. Los teléfonos públicos, situados en un área alejada de la recepción, estaban libres. Envió a Feistl y a Mitchell el número de uno de ellos. Minutos más tarde, el aparato sonó.

—¿Qué estamos buscando? —le preguntó Mitchell después de decirle que no habían logrado ubicar la caleta.

—No sé, no la he visto. Nunca he estado en ese apartamento —respondió Jorge, y les sugirió que pidieran que les dejaran ver los apartamentos 302 y 502, pues debían tener el mismo diseño que el 402—. Lleven una cinta métrica y midan el piso del baño. Donde haya una diferencia, allí encontrarán a Miguel.

Cuando Jorge llegó a casa, Lena estaba preparando la sopa favorita de él, sancocho de cola; la cocina olía a cilantro, ajo y cebolla. En circunstancias normales, habría respirado profundamente y se habría lanzado sobre un tazón, pero los nervios le habían quitado el apetito. Sentado a la mesa con Lena, bebió un sorbo de zumo. Solo notó que la radio estaba encendida cuando un boletín informativo interrumpió la programación de salsa: «Miguel Rodríguez Orejuela ha sido capturado en Cali».

De inmediato, Jorge subió el volumen, pero el presentador de RCN no tenía mucho más que añadir a ese breve comunicado. La pareja se quedó en silencio, pendiente de la radio, con la esperanza de que dijeran algo más. Jorge trató de disimular su alegría. No podía expresar aún sus verdaderos sentimientos, ni siquiera a Lena. Tenían vecinos que trabajaban para el cártel y Jorge pudo imaginar a alguno de ellos informando: «¡No se imaginan lo contento que se puso cuando arrestaron a Miguel!».

Sin embargo, para Lena fue evidente el alivio en el rostro de su marido. Mientras la radio retomaba su programación habitual de salsa, Jorge se sirvió un gran tazón de sopa y se sentó a disfrutarlo. Minutos más tarde, otro boletín informativo interrumpió la música de nuevo: «Tenemos que hacer una corrección —dijo la voz del locutor—. Miguel Rodríguez Orejuela no ha sido arrestado. Repito: Miguel Rodríguez no ha sido arrestado». El locutor se disculpó y dijo que actualizarían la información a medida que se conocieran más detalles. Jorge hizo a un lado su sopa sin terminar y le dijo a Lena que tenía que volver al trabajo.

William ya no estaba en la panadería. Jorge descubrió que no se sentía cómodo en compañía del joven. Decidió hacer las rondas de seguridad habituales por los negocios del cártel, entre ellos el de Carlos Alfredo, para verificar que hubiera podido desactivar los radioteléfonos del apartamento de Miguel. Quería, más que nada, aparecer como un eficiente jefe de seguridad y ser visto por tantos empleados del cártel como fuera posible. Su objetivo era evitar dar la impresión de que estaba solo, pasándoles información a los agentes de la DEA.

El busca de su bolsillo vibró de nuevo a media tarde. Regresó al Hotel Intercontinental.

El mensaje de Mitchell lo dejó frío: todavía no daban con Miguel y crecía la presión para cancelar la búsqueda. Después de casi siete horas sin encontrar pruebas de que el padrino siguiera allí, la policía y los asesores legales se estaban poniendo nerviosos. Incluso el general Serrano se estaba inquietando. Había ido a Colinas de Santa Rita pero no se había demorado. Sin duda, su visita a la escena del registro había sido el detonante de la noticia prematura sobre el arresto, y se había ido al darse cuenta de que no estaban cerca.

La mayoría de los policías colombianos se habían reunido en una de las habitaciones para ver un partido de fútbol en un televisor gigante. Los comandantes tenían que poner a sus hombres a hacer algo... o mandarlos a casa. Los fiscales, por su parte, estaban discutiendo acerca de cuánto más podrían permanecer en el apartamento y retener a Fercho y a las dos empleadas, pues había un límite legal de tiempo.

—Sabemos que está aquí —le dijo Mitchell a Jorge, asegurándole que él y Feistl tenían plena confianza en la información que les había dado—, pero el equipo de búsqueda cada vez está más escéptico. Te digo, no sé cuánto tiempo podremos seguir con esto.

Jorge recibió la noticia como un directo en el hígado. Tenía que probar su credibilidad a las autoridades colombianas, que ni siquiera sabían quién era él. Era necesario darles a los agentes de la DEA algo que los ayudara a convencer a todos de que tenían un informante fiable que sabía exactamente de lo que estaba hablando. Había pensado reservar la información sobre el escritorio con documentos para después de la captura de Miguel. Sabía lo sensacionales que serían esos papeles, particularmente para los colombianos, y no quería que el tesoro del cártel distrajera a nadie de la tarea de encontrar al padrino antes que cualquier otra cosa. Pero ahora, temiendo que abandonaran prematuramente la búsqueda, Jorge decidió cambiar el orden.

—Un momento —dijo—. ¿De casualidad han reparado en un escritorio rojizo que tiene una tapa particularmente gruesa, como de unos diez o doce centímetros?

—Sí, de hecho nos llamó la atención.

—Tienen que romperlo. Dentro de él hay carpetas con una gran cantidad de documentos y registros del cártel. Es el tesoro de Miguel —concluyó.

Los agentes estaban ansiosos por volver al apartamento y capturar esa presa, pero Jorge no quería colgar todavía.

—Están en el lugar correcto, Dave. Miguel está en esa pared, lo tienen arrinconado. Sin importar qué suceda, por favor, no se vayan. Por favor, no se detengan justo en este momento.

Una vez más, Jorge sentía renacer su confianza. Pensó que el contenido de ese escritorio probaría la veracidad de «Patricia» y les daría a los agentes de la DEA razones para seguir la búsqueda.

Reanudó las rondas de seguridad, cerciorándose de que mucha gente lo viera realizando su trabajo. Era la manera perfecta de mantenerse ocupado, dominar su nerviosismo y mostrar su sentido de responsabilidad. Como sentía que todo el mundo lo estaba observando, permitió que vieran a un jefe de seguridad en cumplimiento de su deber. Pero estaba ansioso, incluso impaciente, por recibir la siguiente llamada de los agentes de la DEA.

Imaginaba el alboroto que iba a causar el descubrimiento de los documentos; imaginaba también los titulares que informaban, ahora sí, del arresto de Miguel. Estaba preparado mentalmente para esconder su alegría y actuar como un empleado furioso y preocupado del cártel, comprometido con la búsqueda de quien hubiera traicionado al padrino.

Por fin, el busca de la DEA vibró y su pantalla se iluminó sobre el asiento del copiloto. El Mazda plateado dio la vuelta, una vez más, hacia el hotel Intercontinental. Esta tenía que ser la llamada que estaba esperando.

Soy hombre muerto

Cuatro agentes antinarcóticos estadounidenses rodearon el escritorio de apariencia peculiar que estaba en la sala del apartamento 402. Jorge Salcedo, alias Sean, alias Patricia, alias el Informante, lo había descrito sin siquiera haberlo visto. Era un escritorio de madera rojiza, hecho a la medida y con una tapa inusualmente ancha, de aproximadamente diez centímetros de grosor. Había tenido razón de nuevo, aunque ese era el único escritorio de la sala.

Los agentes estaban planeado cómo acceder a lo que Jorge había llamado un tesoro: los documentos escondidos en un compartimento secreto. Abrieron y cerraron los cajones, pasaron la mano a lo largo de los bordes y en las esquinas, tratando de encontrar algún botón o una hendidura. Después anduvieron a gatas debajo del mueble, buscando alguna pista para hacer saltar un seguro o abrir un compartimento.

—No veo cómo —dijo Feistl, con frustración.

El agente Jerry Salameh cogió una esquina del pesado escritorio, lo levantó del suelo y lo dejó caer sobre uno de sus costados. El mueble cayó con un gran golpe y se escuchó el ruido que hace la madera al rajarse. El estruendo llamó la atención de los policías colombianos, que dejaron el partido y salieron a ver qué pasaba. El escritorio había sido destrozado como si fuera un huevo de madera. Detrás de un cajón roto, Feistl pudo ver lo que resultó ser un maletín de cuero. Había tres, todos repletos de documentos.

El capitán Buitrago fue de los más interesados:

—¿Qué están haciendo? —les preguntó—. ¿Quién les dijo de esto?

Sus preguntas quedaron sin respuesta; los estadounidenses y el coronel Barragán tomaron los maletines y recogieron los papeles sueltos entre los restos del escritorio. Llevaron todo a la mesa del comedor, donde hojearon los montones de documentos, evidentemente registros del cártel. Feistl encontró la fotocopia de un cheque por valor de 40.000 dólares a nombre de uno de los jefes de la campaña de Ernesto Samper. Había muchas fotocopias de cheques, una agenda de teléfonos de los empleados del cártel, listas de pagos a políticos, oficiales de la policía y figuras de los medios de comunicación, correspondencia interna y mucho más: pilas de evidencias sobre corrupción que con seguridad iban a sacudir los cimientos políticos de Colombia.

—Tengo que mostrarle esto al general Serrano —dijo el coronel Barragán. Rápidamente, él y un ayudante reunieron todo lo que habían encontrado en el escritorio y se marcharon para no volver esa tarde.

La búsqueda de Miguel se reanudó entonces con renovado ímpetu, al menos por parte de los agentes de la DEA. Jerry Salameh y Rubén Prieto comenzaron a hacer agujeros con un taladro en las paredes del baño, mientras la mayoría de los colombianos seguían viendo el partido de fútbol. La abrupta partida del coronel Barragán había dejado un vacío de liderazgo, y Buitrago se mantuvo tan cerca de los estadounidenses como le fue posible.

Desde hacía unas horas, la búsqueda había dejado de ser un trabajo conjunto para convertirse en un esfuerzo casi exclusivo de los cuatro agentes de la DEA. La resistencia de los colombianos había ido creciendo con el paso de las horas. Primero fue una resistencia pasiva, quejas de que se estaba perdiendo el tiempo. Después de que toda la atención se concentró en el baño de la sala, alguien decidió resistirse más activamente, orinando por fuera del váter. Cuando los estadounidenses se dieron cuenta, sospecharon de Buitrago. Parecía una táctica deliberada para evitar que se les ocurriera inspeccionar con mayor detenimiento las baldosas del suelo, la mampostería y los espacios debajo del lavamanos. Ignorando el suelo mojado, Feistl metió la cabeza entre el armario debajo del lavabo.

—¿Qué diablos es esto? —exclamó.

Era un tubo de oxígeno que salía de la pared detrás del lavamanos, prueba fehaciente de que había algo escondido allí.

Salameh taladró esa pared y confirmó que estaba hueca. Mitchell sugirió que consiguieran un mazo. Antes, buscaron otra vez un acceso. No había prisa: el principal jefe del cártel de Cali estaba a unos centímetros, y no tenía manera de huir.

Un hombrecito con una máquina de escribir bajo el brazo abrió la puerta del apartamento 402 y observó los restos del escritorio que todavía estaban en la sala y los agujeros de casi dos centímetros que adornaban muchas paredes. Se quedó un momento en la entrada, sopesando los daños; nadie notó su presencia hasta que carraspeó y ordenó con voz autoritaria de abogado:

—¡Deben detenerse de inmediato! —Tras un silencio confuso, el hombrecito de pelo renegrido se dirigió directamente a los agentes estadounidenses, que estaban de pie a la entrada del baño—. Quiero saber quiénes son ustedes, qué están haciendo aquí y con qué autoridad.

Feistl y Mitchell se miraron, sin entender qué estaba pasando.

—¿Quién es este Bonaparte? —murmuró Mitchell.

Resultó que ese Bonaparte era el director de la Seccional de Fiscalías de Cali; eso quería decir que su autoridad legal superaba a la de los dos fiscales que estaban supervisando la búsqueda. El hombrecito era la ley en el apartamento 402 y no había manera de apelar. Antes de proseguir, cerró la puerta del apartamento y se guardó la llave en el bolsillo. Técnicamente, había convertido a los agentes antinarcóticos en sus prisioneros.

—Estamos acá con la Policía Nacional de Colombia —dijo Feistl, tratando de contener la furia que lo embargaba—. Nos han informado que Miguel Rodríguez Orejuela se esconde aquí y lo estamos buscando.

El hombrecito no se inmutó. Puso su máquina de escribir sobre la mesa del comedor y declaró que puesto que los cuatro agentes de la DEA eran extranjeros, no tenían derecho a dirigir redadas en el país ni tampoco a dañar propiedad privada. Metió una hoja de papel en la máquina y empezó a redactar una queja formal contra ellos por llevar a cabo un registro ilegal.

—¡Un momento! —casi gritó Mitchell, a punto de perder los estribos; estaban tan cerca... a centímetros del hombre más buscado del mundo—. Miguel Rodríguez Orejuela está escondido aquí, ¡detrás de esta pared!

No importaba. Amigos de los Rodríguez Orejuela habían intervenido y el fiscal seccional hacía caso omiso de las protestas de Mitchell. Antes de seguir escribiendo, exigió que le mostraran sus documentos de identidad. Feistl trató de abrir la puerta del apartamento, pero efectivamente estaba cerrada con llave.

—¿Estoy bajo arresto? —le preguntó al fiscal.

—No —le contestó él.

—Entonces me voy.

—No, no se puede ir —respondió el fiscal.

—Entonces sí estoy bajo arresto —dijo Feistl—. Exijo mi derecho a llamar a la embajada de mi país.

El intercambio de palabras se hizo cada vez más airado. El fiscal disparó su artillería legal, llamando la atención sobre el hecho de que los estadounidenses estaban armados, lo que violaba la ley colombiana. Podía arrestarlos e imputarles cargos.

Se notificó a la embajada estadounidense, se abrieron los canales diplomáticos y se llegó a acuerdos para salvar las apariencias.

El fiscal terminó de escribir la queja y se la pasó a los agentes para que la firmaran, pero ellos se negaron. Se les hizo una citación ante la justicia, pero no los arrestaron ni les quitaron sus armas. Sin embargo, cuando finalmente el hombrecito abrió la puerta, les ordenó que se marcharan. La búsqueda de Miguel había llegado a su fin.

Feistl y Mitchell no sabían qué hacer con Jorge. Podría ayudarles en una nueva búsqueda del padrino... si no lo mataban antes por haberse convertido en sospechoso de traición. Le dejarían a él esa decisión, pero primero tenían que darle la noticia de su fracaso. Era una llamada que ninguno de los dos quería hacer.

Era el final de la tarde en Cali, la hora en que las montañas del occidente ocultan el sol poniente y la ciudad queda sumida en sombras que se extienden hacia el oriente a través del valle del río Cauca. El calor húmedo del día comenzaba a ceder. Para los agentes en Pizza Hut y para Jorge en el hotel Intercontinental, el ambiente enfriado tanto como si el sol hubiera desaparecido de la galaxia.

—¿Se van? —Jorge repitió lo que Feistl le había dicho, sin poder creerlo—. Pero... —se interrumpió antes de decir lo que estaba pensando: «Soy hombre muerto».

—Sí, nos vamos. No podemos hacer nada. Ya nos sacaron del edificio.

—Pero ¿cómo es posible? ¿Cómo van a irse, estando tan cerca? —presionó Jorge de nuevo; como Feistl no dijo nada, intentó otro enfoque—. ¿Y qué hay de ustedes? Éste podría ser el mayor éxito de sus carreras.

—Sean, ¿qué quieres que te diga? Lo siento, pero nos obligaron a marcharnos. Él está allí y lo sabemos, pero no podemos continuar la búsqueda —respondió el agente, suplicando comprensión—. Por el amor de Dios, ¡acaban de arrestarnos!

Jorge había gastado su último gramo de fortaleza. Sonó particularmente cansado al preguntar si el Bloque de Búsqueda iba a montar guardia en el edificio las veinticuatro horas.

—Tienen que hacerlo —insistió—. Miguel va a salir de la caleta y tendrá que abandonar el edificio.

—Ya solicité vigilancia permanente dentro y fuera de Colinas de Santa Rita —dijo Feistl.

Le pidió a Jorge que tuviera mucho cuidado. Si quería salir del cártel y obtener protección en ese momento, él y Mitchell harían todo lo que estuviera a su alcance para llevarlo con su familia a un lugar seguro.

—No, todavía no —respondió Jorge; parecía que no había nada más qué decir—. Sé que hicieron lo mejor que pudieron —dijo, dando por terminada la dolorosa conversación.

Feistl y Mitchell no habían dormido durante casi dos días. Habían empezado el 15 de julio a las tres de la madrugada, cuando recogieron los camiones de pollos, y ahora se dirigían al aeropuerto de Cali para coger un avión hacia Bogotá. Estaban agotados y derrotados; además, temían por la vida de su informante. No necesitaban que Jorge les dijera lo cerca que habían estado del premio más anhelado por las fuerzas internacionales del orden. Tampoco necesitaban que les recordara el peligro tan grande que afrontaba ahora, debido a que ellos no habían sido capaces de terminar el trabajo. En el vuelo de regreso a Bogotá, en mitad de la oscuridad de la medianoche, compartieron sus frustraciones.

—Chris, qué manera de fallarle, ¿no te parece? —le dijo Mitchell a su compañero—. Vino a pedirnos ayuda, puso su vida en nuestras manos, y mira el resultado. ¿Qué crees que va a pasar?

—Me temo que van a matarlo —respondió Feistl—. Dios, me siento fatal. Este ha sido el peor día de mi vida.

Muy extraño

Jorge no condujo directamente a casa después de salir del hotel Intercontinental. La conversación con el agente de la DEA lo había dejado muy preocupado. Necesitaba tiempo para reflexionar y para reexaminar el angustioso día que había tenido. Al menos había sobrevivido hasta esa hora. Condujo por la ruta más larga, aprovechando la soledad de su Mazda plateado para meditar qué debía hacer para sobrevivir un día más. En esas circunstancias, comenzó a planear sus próximas acciones minuciosamente. Sentía que lo acechaba un gran peligro.

Anticipaba que sería uno de los principales sospechosos en el seno del cártel. Ya había presentido que William sospechaba de él. Todos sus instintos lo urgían a mantener un perfil bajo, a no presentarse al trabajo el día siguiente con la disculpa de estar enfermo, a seguir el ejemplo de Guillermo Pallomari y esconderse, pero sabía que debía hacer todo lo contrario. Tenía que parecer seguro y no mostrar rastro alguno de culpa. Cuando aparcó frente al edificio donde vivía, Jorge había llegado a la conclusión de que tenía que tomar el liderazgo en la investigación para dar con quien hubiera traicionado a Miguel. Tenía que investigarse a sí mismo.

Ya había oscurecido; eran las nueve de la noche o un poco más tarde y él estaba muerto del cansancio. No había comido casi nada en todo el día y se sentía agotado emocionalmente. Cuando se bajó del coche, escuchó que una voz lo llamaba en las sombras al otro lado de la calle.

—¡Don Richard! Don Richard, necesito hablar con usted.

Jorge se sorprendió, pero solo por un momento, pues reconoció la voz de Enrique Sánchez, su empleado más leal y de confianza. El voluminoso hombre estaba recostado contra su motocicleta, como si hubiera estado esperando un buen rato. Jorge caminó hacia él.

—¿Sabe algo sobre la reunión? —le preguntó Enrique.

—¿Cuál reunión?

Enrique estaba esperando esa respuesta, pero aun así lo perturbó. Le contó a Jorge que William había convocado una reunión extraordinaria de seguridad que se llevaría a cabo entre las diez y las once en la discoteca de Genaro Ángel. El hecho de que Jorge no estuviera informado era alarmante: el jefe de seguridad no había sido invitado a una reunión de seguridad. No podía ser más obvio que William y su gente no confiaban en él.

Genaro Ángel también podía representar un problema. Era muy amigo de Miguel y podía transmitirle fácilmente sus dudas sobre Jorge. Como carpintero del cártel, había diseñado y construido varias caletas en las residencias de los padrinos y, por supuesto, el escritorio que ahora yacía hecho añicos en el apartamento 402 de Colinas de Santa Rita. Genaro Ángel también era un traficante en ciernes que tenía su propio equipo de sicarios. Su discoteca, la favorita de maleantes y aspirantes a serlo, estaba reservada para una fiesta privada esa noche.

—Eso no es bueno. Usted tiene que estar presente en la reunión. —Enrique ratificó lo que era obvio.

Jorge supo que no podía darse el lujo de que esa reunión se celebrara sin él. Todo lo que hubiera dicho o hecho, o no hubiera dicho y no hubiera hecho, sería examinado y discutido con el más mínimo detalle sin que nadie lo defendiera. Darío, su segundo, no servía. Jorge estaba seguro de que estaría de acuerdo con la mayoría a la hora de votar a favor de un linchamiento. De hecho, la única persona en quien Jorge podía confiar era Enrique.

—Espéreme un momento —le dijo, dirigiéndose a los ascensores.

Tenía tiempo de comer algo y cambiarse de ropa. Necesitaba refrescarse: había estado transpirando un sudor frío la mayor parte de la jornada y el día todavía estaba lejos de terminar. Pensó que tal vez incluso podía dormir una siesta de diez minutos. Tenía que estar lúcido y alerta cuando llegara a la discoteca de Genaro Ángel.

El busca del cártel sonó cuando Jorge estaba terminando un plato de sopa que había quedado del almuerzo. Era Fercho Castillo. El teléfono al que debía devolver la llamada era uno de los instalados en el apartamento 402. Esta vez decidió saltarse las precauciones que por lo general tomaba y realizó la llamada desde el teléfono de su casa. Unos momentos más tarde, escuchó la voz grave y áspera de Miguel Rodríguez Orejuela. Había salido de la caleta, pero estaba atrapado en el apartamento.

—¡Señor! ¡Gracias a Dios que está bien! —le dijo Jorge.

—¿Dónde estás? —gruñó el padrino.

—En mi casa.

—Richard, toda la maldita policía está en el edificio. Escúchame bien: esto es lo que quiero que hagas para sacarme de aquí...

El plan de huida de Miguel era muy endeble. Quería que Jorge, como un buen samaritano preocupado por los cincuenta o sesenta policías que estaban patrullando el edificio y los alrededores, les llevara comida de un restaurante. «Y después ¿qué?», preguntó Jorge. ¿En realidad Miguel creía que unos pollos rustidos y unos lomitos al horno iban a comprar cincuenta pares de ojos ciegos? Pues al parecer exactamente eso era lo que el padrino creía. Jorge pensó que se trataba de una idea demencial de un hombre que había estado atrapado mucho tiempo detrás de una pared, pero no se atrevió a calificarla de locura. Al final, simplemente accedió:

—Sí, señor.

Por atender la llamada del padrino, Jorge salió con retraso hacia la reunión. Bajó a toda prisa y condujo los diez minutos que lo separaban de la discoteca de Genaro Ángel, en la avenida Roosevelt. Enrique lo siguió en su motocicleta. La discoteca quedaba en el piso de arriba de un edificio de dos plantas. La discusión ya había empezado cuando los dos hombres entraron en el salón. Tal vez había sido su imaginación, pero Jorge sintió que estaban hablando de él. Sin embargo, nadie cuestionó su presencia.

La discoteca, que por lo general era un lugar mágico y seductor de penumbras, música vibrante y destellos intermitentes, parecía un local pequeño y de mala muerte bajo las luces brillantes. Las paredes y el techo estaban pintados de negro, lo que iba muy bien con el ánimo que imperaba allí. Ocho o nueve empleados del cártel a los que conocía Jorge, incluidos los tres amigos inseparables de William, estaban sentados alrededor de él en la pista de baile vacía.

—El Señor acaba de llamarme —anunció Jorge.

Así consiguió que todos le prestaran atención de inmediato. Además, era la excusa perfecta para presentarse a una fiesta a la que no había sido invitado. A continuación, Jorge explicó el plan de fuga ideado por Miguel, con la esperanza de que William lo encontrara igual de malo que él y le ayudara a convencer a su padre de que desistiera. No solo era poco probable que funcionara, sino que podía resultar contraproducente, pues cabía la posibilidad de que los medios grabaran o fotografiaran a quien entregara la comida, él o cualquier otra persona. La estrategia surtió efecto: William declaró que le parecía una idea terrible y que iba a hablar con su padre para convencerlo de intentar otra cosa.

Una vez liberado de la responsabilidad de llevarle comida a domicilio a la policía, Jorge se reclinó y trató de parecer sereno. Se dio cuenta de que le temblaban las manos, pero tuvo la esperanza de que nadie lo hubiera notado. Trató de disimular su nerviosismo cruzándolas detrás de su cabeza y recostándose hacia atrás. Supuso que parecía un adolescente perezoso sentado en la última fila de la clase. Le molestó que su perturbación fuera tan evidente y se preguntó qué otras señales estaría mostrando. La camisa se le había humedecido de nuevo.

La conversación pasó a valorar la posibilidad de enviar un equipo de rescate a algún lugar cercano a Colinas de Santa Rita, adonde el padrino pudiera llegar. Detrás del edificio había una cuesta empinada. Si Miguel lograba evadir a los policías del edificio, salir y trepar la colina, saldría a uno de los costados de la carretera al Mar, que lleva al puerto de Buenaventura. Alguien podría esperarlo allí y conducirlo a un lugar seguro. El plan no era fácil, en todo caso. Estaban discutiendo los obstáculos cuando sonó el teléfono móvil de William.

A pesar de que podía escuchar solo una parte de la conversación, Jorge pronto se dio cuenta de que quien llamaba era el capitán Buitrago. Este le contó a William que él también había recibido una llamada de Miguel para pedirle que encontrara una manera de sacarlo del edificio. Era imposible, dijo: montones de policías tenían rodeado el lugar.

—No me vengas con esa mierda —protestó William—. Ahora me dices que no puedes hacer algo que mi papá te pide, pero siempre puedes recibir el dinero que te da. Ahí no encuentras ningún problema; eso nunca es imposible.

Todos los asistentes a la reunión guardaron silencio para escuchar la conversación de William, que se mostraba muy poco comprensivo con la situación del capitán; de hecho, se iba poniendo más y más impaciente. El rostro se le enrojeció cuando su interlocutor le dijo una vez más que no era posible. William, que no estaba dispuesto a aceptar una negativa, gritó:

—¡Para esto es para lo que te pagamos, justamente para un momento como este! Así que depende de ti. ¡Encuentra una manera y hazlo!

William maldijo y colgó. Alguien preguntó qué iba a hacer el capitán.

—No podemos contar con Buitrago para nada —respondió William, negando furiosamente con la cabeza—. Lo haremos nosotros.

Trepar la pendiente detrás de Colinas de Santa Rita era un reto incluso para un hombre joven, atlético y ágil. La distancia entre el primer piso del edificio y el punto en que la cima de la colina se convierte en el borde de la carretera era de poco más de noventa metros, casi la extensión de un campo de fútbol. Claro que ese campo en concreto tenía una inclinación de cerca de sesenta grados, y estaba cubierto de arbustos espesos y espinosos. No era seguro que Miguel fuera capaz de subir la pendiente, si es que lograba salir del edificio sin que lo vieran. Pero era el único plan que se les ocurría. William llamó a su padre y él accedió a intentarlo.

Bien pasada la medianoche, la reunión de seguridad se trasladó al arcén de la carretera al Mar. Jorge y Enrique aparcaron en la orilla y levantaron el capó del coche, simulando que estaba averiado. De tanto en tanto, otros se acercaban y fingían ayudar. Decidieron que una vez que Miguel hubiera empezado el ascenso, alguien bajaría para ayudarle a completarlo. Bajo ningún concepto sería Enrique; pese a tener la fuerza de un toro, con su metro setenta y cinco y sus ciento veinte kilos, tenía más probabilidades de causar una avalancha que de llevar a cabo un rescate. Jorge pensó en la ironía: tal vez fuera él quien tuviera que arriesgarse a partirse el cuello por salvar a Miguel.

Cada cierto tiempo los hombres del cártel cambiaban de papel, aparcaban diferentes coches «averiados» y se retiraban antes de llamar la atención; sin embargo, la carretera tenía muy poco tráfico durante las horas de la madrugada del domingo y nunca se sintieron en peligro. Cuando empezaban a aparecer las primeras luces de la mañana al oriente, más allá del valle del río Cauca, el radioteléfono de William sonó. Era Buitrago de nuevo.

MUY EXTRAÑO

Mientras Jorge y William esperaban a que Miguel empezara a trepar la colina, el capitán había encontrado otra manera de sacar al padrino del edificio y ya lo había llevado a su nueva residencia secreta.

Según William, de alguna manera Buitrago había logrado retirar a todos los policías de la vía hacia el garaje; una vez allí, había escondido a Miguel en el maletero de su vehículo y había pasado delante de las narices de por lo menos cincuenta policías armados.

Bajo las primeras luces del amanecer caleño, Jorge celebró con abrazos y palmadas en la espalda el regreso de Miguel al liderazgo del cártel.

Más tarde, durante ese domingo, los medios informaron que el máximo jefe del cártel de Cali había escapado del arresto por un pelo, escondido en un compartimento secreto en la pared de un apartamento en Santa Rita. Por la mañana, unos policías que inspeccionaban el lugar habían encontrado abierta la puerta de la caleta. Dentro hallaron un tanque de oxígeno y una camisa manchada con sangre, lo que hizo pensar a las autoridades que el taladro de Jerry Salameh había alcanzado al padrino.

Los medios también relataron el incidente de los agentes antinarcóticos estadounidenses con un fiscal colombiano no identificado. Un reportaje en televisión mencionó a los cuatro agentes, a quienes les habían imputado cargos por abuso de autoridad. Feistl no había terminado de despertarse cuando recibió una llamada para citarlo esa tarde en la residencia del embajador de Estados Unidos en Colombia. El diplomático, Myles Frechette, estaba de muy mal humor. Ya tenía suficientes problemas tratando de navegar sobre las turbulentas relaciones de los dos países después de la controvertida elección de Samper como presidente, y ahora cuatro de sus agentes habían sido arrestados. Frechette era célebre por dirigir la embajada con mano dura y no tolerar que sus subordinados se vieran involucrados en escándalos. Feistl temió lo peor.

El agregado de la DEA, Tony Senneca, y los cuatro agentes que habían intervenido en la redada del apartamento de Miguel, fueron conducidos hasta la biblioteca personal del embajador. Los cómodos sillones parecieron arder cuando Frechette, evidentemente enfadado, entró en la sala y exigió sin rodeos que alguien le explicara qué diablos había sucedido.

Feistl fue el primero en hablar. Contó cómo se había planeado y llevado a cabo el registro, mencionó las valiosísimas pistas que su fidedigno informante les había dado y concluyó diciendo que estaban muy cerca de Miguel Rodríguez Orejuela cuando llegó el fiscal y les impidió continuar.

—¿Por qué estaban ustedes allí? —quiso saber Frechette; le parecía que los agentes estadounidenses debían quedarse a un lado y dejar que los colombianos hicieran sus propias pesquisas y sus propios arrestos; cuando Feistl empezó a explicar, lo interrumpió—: ¿Y por qué estaban taladrando las paredes, en vez de que lo hiciera la policía colombiana?

—La mayoría de los oficiales perdieron interés una hora después de haber empezado el operativo. Como no encontraron nada, se pusieron a ver la televisión —respondió Feistl—. Solo estábamos ayudando.

El embajador no pareció menos molesto que antes de la explicación. Sin embargo, Feistl se sintió tranquilo cuando Frechette bramó que eran muy afortunados de que la policía hubiera encontrado la caleta de Miguel en el apartamento; de lo contrario, les dijo amenazadoramente, todos estarían a punto de tomar el próximo vuelo a Miami.

Feistl se preguntó cómo era posible que algo que podría ser su mayor éxito profesional se estuviera convirtiendo en su peor pesadilla. En lugar de estar a punto de recibir un premio, estaba al borde de la ruina de su carrera, con el miedo constante de que su magnífico informante fuera asesinado en cualquier momento. Si es que aún no era demasiado tarde, no podían cometer más errores.

En Cali, la búsqueda de culpables empezó en serio a primera hora del lunes por la mañana. Miguel le encomendó a Jorge que fuera a Santander de Quilichao para interrogar a Fercho Castillo sobre lo que había escuchado y visto durante las doce horas en que estuvo ocupado el apartamento 402. También para confirmar si había dicho algo inconveniente, incluso sin proponérselo.

—Pero no vayas solo —le dijo el padrino—. Lleva a Valencia.

Esa demostración de confianza alivió profundamente a Jorge. No solo no era el principal objeto de la investigación, sino el encargado de dirigirla. Sin embargo, le parecía que Valencia podía ser un problema para él. La larga experiencia en inteligencia militar del ex sargento lo hacía particularmente peligroso, por lo que Jorge no podía darse el lujo de cometer ni el más pequeño error. Cualquier inconsistencia en sus palabras o en sus actos podía delatarlo ante los ojos expertos y críticos de Valencia.

Jorge lo recogió en su casa poco antes del amanecer. En medio de los saludos corteses, el hombre comentó que al parecer el informante era una mujer, lo que cogió a Jorge por sorpresa. Después de todo, tal vez sí se encontraba en el lado equivocado de la investigación: sin su participación, se estaban realizando reuniones en las que se discutían evidencias importantes. Estaba más desinformado de lo que pensaba. Después de unos momentos, se dio cuenta de que Valencia había seguido hablándole y él no había escuchado ni una sola palabra después de mencionar a «la informante».

Valencia había insistido en que Darío, amigo de William y segundo de Jorge, los acompañara. El hombre se sentó en el asiento trasero del Mazda plateado. Jorge trató de disimular la incomodidad que le producía; se sentía vulnerable al tenerlo detrás.

Después de que el segundo pasajero se subió al coche, Jorge empezó a mirar su espejo retrovisor con mayor frecuencia de lo habitual mientras conducía en dirección sur para salir de la ciudad.

Para ocasiones como esa, Jorge había instalado una grabadora en su coche. Estaba en el compartimento inferior de la puerta del conductor, debajo de un trapo que utilizaba para limpiar el parabrisas. Mientras con una mano manejaba el volante en mitad del tráfico fluido de la mañana, metió la otra en la puerta y presionó el botón de grabar. No hubo ningún sonido cuando el casete empezó a girar. A lo largo del camino, Jorge inventó excusas para detenerse y bajarse del coche tres veces, a fin de dejar a Valencia y a Darío solos con la grabadora.

Después de conducir casi una hora hasta Santander de Quilichao, encontraron a Fercho, todavía asustado por la odisea del sábado. Les dijo que había pasado veinticuatro horas sin comer, sin beber y sin dormir, preocupado todo el tiempo por la seguridad del Señor. También había tenido que soportar frecuentes interrogatorios por parte de la policía y de los agentes estadounidenses.

—¿Qué les dijo a las autoridades sobre don Miguel?

—Nada. Les dije que no había nadie más cuando me fui a la cama y no había nadie más cuando la policía tocó a mi puerta. —Fercho estaba ansioso por hablar del informante—. Los gringos tenían a alguien que sabía todo sobre el departamento. Era una mujer.

—¿Cómo lo sabe? —preguntó Jorge.

—Porque los escuché llamarla Patricia.

Valencia se rió. Dijo que probablemente se trataba de un nombre en clave y que era igual de probable que se llamara María, Ingrid o Mónica. Jorge estuvo de acuerdo.

—En todo caso, fuera quien fuera, sabía del escritorio, de los documentos, de la caleta... Sabía todo.

—¿Qué mujeres recuerda que hubieran ido al departamento? —preguntó Jorge, dando la impresión de que sería un interrogatorio minucioso.

—En mi turno, ninguna —respondió el hombre, que últimamente había estado alternándose con Mateo y con Memo Lara—. Solo puedo hablar por mi turno; no sé quién visitaría al Señor en los otros.

Jorge le pidió que mencionara a todas las personas que habían visitado el apartamento, ya fueran empleados del cártel, familiares, empleadas del servicio o mensajeros, a todos sin excepción. El único objetivo de esa enumeración era que Darío y Valencia supieran que Jorge no había estado en el apartamento.

Durante la siguiente media hora, Jorge resolvió el misterio que lo intrigaba. Castillo contó que había sido el piloto personal del general Serrano quien le había avisado a Miguel de la redada la noche anterior. Jorge no creyó oportuno preguntar sobre el piloto sin parecer sospechoso, pero Fercho añadió que el hombre era un viejo amigo de la familia Rodríguez Orejuela y que años atrás Gilberto le había financiado el curso de piloto.

Castillo no pudo ofrecer mucho más y el interrogatorio terminó unos cuarenta y cinco minutos después de haber empezado. Valencia le advirtió que probablemente la policía lo buscaría de nuevo; ahora que se sabía que Miguel sí había estado en el apartamento, podían imputarle cargos por encubrir a un fugitivo de la ley. El padrino quería que se escondiera por un tiempo, que se quedara con amigos o se mudara a un hotel, pero que no volviera a su casa. Valencia metió la mano en bolsillo de su pantalón, sacó un millón de pesos en efectivo —unos mil dólares— y se los ofreció.

—Te los manda don Miguel.

Durante el regreso, Jorge se preguntó qué opinaba Valencia de la historia de Fercho, pero más que nada se preguntó qué opinaban los otros dos hombres de él. De vuelta en Cali, hizo una parada más, esta vez en una oficina de la caja de ahorros Colmena, donde trabajaba un amigo suyo. Era una excusa para dejar a sus pasajeros a solas mientras la grabadora registraba su conversación.

Cada una de las paradas tuvo el efecto deseado por Jorge: que los pasajeros hablaran de él a sus espaldas.

—¿Qué opinas de él? —preguntó Darío en la primera parada.

—No sé —respondió Valencia—. Pero lo noto como nervioso, ¿no te parece? Y distraído.

—Sí, parece tener los nervios alterados. —Darío estuvo de acuerdo.

Este tipo de observaciones críticas se reiniciaban cada vez que Jorge se bajaba del coche, y se detenían cuando él regresaba. Valencia dijo que Jorge era un hijo de puta; que una vez le había advertido sobre un control militar, pero él creía que no era real. A sus espaldas, los dos colegas de Jorge dedicaron la mayor parte de su tiempo a solas en el coche sopesando si en realidad era alguien de fiar.

—A mí me parece un tipo muy extraño —concluyó Valencia.

En la última parada, afuera de Colmena, Valencia apenas había empezado a quejarse de Jorge cuando los dos hombres oyeron un ruido. ¿Acaso los estaban escuchando? La grabadora había empezado a zumbar, tenue pero perceptiblemente.

—¿Qué es ese ruido?

—Es un micrófono —respondió Darío, queriendo decir que se trataba de un dispositivo de interceptación.

Los micrófonos espía no producen ruido, pero el error era irrelevante, porque Valencia entendió de inmediato a qué se refería. Subió el volumen de la radio y encendió el ventilador del aire acondicionado. Los dos guardaron silencio.

Una vez que Jorge dejó a cada uno de los pasajeros en su casa, se dirigió a una calle tranquila y aparcó para sacar la grabadora. También sacó su busca de la DEA, que estaba en el maletero, y vio que tenía un mensaje con un número de teléfono. Antes de devolver la llamada, rebobinó el casete y escuchó la grabación una y otra vez.

«Sí, parece tener los nervios alterados», «A mí me parece muy extraño» y observaciones similares confirmaron sus temores: Valencia y Darío sospechaban de él. Jorge creía que Darío era poco más que un fastidio, alguien a quien se podía manipular fácilmente y que incluso podía resultar útil como conducto de desinformación. Pero Valencia era peligroso, pues quería ocupar el lugar de Jorge al lado de Miguel. Tenía un gran incentivo para causarle problemas a Jorge y podía explotar el actual ambiente de desconfianza para sacarlo del círculo cercano del capo, una degradación potencialmente letal. Incluso si lograba esconder su colaboración con la DEA, Jorge corría peligro por causa de un colega envidioso. Era evidente que el cártel no era lo suficientemente grande para él y Valencia.

Puso la grabación un par de veces más, para tratar de identificar el ruido por el cual los dos hombres habían subido el volumen de la radio y guardado silencio. Finalmente se dio cuenta de que era el zumbido del busca que había vibrado en el maletero. El mensaje de Feistl y Mitchell llegó mientras él estaba en la sucursal bancaria. Jorge les devolvió la llamada.

—Hola, Sean, ¿cómo está? ¿Quiere que lo saquemos de allá? —le preguntó Feistl.

—No. Creo que puedo arreglármelas —respondió Jorge.

Los caballeros homosexuales

Los agentes de la DEA se sentían con esperanzas debido a la confianza que Jorge estaba demostrando; desafortunadamente, no la compartían. Seguían preocupados por la seguridad de su informante; pensaban que si era asesinado, ellos ni siquiera se enterarían. Sencillamente pasarían sus días esperando una llamada que nunca iba a llegar.

Jorge había decidido apagar y guardar el busca de la DEA. Después de que el aparato vibró en un mal momento en el maletero de su coche, él se dio cuenta de que era muy peligroso llevarlo encima. Definitivamente no quería arriesgarse a tener que explicar a algún colega de qué se trataba. Así, al menos por el momento, cortó el contacto directo con Feistl y Mitchell. Los agentes no tuvieron más opción que esperar a que su informante los llamara cuando fuera seguro para él.

Jorge no llamó al día siguiente. Mitchell anotó en su diario el martes 18 de julio: «Sin noticias». El miércoles terminó con la misma anotación. Antes de irse a la cama el jueves por la noche, el agente volvió a escribir: «Sin noticias». No escribió cuántas veces Feistl había revisado su busca para confirmar si Jorge había llamado, pero debieron de ser muchas. El viernes por la mañana, los dos agentes habían tenido una larguísima semana en la que habían contado cada hora e imaginado cada desastre posible. Ese día un amigo suyo, funcionario del Departamento del Tesoro estadounidense, los invitó a almorzar. Los nerviosos agentes aceptaron la invitación con gusto. Necesitaban buena compañía y, tal vez, una cerveza.

Una mañana de esa semana, Jorge todavía estaba en casa con Lena cuando Miguel lo llamó desde su nueva residencia secreta. El padrino no perdió tiempo en introducciones corteses sino que fue directo al grano. Era una llamada de negocios.

—Estoy preocupado por ti, Richard —le dijo—. Me contaron que estabas muy nervioso el día del allanamiento.

El tono de Miguel fue seco y directo. Jorge supo de inmediato que quienes no le tenían confianza, principalmente William, Genaro Ángel y Valencia, habían estado hablando mal de él. Probablemente habían notado que le temblaban las manos, que sudaba demasiado, que estaba distraído. Frente al tono adusto de Miguel, Jorge tuvo pocos segundos para refutar esa peligrosa impresión que había dado.

—Por supuesto que estaba nervioso —respondió, casi sintiéndose aliviado de poder admitirlo—. ¿Cómo no iba a estar nervioso? Su bienestar me importa mucho y su seguridad dependía de mí. Hice todo lo que usted me pidió y, sin embargo, le fallé.

A continuación realizó un recuento de todas las precauciones adicionales que había tomado como respuesta a la llamada del padrino la noche anterior a la redada. Resaltó que había sido un gran logro que Enrique Sánchez, su hombre de mayor confianza, hubiera dado la alarma a tiempo para que Miguel se escondiera.

—Está bien, tienes razón —contestó el padrino bruscamente, tras una larga pausa.

Miguel tenía razones para creerle a Jorge y hacer caso omiso de las sospechas que le habían transmitido. Sabía que nunca había estado en Colinas de Santa Rita, que nunca había visto la caleta y que no tenía la menor idea del escritorio ni de su contenido. A pesar de las sospechas de otros, el padrino no veía cómo Jorge podía ser el soplón si no sabía nada de lo anterior.

Sin embargo, hizo algunas concesiones a William y a los que dudaban de Jorge. Genaro Ángel y sus hombres pasaron a ser responsables de la seguridad cercana de Miguel, dentro y alrededor de la nueva residencia secreta, mientras que Jorge quedó encargado de la seguridad en la zona periférica. Sus hombres tenían que monitorizar las acciones de la policía local y servir de vigías en los puentes cercanos sobre el río Cali. Estos eran la única vía de acceso al nuevo barrio de Miguel, Normandía, situado entre el río y las montañas. Se suponía que el padrino estaba en el edificio blanco más alto, pero al menos había cuatro opciones. Sin embargo, a Jorge no se le había permitido ni siquiera pasar por ahí, mucho menos patrullar las calles al norte del río.

—Ni se te ocurra venir por esta zona —le dijo el padrino.

Jorge decidió que no podía darse el lujo de tener el ojo inquisitivo de Valencia suelto por ahí, tratando de sembrar dudas sobre él o de influir en el cada vez más reducido círculo de consejeros cercanos del cártel. En esas circunstancias era fácil erosionar la confianza que le tenía Miguel. Desde que Jorge había escuchado la grabación de la conversación en su coche, supo que no tenía opción: debía deshacerse de Valencia.

La justicia lo estaba buscando: se le acusaba de pasar información confidencial al cártel de Cali y de aceptar sobornos. Mientras Valencia estuvo en el Bloque de Búsqueda, la mafia le pagaba 1.000 dólares mensuales, más extras cada cierto tiempo; en total, 20.000 dólares durante todos los años que había trabajado como espía para el cártel. Jorge sabía dónde vivía Valencia, puesto que lo había recogido el día que fueron a Santander de Quilichao. Filtró la dirección a un amigo de la familia que era miembro de la oficialidad del ejército.

Un par de días después, cuando Valencia salía de su casa, se encontró rodeado de oficiales de inteligencia del ejército vestidos de civil y armados con ametralladoras. Se entregó sin oponer resistencia. Al poco rato, Miguel llamó a Jorge para contarle la preocupante noticia y pedirle que encontrara al mejor abogado defensor de la ciudad, alguien que no hubiera trabajado para ellos. Como el padrino tenía la esperanza de mantener en secreto que Valencia era empleado del cártel, no quería que los abogados que trabajaban habitualmente para la mafia se hicieran cargo del caso.

—Creo que conozco a la persona idónea —le aseguró Jorge a su jefe.

Unas horas más tarde, estaba organizando la defensa del hombre al que había hecho arrestar.

Durante los días posteriores a la redada fallida, Jorge no solo estuvo ocupado cuidándose la espalda. Una mañana recibió una llamada inesperada del capitán Efrén Buitrago, que necesitaba pedirle un favor. El cártel le debía dinero, pero a él le parecía descortés cobrarle a Miguel o a William, teniendo en cuenta que estaban atravesando tiempos complicados. Evidentemente, al capitán le preocupaba que arrestaran al padrino antes de que le pagara lo que le debía.

—Me deben cincuenta cajas —le dijo a Jorge en la breve conversación telefónica—, pero no me las han enviado.

—No se preocupe, me encargaré personalmente —le aseguró Jorge.

Las cincuenta cajas eran, en clave, cincuenta millones de pesos.* Jorge habló con Mateo y al día siguiente este le entregó dos cheques firmados por Miguel, uno a nombre de la mamá de Buitrago y el otro a nombre de su hermana. Mateo le dijo a Jorge que los consignara en las cuentas respectivas, en un banco de Palmira, cerca del aeropuerto. Pocos días después, Jorge le entregó a Buitrago los comprobantes de consignación.

* Cerca de 50.000 dólares. *(N. de la T.)*

Al mismo tiempo, Jorge intentaba verificar cuál era el nuevo escondite de Miguel, con la esperanza de que pudiera organizarse otro operativo de manera inmediata. El ambiente de suspicacia que lo rodeaba intensificaba su sensación de urgencia. Cuanto más pronto llevara a Feistl y a Mitchell de nuevo a la puerta de Miguel, más rápido podría sacar a su familia y a Pallomari de Cali y conducirlos a un lugar seguro.

Decidió asumir la labor como si fuera una misión de inteligencia militar, explorando sobre el terreno puntos de observación y aproximación y buscando posibles rutas de acceso. Como Miguel le había prohibido pasar por el barrio donde estaba viviendo, Jorge reclutó a un amigo para que fuera allá y consiguiera la dirección de los dos edificios que él consideraba más probables. El hombre no le hizo ninguna pregunta.

Jorge temía que lo estuvieran siguiendo, pero cuando estaba seguro de que no era así, se dedicaba a hacer rondas en miradores y en otros puntos estratégicos desde donde pudiera tomar fotografías de los edificios en cuestión. Una noche, después de haber subido una empinada pendiente detrás de uno de los edificios en busca de un buen ángulo para tomar una foto, encontró un canal de desagüe. Obviamente, tenía como objetivo canalizar el agua de lluvia que corría montaña abajo para evitar que inundara la zona residencial en la falda de la montaña, pero Jorge le vio utilidad estratégica también. El canal tenía un poco más de dos metros de profundidad, muros de hormigón inclinados y fondo plano. De noche, un escuadrón de búsqueda podía usarlo para llegar al edificio sin ser detectado, emergiendo a escasos diez metros de este.

Jorge decidió que era hora de enviar un mensaje al busca de Feistl. Aunque el mensaje interrumpió el almuerzo de los agentes en casa de su amigo, el viernes 21 de julio, devolvieron la llamada de inmediato y celebraron que por fin Jorge se hubiera puesto en contacto con ellos. Les informó que Miguel se había mudado, que solo tres o cuatro personas conocían su ubicación exacta, y que él tenía una idea muy certera del edificio donde podía estar, pero ni hablar del apartamento o de la planta. Les avisó que iba a enviarles un paquete con fotos de los edificios sospechosos a través del servicio de mensajería de Avianca que entregaba el mismo día.

—¿Y usted cómo está? —le preguntó Feistl—. ¿Fuera de peligro?

Jorge tuvo que reconocer que era uno de los sospechosos, pero que hasta ese momento todo iba bien porque Miguel no creía que él pudiera ser el soplón.

Ahora que el silencio se había roto, Jorge y los agentes reanudaron su intensa agenda de reuniones y acopio de inteligencia. El objetivo se redujo a un edificio blanco de diecinueve plantas llamado Hacienda Buenos Aires. Jorge dijo que estaba seguro a un ochenta por ciento de que Miguel se escondía allí, pero los agentes pensaban que las probabilidades incluso eran más altas: habían descubierto que el dueño del edificio era un empleado en nómina del cártel. Sin embargo, no era suficiente todavía. Nadie iba a embarcarse en otra redada sin estar cien por cien seguro de que el máximo jefe del cártel estaba allí.

Los tres acordaron reunirse nuevamente en las afueras de la ciudad, en los cañaduzales cercanos al CIAT.

Jorge y los estadounidenses llegaron por separado y se encontraron al atardecer en una carretera sin asfaltar, a unos ochocientos metros del lugar donde se habían citado la primera vez, hacía casi tres semanas ya. En ese corto tiempo habían pasado juntos por tantas cosas que se sentían en confianza.

Escogieron ese lugar porque pensaron que habría poco movimiento a esa hora. Aunque el CIAT estaba cerrado, encontraron el tráfico particularmente denso. La mayoría de los coches eran taxis de Palmira, Renaults y Fiats amarillos que aminoraron la velocidad al pasar a su lado, pero ninguno se detuvo.

—¿Por qué habrá tantos taxis por aquí? —preguntó Mitchell, mientras Feistl aparcaba un poco más allá de la carretera, con la esperanza de tener algo más de privacidad.

Jorge había llevado consigo una serie de mapas, algunas ampliaciones de fotografías de Hacienda Buenos Aires desde varios ángulos y un plano del canal detrás del edificio. Apenas habían empezado su conversación cuando una camioneta blanca, con una franja verde en los laterales, se detuvo unos veinte metros detrás del auto de los agentes.

—¡Dios mío, es la policía! —exclamó Jorge por lo bajo.

Feistl, preocupado de que pareciera que estaban tramando un complot, instintivamente tomó los mapas y los papeles de Jorge y los metió debajo del asiento delantero del vehículo. Y como estaban muy cerca de la plantación de caña, ambos agentes tiraron sus armas en el espeso follaje sin que los oficiales alcanzaran a verlos. Ninguno de los dos tenía permiso; explicar por qué estaban armados seguramente requeriría un viaje al cuartel de la policía y una llamada a la embajada.

—Si nos arrestan, me van a matar —susurró Jorge antes de bajarse del coche. Después hizo su mejor esfuerzo por sonreír espontáneamente al ir al encuentro de los policías, que se estaban bajando de la camioneta.

Ni Jorge ni los agentes de la DEA podían correr el riesgo de identificarse ni de explicarle a la policía qué estaban haciendo allí. Si les requisaban el vehículo, encontrarían las fotos y los mapas, por no mencionar las armas en el cañameral. Habría razones más que suficientes para continuar el interrogatorio en el cuartel de la policía. Jorge supuso que el Buitre, u otro de los informantes del cártel, sería el primero en saber que lo habían detenido para interrogarlo. Esa podía ser su sentencia de muerte.

En la camioneta venían cinco policías de la estación de Palmira. Se bajaron y caminaron hacia Jorge, cada uno con una ametralladora Uzi de fabricación israelí. Jorge casi no podía respirar. «No tengo salida», pensó. Entonces musitó una oración desesperada de último momento: «Dios mío, ayúdame. ¿Qué hago?».

—¡Buenas tardes! ¿Cómo han estado? —saludó con entusiasmo a los policías—. ¿Qué puedo hacer por ustedes?

El joven teniente miró con recelo al hombre que se estaba mostrando tan amistoso. Iba bien vestido y no parecía armado. Después observó a los dos estadounidenses, que estaban de pie junto a su auto, a unos quince metros.

—Estamos investigando un asesinato. Mataron a un taxista no muy lejos de aquí —le dijo el teniente—. Quiero saber qué están haciendo ustedes acá.

—Qué mal —respondió Jorge—, pero no hemos visto nada raro. Los dos gringos trabajan en el CIAT. Somos amigos y solo estábamos charlando. No queremos problemas.

Sin embargo, el teniente y el sargento estaban decididos a inspeccionar los dos autos y a interrogar a los estadounidenses. Se dirigieron hacia el Mazda de Jorge, que abrió el maletero antes de que se lo pidieran, ansioso de mostrar que no escondía nada.

—Ustedes pueden corroborar que no tenemos drogas ni contrabando. Y obviamente no somos sicarios —les dijo a los oficiales—. No hay necesidad de molestar a los gringos.

Tan rápido como había abierto el maletero, Jorge lo cerró al cabo de unos segundos, pues se acordó de que había escondido en el guardabarros cinco radioteléfonos del cártel, ninguno de los cuales tenía licencia. En Colombia se castigaba con igual severidad a quien llevara un radioteléfono sin licencia o un arma sin licencia. Por fortuna, los policías no vieron los dispositivos, en su afán de interrogar a los agentes de la DEA.

Feistl y Mitchell repitieron la historia de Jorge: trabajaban en el CIAT y solo estaban charlando con un amigo después del trabajo. No estaban haciendo nada ilegal. Cuando los policías les pidieron sus documentos, Jorge no tuvo más alternativa que mostrar su cédula. Los estadounidenses dijeron que no traían consigo su identificación del trabajo. Feistl fingió buscar su carnet en el coche y disimuladamente le pasó unos billetes a Jorge: una contribución del gobierno estadounidense al soborno que iban a tener que llevar a cabo. Cuando el teniente presionó a los hombres para que le mostraran algún tipo de identificación, Jorge lo llamó aparte y le dijo que necesitaba hablar con él a solas.

—Está avergonzando a los gringos, y no es necesario. Tome, recíbame esto y olvídese de ellos, ¿sí? —le dijo lo más discretamente que pudo, mientras le ofrecía un puñado de billetes que sumaban alrededor de seiscientos cincuenta dólares. El teniente miró los billetes e hizo caso omiso de ellos. Quería registrar el coche de los agentes, pero Feistl protestó.

—Hombre, esto es una locura. No hemos hecho nada malo.

—Si no han hecho nada malo, ¿por qué me quieren sobornar? —respondió tranquilamente el policía.

Feistl, que también era un oficial honesto, se sorprendió por la pregunta. Encogiéndose de hombros, dijo:

—¿No tiene mejores cosas que hacer? ¿Qué tal arrestar a un ladrón? —Para sus adentros, sin embargo, maldijo su suerte: «¿Cómo es posible que justamente ahora nos toque el único policía honesto de Colombia?».

Jorge intervino de nuevo. Le hizo una seña al teniente y le dijo en voz baja:

—Mire, ya le dije que todo esto era embarazoso para los gringos, pero voy a tener que ser honesto con usted: somos homosexuales y este encuentro era algo privado. Si usted continúa presionando, podría haber un escándalo que sería vergonzoso y dañino para todos. Por favor, se lo pido, tome el dinero y respete nuestra privacidad.

El teniente se quedó mudo y de una pieza, esta vez sopesando la propuesta. Jorge le ofreció el dinero de nuevo, pero el hombre dudó y no lo recibió.

—Un momento —le dijo a Jorge y se retiró para discutir el asunto con el sargento.

Este se acercó a hablar con Jorge y recibió los billetes. Se había cerrado el trato.

Los tres caballeros homosexuales exhalaron un suspiro de alivio mientras la camioneta de la policía se alejaba. Todavía seguían en la jugada, y su plan para hacer caer al jefe del cártel de Cali seguía siendo un secreto. Pronto iba a oscurecer, así que Feistl y Mitchell se apresuraron a recuperar sus armas de las sombras de la plantación de caña. Mitchell contó el efectivo que tenía y se dio cuenta de que había contribuido con casi trescientos dólares al soborno. Temió el papeleo que le esperaba, aunque seguramente ese iba a ser un informe de gastos muy interesante.

Jorge condujo de regreso a casa celebrando lo que consideraba una plegaria atendida. ¿La prueba? Todavía no estaba muerto.

¡Adelante!

La recepción de suelo de mármol del hotel Intercontinental se había convertido en el cuartel general de Jorge para sus operaciones de seguridad. Su ubicación central, los teléfonos públicos, el restaurante, el aire acondicionado, los baños y el personal que trabajaba al servicio del cártel lo convertían en el lugar perfecto. Además, estaba justo al otro lado del río Cali respecto del escondite de Miguel. Desde allí, Jorge distribuía sus patrullas de motociclistas para que vigilaran los puentes de acceso a Normandía e informaran de los movimientos de la policía y el ejército.

La noche del viernes 4 de agosto de 1995, Darío atravesó la recepción del hotel acompañado por Jorge. Al otro lado de las puertas de cristal los esperaban dos centinelas en motocicleta para iniciar su labor. Se estaba haciendo tarde; ya eran casi las diez y los hombres que iban a empezar el turno necesitaban recibir sus últimas instrucciones antes de que Jorge diera por terminado su día y se fuera a casa. De repente, el busca de la DEA vibró en el bolsillo de su pantalón. Jorge pensó ignorarlo, pues le preocupaba que Darío le hiciera preguntas. Sin embargo, Darío no se dio cuenta de que ocurriera algo sospechoso a menos que alguien se lo hubiera hecho notar. Además, Chris y Dave nunca llamaban tan tarde, por lo que Jorge pensó que la llamada del busca podría ser importante. Lo sacó y miró la pantalla luminosa: era el número en clave, que ya le resultaba familiar, del teléfono público de una de las pizzerías favoritas de los agentes.

—Lo siento, necesito llamar a mi esposa —le dijo a Darío—. Voy en un momento.

Darío asintió sin dudar un segundo y continuó en dirección a la calle mientras Jorge se dirigía hacia los teléfonos públicos. Pudo ver a Darío y a los dos hombres en motocicleta saludarse alegremente al otro lado de las puertas de cristal del hotel. Marcó el número y esperó a que le contestaran, sin dejar de mirar a sus hombres.

Feistl contestó.

—Hola, Sean. Ha surgido algo. Vas a tener que tomar una decisión.

Las cosas habían estado moviéndose rápidamente en Cali y en Bogotá desde el primero de agosto, la noche de su encuentro con la policía en el cañameral.

Una serie de operativos de vigilancia nocturna por parte de los agentes de la DEA habían confirmado que Miguel se escondía en Hacienda Buenos Aires. Desde un mirador cercano que compartían con amantes y excursionistas, Feistl y Mitchell habían estado observando con unos prismáticos de largo alcance el lujoso edificio de diecinueve plantas y habían visto en las ventanas de la décima a las empleadas de Miguel, dos mujeres negras con uniforme blanco. Jorge no estaba seguro que la primera planta del edificio estuviera al nivel de la calle o más arriba, y el escuadrón de redada no podía darse el lujo de llegar al piso equivocado.

Jorge les había dicho que iba a tratar de localizar exactamente qué salida del ascensor era la apropiada, pensando que tenía uno o dos días para hacerlo. Mientras tanto, había estado ocupado tratando de debilitar la red de seguridad de Miguel. Su primer objetivo fue el hombre de zapatos blancos que trabajaba en Telecom, Carlos Espinosa, más conocido como «Pinchadito». Jorge le había pasado información incriminatoria sobre él a un amigo que trabajaba en el ejército. Le dijo que el cártel le había pagado muy bien por la instalación de los teléfonos de Miguel, por crear trampas electrónicas y señuelos que impedían a las autoridades rastrear las señales telefónicas del padrino y por ayudar a intervenir las señales de denuncia de la policía.

Mientras Jorge ponía en orden sus cosas, Feistl y Mitchell hacían lo propio. Querían evitar a toda costa la confusión de la primera redada y las demoras causadas por dilemas jurisdiccionales. Esta vez se reunieron con antelación con el fiscal general y lograron que aprobara una serie de concesiones: podrían escoger al fiscal que quisieran para supervisar la batida y recibirían una orden de registro que los autorizaría a derribar la puerta del apartamento de Miguel. Sin demoras, sin preguntas, sin objeciones nimias por daño a la propiedad privada. También le pidieron al general Serrano que se quedara en casa para no alertar a su piloto. Finalmente, solicitaron la colaboración de la rama de la milicia que había escapado a la corrupción del cártel: una unidad de fuerzas especiales de la Armada Nacional que tenía base en Buenaventura.

De hecho, las cosas habían progresado tan rápido que los agentes de la DEA estaban listos para realizar la redada antes de que Jorge les diera luz verde. Pero en deferencia al hecho de que él estaba arriesgando su vida, Feistl y Mitchell habían asegurado que iban a esperar hasta que él decidiera cuál era un buen momento para proceder. Jorge se sentía ansioso; no estaba convencido de que Miguel se escondiera en la décima planta de Hacienda Buenos Aires y quería saber más sobre el sistema de seguridad dentro del edificio. Pero estaban presentándose eventos y circunstancias que escapaban al control tanto de los agentes de la DEA como del propio Jorge, que obligaban a este a tomar una decisión esa misma noche, en un teléfono público del hotel Intercontinental.

En los últimos días, reportajes de prensa y procesos judiciales habían sacudido al gobierno de Ernesto Samper. Santiago Medina, el contable de su campaña, había sido arrestado y estaba confesando lo que ya habían mostrado los registros hallados en el escritorio del apartamento 402, es decir, que el cártel de Cali había donado millones de dólares a la campaña. Por su parte, Fernando Botero, jefe de la campaña, y ahora ministro de Defensa, acababa de ser arrestado y se veía obligado a renunciar a su cargo esa misma noche.

El general Camilo Zúñiga, comandante general de las fuerzas militares, reemplazaría temporalmente a Botero en el ministerio. Y antes incluso de asumir el cargo, ya les había solicitado a la Policía Nacional y a todas las divisiones de las fuerzas militares una descripción completa de todos los operativos antidroga que se estuvieran llevando a cabo en ese momento en el país. La quería sobre su escritorio a las ocho de la mañana del primer día laboral de la semana siguiente. Estas noticias preocuparon a Jorge.

El general era amigo de Miguel. Jorge lo sabía por boca de su jefe. El padrino consideraba al general como su contacto más importante en las fuerzas militares. Jorge pensó que solo en Colombia pasaría algo así: que la captura de un capo se le encargara a un amigo suyo. Pero Feistl lo había llamado para ofrecerle una solución.

—Estamos listos para esta noche —le dijo.

—¿Esta noche? —respondió Jorge ahogadamente.

Previendo que la redada pudiera realizarse no más tarde del domingo o el lunes, los agentes de la DEA habían convocado a los hombres de la Armada Nacional y a una unidad especial de policía antinarcóticos que venía desde Bogotá. Adelantar el operativo para la madrugada del domingo solo significaba no dormir esa noche. El equipo de la DEA estaba ansioso por entrar en acción de inmediato, y Feistl tenía la esperanza de convencer a Jorge de que les diera el visto bueno.

Para Jorge no había margen de error: era cuestión de vida o muerte. No estaba tan seguro como los estadounidenses de que Miguel se encontrara en el apartamento de la décima planta. Sí, era probable, pero no estaba completamente confirmado. Le habría gustado, además, contar con más tiempo para levantar dudas sobre otros posibles culpables. Y ahora tenían que enfrentarse al problema de Zúñiga. Jorge se sintió como Butch Cassidy o Sundance Kid, con el dilema de enfrentarse a un pelotón o lanzarse a un precipicio. Fueron las noticias sobre Zúñiga las que lo hicieron tomar una decisión allí mismo.

—Adelante —dijo.

Colgó y se apresuró a salir al encuentro de Darío y sus hombres. Había hecho un gran esfuerzo durante las últimas tres semanas para aumentar la visibilidad de Darío como segundo a cargo de la seguridad del cártel. El joven seguía siendo perezoso, lento y poco de fiar, pero también seguía siendo muy amigo de William. Si esa madrugada arrestaban a Miguel, todos iban a amanecer al día siguiente con su hijo como nuevo rey del cártel. Jorge quería que Darío estuviera lo más involucrado posible en los procesos de seguridad, para que tuviera que compartir la culpa por el catastrófico error de seguridad que estaba a punto de ocurrir. Por lo menos Jorge se las había arreglado para definir dos posibles culpables, Darío y Pinchadito, pero el tiempo para urdir más estratagemas se había agotado y ahora se veía obligado a afrontar la parte más difícil de su plan: esperar.

Trató de que no se le notara que estaba ansioso mientras se preparaba para ir a la cama. Pensó en pedirle a Lena que rezaran juntos una oración adicional, pero finalmente decidió no hacerlo; ofreció una plegaria en silencio: «Por favor, Dios, ayuda a Chris y a Dave», y apagó la luz. Pensó que iba a dar vueltas y vueltas sin conciliar el sueño; pero estaba tan cansado, física y mentalmente, que en pocos minutos se durmió.

Mientras Jorge dormía, un convoy de tres camiones civiles de reparto de mercancía seguía a un sedán a través de algunos de los barrios más acaudalados del norte de Cali. En cierto punto, pasaron a dos calles de la casa de William Rodríguez. Escondidos debajo de la lona de los camiones iban unos doce oficiales de la Armada Nacional en uniforme de combate, unos veinte oficiales antinarcóticos de la Policía Nacional —algunos con traje de faena, otros vestidos de civil— y una fiscal escogida especialmente para la misión. La única mujer del grupo iba vestida como para ir al tribunal, en caso de que fuera necesario: blusa color turquesa, pantalones blancos y zapatos de tacón alto. No estaba preparada para lo que vendría después.

El asalto al edificio de Miguel comenzó en la oscuridad, poco antes de las cuatro de la mañana. Los camiones aparcaron en la ladera de una colina oscura y despejada. Las condiciones eran complejas. La primera fase consistía en un ascenso empinado de cerca de noventa metros, a través de un terreno agreste y en medio de la oscuridad, hasta llegar al canal de desagüe. Mitchell y los hombres de la Armada Nacional llegaron primero al canal, flanqueado por muros de hormigón, y asustaron a una pareja de adolescentes que estaban besándose en la penumbra. El asunto dejó de ser romántico cuando los oficiales los registraron bruscamente para confirmar que no iban armados ni tenían radioteléfonos antes de permitirles que se marcharan. El escuadrón continuó el ascenso sin contratiempos.

Feistl y Mitchell tomaron la delantera y guiaron al grupo a lo largo de los sinuosos cuatrocientos metros del canal. Prácticamente era imposible que los vieran, escondidos como iban entre los muros de hormigón de dos metros y medio de altura y protegidos por la profunda oscuridad. Sin embargo, la marcha de treinta y cinco personas con botas de combate y una con tacones altos provocó que los perros de las chozas dispersas por la colina empezaran a ladrar. Mitchell apremió al grupo y rezó por que Miguel no tuviera el sueño ligero.

El canal llegaba hasta el borde del cerro y empezaba a bordearlo, a cortísima distancia del edificio de Miguel. El apartamento de la décima planta quedaba a pocos metros, casi al mismo nivel del borde del canal. Mitchell se acostó boca abajo y observó con los binoculares hacia la ventana. Pudo ver claramente dentro del apartamento, pero no había ninguna señal de movimiento. Entonces los dos agentes esperaron a que el resto del grupo los alcanzara. Los últimos en llegar fueron la fiscal de tacones altos y pantalón blanco y Rubén Prieto, que había estado ayudándola.

—Debieron haberme dicho que íbamos a escalar una montaña —dijo la mujer jadeando.

Feistl se encogió de hombros como disculpándose con la dama y a continuación hizo un gesto para que todos se reunieran silenciosamente en torno a él en el fondo del canal. Finalmente, les informó que su objetivo era la décima planta de la torre blanca que se veía sobre los muros del canal.

—Estamos aquí para capturar a Miguel Rodríguez Orejuela, jefe del cártel de Cali —concluyó.

Todos recibieron la noticia con evidente entusiasmo, menos la fiscal, que se mostró abiertamente molesta de que no le hubieran informado de antemano sobre la verdadera naturaleza de la misión y de que no le hubieran advertido sobre las dificultades físicas que implicaba. Peor todavía, le temía a las alturas y la parte más difícil de la excursión estaba por venir: un descenso escabroso y muy empinado de poco más de cincuenta metros.

Feistl dejó al equipo, volvió al lugar donde había aparcado el coche y condujo a un punto que habían decidido de antemano, justo afuera del perímetro de seguridad custodiado por los hombres de Genaro Ángel. Podría responder rápidamente en caso de que ocurriera algo inesperado.

El plan que habían ideado requería que Mitchell se quedara en el cerro, cerca del canal, vigilando el apartamento con los prismáticos para informar por radioteléfono los movimientos que atestiguaría mientras se llevaba a cabo la redada. El resto del escuadrón siguió a los agentes Salameh y Prieto cuesta abajo en la oscuridad.

Poco después, el descenso se volvió peligroso: se encontraron con un inesperado barranco, casi vertical, que hacía pensar en una pista empinada solo para expertos esquiadores.

Prieto echó una mirada al desfiladero.

—Alguien se va a partir el cuello —comentó, preocupado.

—No podemos esperar —insistió Salameh, que cargaba un mazo de nueve kilos para echar abajo la puerta de Miguel—. Usted quédese con ella —le dijo a Prieto, señalando a la fiscal antes de saltar.

Era la primera vez que Salameh esquiaba. Se deslizó y patinó los primeros seis metros sobre la suela de sus botas, después cayó sentado y se deslizó sobre el forro de sus pantalones varios metros más, y voló los últimos dos o tres metros en una avalancha de tierra y grava… sin soltar el mazo.

Cuando Feistl, que estaba en el coche esperando recibir por el radioteléfono la noticia de que el escuadrón iba a entrar en el edificio, escuchó a Salameh pedir ayuda, supo que el descenso no estaba resultando según lo planeado.

—Estamos aquí… en el edificio… y necesitamos ayuda. —El mensaje no era desesperado, pero sí urgente.

—Voy para allá —respondió Feistl.

Supuso que un coche con un solo ocupante no llamaría la atención de los centinelas del cártel. Conteniendo la necesidad de acelerar, condujo despacio.

Al detenerse entre la ladera de la colina y la entrada principal del edificio Hacienda Buenos Aires, Feistl esperaba ver a la mayoría de los treinta y cinco miembros del escuadrón, pero solo vio a Salameh, que caminó hacia el vehículo.

—¿Jerry? ¿Dónde están los demás? —le preguntó bajando la ventanilla del coche, sin entender nada.

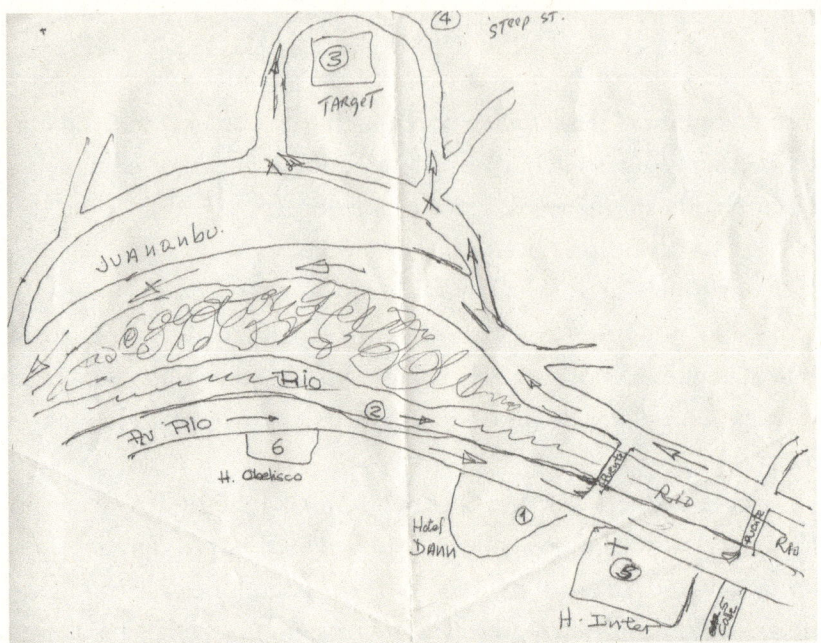

Tras el fracaso de la primera redada, Jorge Salcedo les dio a los agentes de la DEA un croquis, dibujado por él, del nuevo escondite de Miguel, en un barrio residencial al norte del río Cali. Al principio, Jorge pensó que el objetivo era el número 3 o el 4, pero rápidamente se confirmó que Miguel estaba en el edificio Hacienda Buenos Aires, marcado en el mapa con el número 3. Dado que las vías de acceso eran limitadas y fáciles de monitorizar, el escuadrón tendría que bajar por la ladera de una colina, fuera del área comprendida en el croquis. (Este mapa procede de los archivos de la DEA.)

El edificio Hacienda Buenos Aires (3) y la segunda opción (4) donde en principio se pensó que se escondía Miguel. El canal de desagüe apenas puede verse en la montaña detrás del edificio número 4, hacia la esquina superior derecha de la fotografía. Jorge Salcedo tomó la foto y se la dio a los agentes de la DEA. (Por cortesía de la DEA.)

El edificio Hacienda Buenos Aires visto desde el canal en el cerro desde donde llegó el escuadrón de oficiales colombianos y estadounidenses. Jorge Salcedo tomó la foto y se la dio a los agentes de la DEA. (Por cortesía de la DEA.)

El ascenso del hijo

Feistl miró hacia la ladera del cerro y no vio señales de los treinta y pico hombres que estaban tratando de bajar lentamente en medio de la oscuridad. Ningún refuerzo parecía aproximarse. El escuadrón, a la entrada del edificio, sumaba apenas seis hombres, y dos de ellos eran Feistl y Salameh. El embajador Frechette había dado la orden a los agentes estadounidenses de hacerse a un lado y dejar que los colombianos se pusieran al frente de las redadas, pero no había suficientes colombianos en aquel momento como para ponerse al frente de nada. Por supuesto, Frechette no estaba ante el dilema de tener que esperar a las puertas del escondite del jefe del cártel de Cali mientras el reloj hacía tic tac y el factor sorpresa estaba a punto de perderse en cualquier momento.

—Tenemos que ir —insistió Salameh de nuevo—. Hemos esperado diez minutos ya.

El escuadrón terminó conformado solo por cinco hombres, porque uno de los policías colombianos había reducido a dos de los vigilantes nocturnos del cártel y tenía que quedarse con ellos para mantenerlos en silencio y asegurarse de que no escaparan. Un oficial de la Armada Nacional y dos policías colombianos acompañarían a Feistl y a Salameh a la décima planta. No era exactamente una fuerza especial, en particular si se encontraban con guardias armados, pero Feistl pensaba que eso era poco probable. Jorge le había asegurado que el padrino prefería tener sistemas de alerta en lugar de gente armada a su alrededor. Lo que en realidad le preocupaba al agente era que se dieran cuenta de su presencia y de que Miguel tuviera tiempo de esconderse de nuevo en alguna caleta. Y ese riesgo era más y más real cada segundo que pasaba. El agente examinó por unos momentos a su pequeño equipo. El mazo era la única herramienta que necesitaban. Los hombres lo miraron, expectantes.

—Está bien, vamos —les dijo—. Pero por las escaleras.

Los cinco hombres armados y el mazo entraron en el edificio y marcharon escaleras arriba hasta la décima planta. La entrada del apartamento tenía una elegante y pesada puerta de madera. Los dos agentes de la DEA flanquearon la puerta y, en deferencia a las reglas, Salameh le dio el mazo a uno de los colombianos para que hiciera los honores. El hombre levantó la pesada herramienta y la descargó sobre la puerta. La cabeza de acero golpeó el panel en medio y rebotó ligeramente; aunque dejó una marca, no le hizo ningún daño a la estructura. De inmediato, Salameh tomó el mazo y lo levantó de nuevo mientras los demás se hacían a un lado para darle espacio.

El radioteléfono de Feistl emitió un chirrido de estática antes de que se escuchara la voz de Mitchell informando con urgencia, desde su puesto de observación en el cerro, que se habían encendido las luces del apartamento. Con todas las fuerzas de su cuerpo, Salameh descargó el mazo justo sobre la chapa de la puerta. El pestillo siguió cerrado pero se aflojó, y las jambas cedieron. Un segundo golpe entreabrió la puerta, y un tercero la abrió por completo. Fue cuestión de segundos, pero parecieron cinco minutos.

Feistl fue el primero en atravesar los restos de la puerta y entrar en el vestíbulo oscuro. Nunca había visto un plano del lugar ni sabía hacia dónde dirigirse. El apartamento, de casi cuatrocientos metros cuadrados y suelos de mármol, ocupaba toda la décima planta. El agente giró rápidamente a la derecha y buscó a tientas un interruptor de luz mientras los demás se dispersaban en direcciones diferentes. De repente se encontró en la cocina, donde vio un conmutador telefónico de la marca Panasonic sobre una mesa, lo cual le hizo pensar que estaban en el lugar correcto. En frente, al final de un pasillo oscuro, se encendió una luz. Corrió a hacia ella y se encontró con un hombre que no estaba armado; era evidente que momentos antes dormía profundamente. Feistl reconoció a Mateo, pues lo había seguido durante casi una semana hacía poco. Eso le confirmó a Feistl que sin lugar a dudas estaban en la casa de Miguel. Le preocupaba que el padrino hubiera tenido tiempo de escabullirse en alguna caleta.

En alguna parte del fondo del apartamento, el agente escuchó un alboroto ahogado. Era el oficial de la Armada Nacional, que gritaba:

—¡Lo encontré! ¡Lo encontré!

Feistl corrió hacia el lugar de donde provenían los ruidos, atravesando otro pasillo y la habitación principal hasta llegar a un enorme guardarropa en el que encontró al fornido oficial sujetando con su enorme manaza a un hombre mucho más pequeño, sin afeitar, en calzoncillos y camiseta. Estaban de pie junto a una puerta al nivel del suelo que daba paso a una caleta en la pared. Feistl sacó su radioteléfono y llamó a Mitchell:

—Lo tenemos —le dijo.

—¿Estás seguro? —Mitchell no podía verlos desde donde estaba.

—Hombre, lo tengo justo frente a mí.

Miguel estaba sentado en la sala, vestido y esposado, cuando llegó el resto del escuadrón. Durante los siguientes treinta minutos un desfile de oficiales de la Armada Nacional merodeó por el apartamento, echándole un vistazo a su presa, un hombre que se veía de lo más inofensivo con sus pantalones negros y su chaqueta azul.

La fiscal fue de los últimos en llegar. Se le había arruinado el peinado y traía los tacones rotos, la ropa descolocada y el pantalón blanco manchado de tierra. La humillación que había sentido al bajar por el desfiladero solo podía compararse con la humillación de sentir que los agentes de la DEA no confiaban en ella lo suficiente para informarle de antemano el objetivo de la misión. Por su parte, ellos pensaron que la mujer parecía ajena a su celebración. Los cuatro posaron para una foto con Miguel como trofeo. El padrino apenas observaba todo el movimiento a su alrededor, y de cuando en cuando sacudía la cabeza. Pero no articuló palabra.

Feistl volvió a la habitación principal para echarle un vistazo a la caleta. Era la más sofisticada de todas las que había visto. Se trataba de un espacio claustrofóbico de poco más de treinta centímetros de fondo por casi metro ochenta de altura, es decir, suficientemente larga como para que Miguel pudiera estar de pie, pero escasamente ancha como para que pudiera darse la vuelta. Estaba equipada con un tanque de oxígeno, un taburete plegable, botellas de agua y una gran bolsa de cacahuates. Los investigadores también encontraron una gran cantidad de registros del cártel escondidos allí. Una rejilla de ventilación del aire acondicionado permitía que el lugar se mantuviera fresco todo el tiempo. La puerta de cemento, que tenía veinte centímetros de espesor, había sido diseñada de tal manera que parecía parte de los muebles empotrados dentro del armario. Estaba montada sobre guías de metal muy gruesas que permitían deslizarla y cerrarla fácilmente, y tenía un mecanismo con cuatro varillas de acero para asegurarla desde dentro.

Esta vez fue Feistl quien sacudió la cabeza. Ni en un millón de años habrían hallado la caleta si no hubiera estado abierta cuando llegaron. El oficial que encontró a Miguel le dijo que el padrino se disponía a esconderse cuando él llegó al guardarropa; tuvo que correr para apresarlo antes de que cerrara la puerta. Así pues, habían estado de cerca de perderlo.

El teléfono junto a la cama de Jorge lo despertó con un sobresalto alrededor de las seis de la mañana. Estiró la mano y se apresuró a contestar antes de que el tono molestara a Lena.

—¿Sabes lo que ha sucedido? —le preguntó una voz.

Jorge pensó que se trataba de Darío, pero el que llamaba estaba hablando tan bajo que era difícil escucharlo claramente, pese al silencio de la habitación.

—¿Darío? ¿Qué pasó? —preguntó Jorge, conteniendo la respiración.

El hombre sonaba muy afligido.

—Arrestaron a don Miguel.

—¡¿Qué?! —Jorge casi gritó.

Tuvo la esperanza de que su alivio pasara por conmoción y por sorpresa.

—Sí, sucedió esta madrugada —dijo Darío con voz triste—. Como a las cuatro de la mañana; hace apenas unos quince minutos lo transfirieron a la base aérea.

—¿Cómo ocurrió?

—No tengo idea. Al parecer nadie los vio ni los oyó llegar. No se sabe de dónde salieron ni cómo entraron al edificio. ¿Qué te puedo decir?

—¿Hay algo que podamos hacer? ¿Hay alguna posibilidad de rescatarlo?

—No. No hay nada... nada que podamos hacer. No te imaginas la cantidad de policías y militares que hay alrededor de Miguel. Es impresionante. —Jorge ya lo sabía, por supuesto, y se dio cuenta de que había preguntado lo suficiente.

En lugar de pedir explicaciones, le ofreció consuelo a su interlocutor.

—Hiciste tu trabajo, Darío. Todos hicimos lo mejor que pudimos.

La mañana del domingo 6 de agosto de 1995, Jorge Salcedo

había entregado a las autoridades al mayor jefe criminal del mundo. Si todavía no estaba en peligro a causa de ese hecho se debía a que solo dos personas en toda Colombia sabían de su participación. Una de ellas lo llamó por la mañana.

—Hola, Sean. Ya lo tenemos, gracias a ti —le dijo Feistl durante una breve llamada telefónica.

—Gracias a Dios, gracias a Dios —respondió Jorge.

El agente dijo que ya era hora de que Jorge y su familia se acogieran al programa de protección de testigos. La DEA haría los preparativos para que un avión los recogiera al día siguiente y los sacara de Cali.

—No tan rápido. ¿Qué hay de Pallomari? —protestó Jorge.

Si él se marchaba en ese momento, a alguien más le encargarían el asesinato del contable, y las autoridades perderían el privilegiado acceso al cártel que tenían a través de Jorge. Insistió en que los estadounidenses debían actuar deprisa y rescatar a Pallomari. Él se sentía relativamente seguro de poder eludir la culpa unos días más. Estaba dispuesto a continuar la farsa.

Jorge no estaba listo aún para salir del mundo del espionaje. Además, necesitaba tiempo para preparar a sus familiares para el vuelco tan radical que iban a dar sus vidas. Ni siquiera le había dicho a su esposa que estaba casada con un agente doble.

William Rodríguez citó a Jorge a una reunión urgente el lunes después del almuerzo. Acababa de regresar de Bogotá, donde se había reunido con el padrino y su equipo legal, y traía un mensaje para el jefe de seguridad.

Jorge acudió de inmediato al bufete de William en el centro de Cali. Alguien lo condujo ante el nuevo jefe del cártel, dejando atrás a un grupo de hombres fuertemente armados que se hallaban reunidos en una sala. Darío estaba en la oficina de William, con la cabeza agachada y los hombros hundidos. Evidentemente, asumía parte de la culpa por el fracaso del equipo de seguridad.

—¿Sabemos qué pasó? —preguntó Jorge.

—Arrestaron a Pinchadito y, claro, comenzó a hablar —contestó William, con tanta seguridad que Jorge se sintió fuera de peligro.

Sin embargo, todavía tenía que disimular su alivio.

—Ah, por supuesto. Pero, dime, ¿cómo está tu papá?

—Va a estar bien. Me dijo que estás encargado del proyecto Pallomari, ¿no es cierto? Te manda decir que quiere que finiquites ese asunto de inmediato. Hoy mismo. Es la prioridad número uno.

Jorge asintió y dijo que la misión podía realizarse, pero que el contable se había mudado del último lugar del que él tenía conocimiento. William le respondió que no había problema: era cuestión de llamar al abogado que lo estaba defendiendo para pedirle su dirección actual.

—Muy buena idea —le dijo Jorge—. Te recuerdo, sin embargo, que yo solo soy el coordinador del proyecto. César Yusti es el encargado de llevarlo a cabo.

—Sí, pero yo no conozco a este Yusti —replicó William—. Quiero que lo llames y le digas que venga, que necesito hablar con él.

—¿Ya? —preguntó Jorge.

—Sí. Hoy. De inmediato.

Jorge llamó a Yusti y quedaron en entrevistarse en el centro. Esperó a verlo en persona para informarle que William quería hablar con él.

Una hora más tarde, de regreso al bufete del hijo de Miguel, Jorge los presentó. El momento encerraba grandes oportunidades: William era el nuevo rey del cártel y Yusti era el fiel empleado ansioso de impresionar al jefe.

—Estoy listo desde hace tiempo, pero como hemos estado muy ocupados… —dijo el sicario—. No obstante, puedo hacerlo pronto; solo necesito saber dónde está el objetivo.

Todos los ojos se volvieron hacia Jaime Gil, abogado defensor de Pallomari y consejero legal del cártel desde hacía tiempo. Mientras Jorge buscaba a Yusti, William había llamado al abogado precisamente para esto. Quería que les dijera dónde encontrar al contable para liquidarlo.

Gil se mostró renuente.

—En realidad, no me acuerdo —contestó.

—Más vale que te acuerdes, Jaime, o tendrás que enfrentar las consecuencias. —William no hubiera podido sonar más amenazador.

A Jorge le impresionaron la rapidez y el entusiasmo con que había asumido el papel de capo de la mafia.

—Es posible que recuerde el lugar si conducimos alrededor del barrio —respondió el atemorizado abogado, insistiendo en que no recordaba la dirección exacta.

William mandó a Jorge, a Yusti y a Darío a dar vueltas con Gil por el barrio donde estaba Pallomari para que todos supieran cuál era su escondite. Antes de que salieran de la oficina, el joven Rodríguez subrayó nuevamente:

—Mi papá quiere muerto a Pallomari al finalizar esta semana, a más tardar.

Azuzar al asesino

El lunes 7 de agosto, Colombia celebraba otro aniversario de la batalla de Boyacá, que se libró en 1819 y que selló la independencia de Panamá, Venezuela, Ecuador y Colombia. Las calles de Cali estaban desiertas y el pequeño Renault anaranjado de Jaime Gil pudo atravesar la ciudad de norte a sur en poco más de quince minutos. Y no porque el abogado tuviera alguna prisa; de hecho, no estaba ansioso por mostrarle al sicario del cártel que iba en el asiento trasero dónde vivía su cliente. Sin embargo, al final condujo directamente hasta el barrio en cuestión y no continuó con la farsa de que no recordaba dónde se escondía el contable que sabía demasiado de los asuntos del cártel.

—Es ese edificio —dijo Gil, señalando una construcción en obra negra de ocho plantas—. Ahí vive Pallomari.

—¿En qué departamento? —preguntó el sicario que se estaba quedando calvo, inclinándose hacia delante para examinar el terreno en torno al edificio, las calles aledañas y la entrada principal.

El abogado guardó silencio unos momentos antes de responder:

—No sé el número del departamento ni el piso —pero se apresuró a añadir—: En todo caso, sea cual sea el piso, el departamento es el que queda frente al ascensor.

Jorge dijo que iba a verificar el sistema de numeración del edificio y a averiguar quiénes eran los dueños de todos los apartamentos que quedaban frente al ascensor. Añadió que probablemente eso le llevaría uno o dos días, mientras pensaba que podría demorar la búsqueda un día más, si era necesario. Yusti, por su parte, dijo que empezaría a vigilar el edificio esa misma noche. Era evidente que estaba decidido a causar una buena impresión a William.

Jorge tenía que darse prisa. Feistl y Mitchell regresaron de Bogotá al día siguiente y se reunieron con su informante en el centro comercial en obras; allí se sentían seguros. A los agentes les preocupaba tanto como a Jorge el peligro que estaba corriendo Pallomari, pero no sabían muy bien cómo acercársele. Jorge era de poca ayuda, teniendo en cuenta que el contable no confiaba en él, así como no confiaba en nadie del cártel. Finalmente, los tres hombres acordaron que lo mejor sería establecer contacto con Pallomari por medio de su esposa, Gladys Patricia Cardona, a quien todos conocían como Patricia.

Patricia era una mujer bella y llena de vida, de pelo largo y grandes ojos oscuros. Con Freddy, un amigo de la familia, dirigía una escuela de informática, propiedad de Pallomari, llamada Universal Link, situada al final de la calle donde quedaba el bufete de William. A pesar de que su asustado marido se recluía cada vez más, Patricia continuó con su vida normal, yendo a trabajar todos los días y regresando a su casa vacía cada noche. Hombres del cártel la tenían bajo vigilancia constante, pero no habían logrado pescar ninguna pista que los llevara a su esposo desaparecido.

El martes a las seis y media de la tarde, Feistl y Mitchell entraron en Universal Link y preguntaron por Patricia. Cuando la mujer salió del despacho, los hombres le dijeron que querían hablar en privado con ella. Sabían que el hecho de que dos yanquis de metro noventa de estatura fueran a preguntar por la esposa de Pallomari podría acarrear problemas, pero no tenían más tiempo. En la escuela había al menos doce empleados que los vieron dirigirse de nuevo al despacho de donde ella había salido. Patricia se sentó detrás del escritorio y esperó.

—Somos agentes de la DEA y estamos aquí para tratar un tema muy delicado —empezó Feistl en español—. Le pedimos que no comente con nadie lo que estamos a punto de decirle. —El hombre esperó alguna señal; cuando ella asintió, continuó—: Miguel Rodríguez Orejuela quiere matar a su marido, y el plan está muy adelantado.

Evidentemente, la información no la sorprendió. Le respondió que ambos lo sospechaban hacía mucho tiempo y que por eso su esposo estaba escondido. Añadió que no lo veía hacía casi un año y no tenía idea de dónde estaba. Mitchell la interrumpió:

—Es nuestra obligación advertirle que su vida también corre peligro.

La mujer se encogió de hombros y pareció no inmutarse. Accedió a intentar pasar el mensaje a su marido, pero dijo que eso podría llevarle un día o más. Antes de marcharse, los agentes le informaron que el cártel la estaba haciendo seguir con la esperanza de que guiara a los sicarios al paradero del contable.

Una vez afuera, Feistl y Mitchell no supieron qué pensar de esa reunión. A ambos les pareció que Patricia había tomado sus advertencias muy a la ligera, incluso con poca seriedad. Les pareció que Jorge estaba más preocupado que ella por la seguridad de su marido.

Por la tarde, César Yusti le envió un mensaje a Jorge. Había conseguido el número del apartamento de Pallomari y estaba listo para llevar a cabo el trabajo esa misma noche. Jorge le aconsejó que se tomara las cosas con calma. Sin el número de teléfono del apartamento era imposible confirmar si el contable estaría allí esa noche. Un ataque prematuro podría asustarlo y hacer que se escondiera mejor. Jorge insistió en esperar uno o dos días hasta que una fuente del cártel en la empresa Telecom les consiguiera el número telefónico.

—No proceda todavía —le aconsejó a Yusti—, hasta que confirmemos que Pallomari está allí.

Al día siguiente, el miércoles 9 de agosto, temprano por la mañana, Jorge se reunió con Feistl y Mitchell en el centro comercial en obras para advertirles que no podría contener a Yusti por mucho tiempo. Los agentes fueron a hablar de nuevo con Patricia, que todavía no había tenido noticias de Pallomari, pero les dijo que quería reunirse con el embajador Frechette. Le preocupaban los procesos judiciales de su esposo en Estados Unidos. La petición implicaba al menos un día más de retraso, pero los agentes hicieron los preparativos necesarios para que Patricia se reuniera con Tony Senneca, agregado de la DEA, en la embajada en Bogotá.

Más tarde, Jorge volvió a reunirse con los agentes en el lugar habitual. Estaba con ellos en el interior del coche cuando sonó su teléfono móvil. Era William, enfurecido por la lentitud del proyecto Pallomari. Vociferó con tal ímpetu que Jorge pudo oírlo a pesar de haber alejado el teléfono varios centímetros de su oreja. Los tres escucharon en silencio mientras William reprendía a Jorge.

—Quiero muerto a Pallomari a más tardar al finalizar esta semana, ¿me entiendes? ¡O haré que te maten a ti!

Jorge tendría que darle luz verde a Yusti esa misma noche. No había otra opción. Esta vez necesitaría una causa de retraso que no dependiera de él. Les pidió a Feistl y a Mitchell que le ayudaran a organizar una estratagema para sabotear la misión. Ellos, a su vez, acudieron al F-2, la unidad de inteligencia de la Policía Nacional.

Esa noche, cuando César Yusti llegó al barrio de Pallomari, se encontró con que había retenes en las esquinas de las calles que conducían al edificio. Policías con el brazalete negro y amarillo distintivo del F-2 detenían a todos los vehículos que pasaban por allí para revisarlos y pedir identificación a sus ocupantes. Después de esperar varias horas sin que hubiera señales de que los uniformados se marcharan, el sicario se fue.

El miércoles, después de reunirse con los agentes de la DEA a mediodía, Jorge fue a casa y le pidió a Lena que salieran a dar una vuelta. Le dijo que necesitaba hablar con ella. Dejaron a su hijo de cinco años y a su hija de tres a cargo de la niñera y fueron a uno de sus lugares favoritos: un cercano campo de hierba silvestre desde donde se veían las montañas. Era casi el final de la tarde y las sombras empezaban a cubrir las colinas orientales. La pareja se sentó en la tibia hierba, cerca de la carretera.

—Quiero contarte que la captura de Miguel y toda la información que ha salido a la luz pública últimamente sobre la campaña de Samper y demás escándalos no han sido coincidencia —empezó él—. Yo estoy detrás de todo. Lo que ha sucedido es resultado de mi intervención.

Lena pareció confundida.

—¿Cómo? ¿Qué estás tratando de decirme?

—Nuestra vida está en gran peligro; por eso tenemos que marcharnos... En dos o tres días tendremos que irnos a Estados Unidos. Todos: los niños, tu hermana, mis papás.

—¿Qué? —Aquello era demasiado para asimilarlo rápidamente.

—Voy a cooperar con las autoridades norteamericanas. Es importante para mí... Y también para el país. Y es probable que pase mucho tiempo antes de que podamos regresar a casa.

Lena comenzó a llorar. Jorge la cogió de la mano y le contó la historia de los últimos dos meses, de la orden de matar a Pallomari, de la redada fallida, de los documentos confidenciales, de la necesidad de esperar unos días más para salvar a Guillermo y a Patricia.

A medida que se disipaba la conmoción inicial, la naturaleza pragmática de la mujer emergía nuevamente.

—Sin duda sabes demasiado —le dijo ella— y eso es muy peligroso. Pero ¿por qué no me lo dijiste antes?

Jorge trató de explicarle que había sido por su seguridad y la de los niños: no les había dicho nada para protegerles la vida, en caso de que lo descubrieran. Pero ella no le creyó.

—¿De verdad crees que no habrían venido a matarnos después de haberte matado a ti?

Eran tantas las cosas que Jorge admiraba de Lena... Era directa, fuerte, sensata y práctica; pero esa tarde de agosto, sentados en la hierba, lo más importante fue su lealtad: lo tomó de la mano y le aseguró que iría con él a cualquier parte.

—Cuando creas que es el momento oportuno para marcharnos, nos marcharemos —dijo.

Después de hablar durante cuarenta minutos, surgieron muchas preguntas de tipo práctico, incluida la cuestión económica. ¿Cómo sobrevivirían en Estados Unidos? Jorge no había hablado esa parte con los agentes de la DEA; solo les había dicho que no estaba buscando una recompensa económica a cambio de su colaboración. Le aseguró a Lena, en todo caso, que esperaba del gobierno estadounidense algún tipo de apoyo económico para ayudarlos a establecerse.

Lena empezó a planear el viaje en el corto trayecto de regreso a casa. Tenía que llevar algunas cosas a la lavandería, comprar maletas, empezar a empaquetar esa misma noche.

—¡Absolutamente no! —la interrumpió Jorge—. Por nada del mundo. Todavía no. Podemos levantar sospechas si empezamos a empacar. Es posible que nos maten a todos.

Ella comenzó a llorar de nuevo.

El caso Pallomari amenazaba con convertirse en un terrible dolor de cabeza diplomático, o algo peor, para la embajada de Estados Unidos. Feistl y Mitchell pensaban que si las autoridades colombianas arrestaban a Pallomari, el hombre no sobreviviría para testificar en ningún tribunal. Funcionarios públicos de alto nivel compartían con los capos del cártel el interés de silenciar al contable. Sin embargo, la posibilidad de una intervención por parte de Estados Unidos era complicada. Pallomari se enfrentaba a cargos en Colombia —muy serios, por cierto— y estos tenían prioridad legal sobre los cargos en otros países. Era la figura clave en el escándalo nacional que amenazaba con derribar al presidente. Estados Unidos no podía arrestar a un fugitivo de semejante calibre y sacarlo del país. Por lo menos no legalmente, sin violar la soberanía de Colombia. De hecho, Pallomari iba a tener que escapar del país fuera como fuera, pero sin la ayuda oficial de Estados Unidos; de lo contrario, el embajador arrojaría a Feistl y a Mitchell otra vez a la hoguera.

El jueves por la mañana, Patricia llegó a la embajada en Bogotá para hablar sobre la situación de su marido y averiguar de qué modo este podría beneficiarse de la protección que le ofrecía la DEA. Quería saber específicamente qué se necesitaba para sacar a Guillermo de Colombia, a qué situación legal se enfrentaría en Estados Unidos y qué calidad de vida tendría la familia si era reubicada en ese país. Patricia expuso sus dudas, muchas relacionadas con temas económicos. La pareja tenía inversiones, muebles, propiedades y negocios. ¿Qué pasaría con todo eso? ¿Cuánto tiempo tardarían en liquidar sus activos? Feistl, Mitchell y Senneca solo ponían énfasis en el riesgo que corrían al no hacer nada. Cuando el busca de Feistl sonó, se disculpó y salió para realizar una llamada.

Era Jorge. El cártel había logrado intervenir el teléfono del apartamento donde se escondía Pallomari. Y ahora que Yusti había confirmado que el contable estaba allí, se disponía a asesinarlo esa misma noche. Feistl regresó a la oficina de Senneca con esas noticias.

—Adivinen qué —dijo a las tres personas, sin sentarse—. Era nuestro informante. Intervinieron el teléfono de Guillermo y saben dónde está. Tiene que marcharse... de inmediato.

Ese jueves por la tarde, Lena fue a comprar maletas. Tal vez aún no podía comenzar a empaquetar, pero pronto las necesitaría. Preveía que tendría que guardar sus cosas y las de Jorge, las de su hijo adolescente de su matrimonio anterior y las de sus dos hijos pequeños; sin mencionar que debía ayudar a su hermana y a su prometido, que iban a viajar con ellos.

Hacer las maletas para un viaje sin retorno era un desafío mucho más complicado que hacerlo para unas largas vacaciones en el extranjero. Solo debían llevarse lo que pudieran cargar con ellos, y no estaban seguros de poder regresar algún día.

A veces la traicionaban sus sentimientos, cuando pensaba en los amigos y en los familiares que quizá no volvería a ver y también cuando pensaba en El Lote. El terreno todavía permanecía sin construir —solo había una caseta para el vigilante—, pero representaba los sueños más entrañables de la pareja. Jorge había diseñado varias versiones de la casa y Lena había pasado muchas horas sembrando flores y árboles frutales. También había plantado una hilera de elegantes palmas de coco que flanquearían la entrada a la casa Salcedo. Pero ese era otro de los sueños que tendrían que dejar atrás.

En una tienda de descuento Lena encontró el juego de maletas que necesitaba para los preparativos. El juego completo no estaba disponible en ese momento pero el vendedor le dijo que haría el pedido. Lo tendría el viernes por la mañana. Lena dejó el teléfono de la casa para que la avisaran cuando tuvieran lista la mercancía.

—¿Dejaste el teléfono de la casa en la tienda de maletas? —Jorge casi no podía creerlo.

Suponía que su teléfono era uno de los que monitorizaba el cártel de forma rutinaria. Con mayor razón ahora. Le preocupó lo que pensaría William si escuchaba una llamada a la casa de los Salcedo en la que les anunciaban que ya tenían listas las maletas. Jorge no quería que Lena se sintiera mal, pero de inmediato la llevó a la tienda para que dijera que el teléfono se había estropeado. El dueño contestó que no había problema. Pasara lo que pasara, podían recoger las maletas el viernes.

La lenta e incierta respuesta de Pallomari al ofrecimiento de la DEA se estaba convirtiendo en una carga para todos los implicados. Desde la barrera, Jorge no podía hacer nada para acelerar el proceso; sentía que su papel como agente doble estaba a punto de expirar. Tarde o temprano se aclararían las falsas sospechas sobre Pinchadito; de hecho, le parecía increíble que casi una semana después todavía no se supiera que el hombre no había confesado nada. Y ahora, con la seguridad de que los suyos corrían mayor peligro, el terco compromiso de Jorge con salvar la vida de Pallomari estaba cediendo para dar paso a otras prioridades. Lo más importante para él en ese momento era salvar a su propia familia.

El viernes 11 de agosto, Jorge recibió la llamada que estaba temiendo. Era William. Su voz no sonó ni amigable ni furiosa. Sencillamente fue gélida.

—¿Puedes venir a las tres? —le preguntó.

En realidad no era una pregunta, sino una orden.

Un funeral de fin de semana

Algo iba mal. Jorge veía señales por todas partes. La llamada de William también había sido inquietante. El desdén en su voz era evidente. Nunca lo habían despedido de ningún trabajo y sabía que ser despedido del cártel no se parecía en nada a un despido común. Tenía la esperanza, en todo caso, de que la falta de certeza sobre el hecho de que él fuera o no el informante, evitaría, o al menos retardaría, medidas extremas. Aún tenía algunas sorpresas reservadas, en caso de que fuera necesario.

La larga espera en la sala contigua al despacho de William fue otra señal preocupante. Gorilas con armas voluminosas permanecían arrellanados en los sillones o recostados contra las paredes, dándole un aire amenazante al ambiente. A Jorge nunca lo habían hecho esperar más de unos pocos minutos; ni siquiera el tiempo suficiente como para poder sentarse. Esta demora parecía un castigo. Era la manera como los padrinos trataban a la gente a la que no respetaban. Y Jorge ya había esperado veinte minutos.

Se sentó en un pequeño sofá junto a uno de los sicarios de William, un hombre desgarbado que rondaba los ciento treinta kilos de peso, enfundado en una camisa anaranjada brillante y unos pantalones blancos. Embutido —esta era la palabra exacta— en el cinturón de su pantalón había un reluciente Magnum calibre 357. Como la camisa no alcanzaba a cubrir por completo la prominente panza, era imposible no ver la culata del arma, que sobresalía por delante evitando que un michelín se derramara sobre el cinturón.

Al otro lado de la sala, un guardaespaldas estaba desparramado en un sillón hojeando revistas pornográficas y soltando comentarios en voz alta para que todos escucharan sobre los talentos de las modelos que descubría en las páginas. Esta es la nueva generación de empleados de seguridad del cártel de Cali, pensó Jorge: maleantes toscos, indisciplinados y zánganos. En nada se parecían al personal serio y eficiente que Mario y él tanto se habían esmerado en reunir desde 1989. No pudo evitar un poco de nostalgia. Siempre se había sentido orgulloso de sus hombres y de la protección que habían brindado a la familia Rodríguez Orejuela. Pero era evidente que las cosas habían cambiado.

Se palpó un bulto que llevaba en el cinturón. Parecía un busca antiguo, pero no lo era. Jorge le había extraído la parte interna y la había reemplazado con una carga del poderoso explosivo plástico C-4. Un interruptor temporizado que se activaba al pulsar un pequeño botón rojo le daría cinco segundos para escapar o buscar dónde guarecerse antes de que la explosión lanzara miles de esquirlas diminutas. Podría causarle daños severos a cualquier persona que estuviera muy cerca, pero Jorge contaba con que su explosivo casero le diera tiempo para escapar, si así lo necesitaba.

Había reflexionado brevemente en la posibilidad de correr a la embajada en lugar de asistir a la cita con William, pero desistió: temía dejar desprotegida a parte de su familia y sin forma de salir del país. Jorge no les había dicho a sus ancianos padres lo que estaba haciendo, pero tenía la esperanza de que accedieran a irse con él a Estados Unidos. También pensó que un repentino viaje a la embajada podría desencadenar una tormenta diplomática y ponerlos en peligro a él y a Pallomari. El gobierno colombiano querría ejercer su derecho a procesarlos y a negarle a Estados Unidos esa posibilidad, lo que muy probablemente significaría que los dos morirían en una cárcel de Colombia. Así, Jorge prefirió jugar sus cartas con William.

Era un cálculo frío y pragmático, pero Jorge era consciente del riesgo que corría. Además de su busca explosivo, había llevado a alguien para que se asegurara de que no lo harían desaparecer sin dejar rastro. Era un amigo de la familia, que lo estaba esperando en un coche a la vuelta de la esquina del bufete de William, armado solo con un radioteléfono. Si no recibía una comunicación cada quince minutos, el acompañante avisaría al ejército, donde Jorge tenía varios amigos. Él ya lo había llamado una vez para hacerle saber que seguía esperando.

Por fin, una pesada puerta de madera al final de la sala de espera se abrió y Jorge fue llamado al despacho de William. Entró mirando de frente al hijo del padrino, que estaba recostado, detrás de su escritorio, en una enorme silla giratoria de cuero. Dos hombres sentados ante el escritorio le daban la espalda a Jorge. Cuando él entró, se pusieron de pie y se dieron la vuelta para saludarlo. Eran el capitán Efrén Buitrago y la Sombra. Jorge los saludó con una cordialidad que pareció fuera de lugar.

—Capitán, ¿cómo le va? —Jorge sonrió y le ofreció la mano—. Dígame, ¿ha tenido algún problema por la fuga de Miguel?

—No, ninguno —respondió el hombre secamente, con la clara intención de no continuar la conversación.

Darío entró en el despacho sin llamar a la puerta. Jorge no pudo evitar darse cuenta de que ahora su asistente parecía tener mayor autoridad que él.

—Richard, ¿tienes algo más en marcha, algún otro proyecto aparte de lo de Pallomari? —le preguntó William, intencionadamente.

Seguía recostado hacia atrás en su silla, con las piernas cruzadas y la punta de los dedos de una mano tocando la punta de los dedos de la otra. En posición casi contemplativa, no le quitaba los ojos de encima a Jorge.

—No, nada —respondió Jorge—. Solo déjame saber si hay algo más en lo que pueda...

—Delgado va a continuar supervisando el caso Pallomari —lo interrumpió William—. ¿Qué más estás haciendo?

—Bueno, pues tenemos que reorganizar a mis hombres, que están esperando nuevas tareas; tal vez hacerse cargo de la seguridad de las familias, de la tuya y...

—Delgado también se encargará de eso.

William lo estaba relevando de todas sus labores, una por una. Jorge se imaginó que le quitaban las charreteras de los hombros. Parecía una ceremonia. Nadie dijo una sola palabra, ni siquiera Darío. Y en ese silencio, de repente el busca del cártel que Jorge llevaba consigo comenzó a sonar. Se disculpó y lo sacó del cinturón.

—¿Te importa si devuelvo la llamada? —preguntó Jorge, señalando un teléfono al otro lado de la oficina—. Es Yusti.

William se encogió de hombros. Jorge, agradecido por la interrupción, se dirigió al teléfono y marcó el número de Yusti.

—Vamos a hacerlo esta noche —dijo el sicario.

Como estaba hablando desde su radioteléfono, tuvo la precaución de no dar muchos detalles. Contó que les había pedido ayuda a unos amigos en la Fiscalía y que le iban a proporcionar los documentos necesarios para pasar los controles de la policía, en caso de que esa noche también los hubiera.

—Por favor, tenga mucho cuidado —le dijo Jorge, desempeñando instintivamente su papel de consejero de seguridad hasta el final—. En este momento no sería conveniente que lo detuvieran por llevar documentación falsa.

—No, no, para nada —insistió Yusti—. Tengo documentos originales de la Fiscalía, incluso una orden de arresto. Iremos a por él después de la una de la madrugada. Todo está arreglado: esta es la noche.

Jorge colgó y repitió a Darío lo que Yusti le había dicho. William pareció molesto de que Jorge supiera tanto del plan. Evidentemente, todavía no le habían informado al sicario acerca del nuevo estatus de paria de Jorge. No había nada más que discutir con William.

—Pues... me voy a casa, entonces —anunció Jorge.

Se despidió con un cortés movimiento de cabeza y salió. Nadie lo detuvo. A Jorge le pareció evidente que el Buitre y la Sombra acababan de informarle a William que Pinchadito no había confesado nada, como se había creído en un principio. Eso significaba que lo más probable era que el soplón fuera quien William había sospechado todo el tiempo: el jefe de seguridad de su padre. Los hombres habían reaccionado de manera espontánea en ese momento, pero Jorge sabía que pronto lo esperaba una respuesta más calculada. Por eso habían dejado que se marchase como si nada hubiera ocurrido.

Así las cosas, la tarde del viernes 11 de agosto de 1995 Jorge Salcedo por fin se había convertido en ex miembro del cártel de Cali, aunque aún no de manera oficial. Y estaba seguro de que su nombre había pasado a engrosar la lista de objetivos de los sicarios.

Jorge no guardaba armas en casa, con excepción de su Walther de siete balas, pero tenía un arsenal en una bodega de la ciudad: rifles, metralletas, pistolas, explosivos, municiones, todo lo necesario para hacer de su apartamento un búnker bien equipado.

Esa tarde sacó de la bodega un rifle MP5K, una ametralladora fabricada en Alemania, varias cajas de municiones y cinco granadas. Las llevó a la casa y las metió debajo de su cama, lejos del alcance de sus hijos, pero cargadas y a mano.

La familia Salcedo vivía cerca de un magistrado de la Corte Suprema de Justicia que contaba con protección permanente de guardias armados del Departamento Administrativo de Seguridad. Los guardias estaban lo suficientemente cerca para actuar como posible elemento disuasivo. Por supuesto, no eran garantía ante un fiscal o un policía corrupto que llegara con una orden de arresto, pero sí reducían el riesgo de que alguno de los sicarios del cártel llamara a su puerta, custodiada en ese momento por un arsenal. Si alguien intentaba entrar en su casa, incluso con una orden de arresto, Jorge pensaba resistir con todo lo que tenía debajo de su cama.

Llamó a Feistl y a Mitchell para informarles sobre el nuevo plan de Yusti de usar una orden de arresto emitida por la Fiscalía para sacar a Pallomari de su casa en algún momento después de la una de la madrugada. El estado del rescate, la entrega o lo que fuera del contable fugitivo era incierto; los agentes de la DEA no podían decirle nada. Jorge había hecho todo cuanto había podido para que se materializara. En lo que a Jorge respectaba, Pallomari estaba en manos de Dios y de la DEA. Igual que él.

Poco antes de la medianoche, apagó la luz, se aseguró de poder alcanzar en la oscuridad la ametralladora que tenía debajo de la cama y rezó sus oraciones habituales. Se sentía satisfecho con el progreso de la situación: «Dios, ayúdanos a sobrevivir el fin de semana».

La situación de Guillermo Pallomari como figura política de gran repercusión, y el hecho de que las autoridades colombianas ya le hubieran imputado cargos criminales, complicaban todos los esfuerzos que estaban realizando Feistl, Mitchell y sus colegas de la DEA para asegurar su supervivencia.

Ese viernes por la noche, mientras volaban a Cali con la esperanza de trasladar al contable a Bogotá y alojarlo en un lugar seguro, Feistl y Mitchell estaban actuando al margen de las leyes y los tratados internacionales. Pero era una misión de carácter humanitario y no propiamente en cumplimiento de sus funciones como agentes de la ley.

Un contingente de seis funcionarios de la DEA llegó a Cali en una avioneta de ocho plazas. Dijeron a las autoridades aeroportuarias que habían ido a recoger a un colega que estaba enfermo y que volarían de regreso a Bogotá más tarde. Por si alguien hacía más preguntas, Feistl y Mitchell habían llevado el carnet de la DEA de uno de sus colegas, un hombre llamado Tommy. En la oscuridad, la borrosa fotografía bien podía pasar por Pallomari.

El encuentro, organizado por Patricia y por su amigo Freddy, se iba a llevar a cabo a las once de la noche afuera de la Clínica Valle del Lili, al sur de la ciudad. Era habitual que grupos de personas se reunieran allí durante las noches; no llamaría la atención la presencia de hombres rubios y altos charlando con colombianos morenos.

Feistl y Mitchell, a quienes Patricia y Freddy ya conocían, aguardaron en un lugar donde era fácil verlos. A las 22.45, una familia entera emergió de las sombras. Eran Patricia, Freddy, dos adolescentes de once y quince años de edad y... Guillermo Pallomari. Iban con sus maletas, hechos un manojo de nervios.

—No se preocupen. Estamos aquí para ayudarlos —les dijo Feistl.

Pero no había manera de acomodar a toda la familia en el avión. Ya era suficientemente arriesgado hacer pasar a Pallomari por el agente Tommy con el fin de llevarlo en una aeronave propiedad del gobierno colombiano en una supuesta misión oficial.

Finalmente, acordaron que Patricia y los niños viajarían a Bogotá en un vuelo comercial a la mañana siguiente. Pallomari se montó en un coche con Feistl y Mitchell, rumbo al aeropuerto, mientras otro coche de la DEA iba por delante, abriendo paso y verificando que no hubiera controles en la autopista. Era tan importante evadir a las autoridades colombianas como a los sicarios del cártel; en esas circunstancias, ambos representaban un gran peligro para el hombre sentado en el asiento trasero del coche.

Jorge estaba profundamente dormido, con su arma al alcance de la mano, cuando sonó el teléfono. Era Darío.

—Richard, ¿has sabido algo de Yusti? —le preguntó.

Jorge miró el reloj. Eran las 2.30 de la madrugada. Pensó que no habían pasado ni doce horas desde que Darío se había encargado de la seguridad y ya lo estaba llamando para pedirle consejo. ¿No se había dado cuenta de que William lo había despedido esa tarde?

—No, Darío, no me ha llamado. ¿Por qué? —le respondió con paciencia, como de costumbre.

—No lo encuentro. Pensé que sabrías de algún cambio de planes —contestó Darío—. Quedamos de vernos a las dos, pero no aparece y no sé qué hacer.

Jorge le dijo que iba a volver a la cama; solo podía sugerirle que se quedara donde estaba y esperara la llamada de Yusti. La familia Salcedo estaba profundamente dormida a las seis de la mañana, cuando el teléfono volvió a sonar. Era Darío de nuevo, pero esta vez parecía estar muy agitado.

—Richard, adivina qué.

—¿Qué, Darío? —Esta vez Jorge mostró impaciencia con su ex asistente.

A esa hora no estaba de humor para adivinanzas.

—Yusti está muerto... los hijueputas lo mataron.

La cabeza de Jorge empezó a dar vueltas. ¿Acaso había habido un tiroteo con la DEA? Darío continuó hablando ansiosamente sobre lo que sabía y lo que no. Habían matado a Yusti de un tiro en la cabeza mientras esperaba dentro de su coche en algún lugar entre el edificio de Pallomari y la Clínica Valle del Lili. Quién lo había matado, era un gran misterio, pero un bocazas del cártel a quien apodaban «el Guajiro» le echaba la culpa a Darío. Estaba muy enfadado por las sospechas en su contra y abiertamente le dijo a Jorge que temía que lo mataran en represalia.

—No te preocupes, Darío —trató de tranquilizarlo—. Nadie va a creer semejante tontería.

Darío le dijo que lo más probable era que el entierro se llevara a cabo el domingo.

—¿Vendrás al funeral?

—Allá nos vemos —para Jorge fue fácil mentir.

Colgó el teléfono mientras una avalancha de pensamientos, dudas y temores le colmaba la cabeza. ¿Sería verdad que Yusti estaba muerto? ¿El funeral era un señuelo para sacar a Jorge de la seguridad de su apartamento? Pero Darío era incapaz de actuar... ¿Acaso la CIA había matado al sicario? ¿Esa muerte había sido parte del rescate de Pallomari? Esa posibilidad le pareció la más factible, a las seis de la mañana, atrincherado en su apartamento, con un arsenal debajo de su cama.

Eran las nueve de la mañana cuando Feistl y Mitchell, en Bogotá, le enviaron un mensaje al busca. Cuando Jorge los llamó, le dijeron que Pallomari estaba bajo su protección y que iban camino del aeropuerto para recoger a la familia, que había tomado un vuelo de Avianca desde Cali.

—¡Qué maravilla! —exclamó Jorge—. ¿Ya supieron que Yusti está muerto?

—¿Qué? —Los dos agentes se sorprendieron.

Jorge supuso que, a diferencia de Darío, ambos eran capaces de actuar. Sin embargo, su reacción parecía genuina, lo que hizo a Jorge reconsiderar la situación. Tal vez no había sido la CIA.

—Quienquiera que lo haya hecho es un ángel —dijo Mitchell.

—Bueno, no podía permitir que algo malo les sucediera a ti y a Chris —bromeó; Jorge asumió el crédito por la muerte de Yusti, que habría podido matar a los agentes en su intento de asesinar a Pallomari.

Sin embargo, cuando Mitchell no dijo nada, se arrepintió de la broma. Le preocupaba que sus amigos de la DEA la hubieran tomado en serio.

Pero Jorge tenía preocupaciones más acuciantes en ese momento. Les preguntó a los estadounidenses a qué hora tenía que estar lista su familia para marcharse y les dijo que podían organizarse en una o dos horas, si era necesario.

—Un avión de la DEA los va a recoger el lunes en la base de la Fuerza Aérea.

—¡El lunes! —Jorge no podía creer que los hicieran esperar dos días; sentía que ya estaban en la línea de fuego y apenas era sábado por la mañana; entonces trató de preguntar con calma—: ¿No podría ser antes?

Por desgracia, no. Feistl y Mitchell tenían muchos frentes abiertos y no podían hacer todo al mismo tiempo. Jorge colgó y le dijo a Lena que tenían dos días más para preparar sus maletas.

Así las cosas, Jorge estaría en Cali el domingo, para el entierro de Yusti. Tenía curiosidad, aunque no tanta. Durante los siguientes dos días no se atrevería a aventurarse fuera de la seguridad de su apartamento. Iba a ser un fin de semana larguísimo.

Sabemos lo que están haciendo

Atrincherados en su apartamento, en la cuarta planta de un edificio en Cali, Jorge y su familia pasaron el fin de semana llenando las maletas nuevas, viendo la tele y manteniéndose lejos de la vista de todo el mundo. Jorge instaló en la ventana un puesto de vigilancia desde donde podía observar la entrada del edificio. Lo que más le preocupaba era ver al Pecoso Vélez, cuya madre vivía en el mismo complejo residencial. El sicario siempre era generoso con las propinas y tenía muy buena relación con los porteros.

Después de dos días de esperar, vigilando por la ventana y lleno de preocupación, finalmente llegó la mañana del lunes y con ella un gran despliegue de actividad a última hora. Si cualquier sicario trataba de atacarlos ese día, tendría que perseguir un objetivo en movimiento.

Jorge le había pedido a un amigo que llevara a Bogotá su camioneta Ford E-350 con todo el equipaje de la familia. El hombre había ido el lunes temprano a recoger el vehículo cargado con las maletas y se había puesto en marcha. Después, Jorge decidió que tenía que hacerse cargo de todas sus armas; no quería dejarlas abandonadas, al alcance de cualquiera. Volvió a la bodega donde guardaba su arsenal, sacó todas las armas y las municiones y las cargó en su coche. Acto seguido, condujo hacia una zona rural en las afueras de la ciudad y arrojó veinte rifles y varias cajas de municiones y explosivos en un terreno baldío cubierto de maleza. Marcó la ubicación en un mapa que pensaba entregar a los agentes de la DEA. Allí dejó todas las armas que tenía, excepto su pistola Walther y la ametralladora, que había decidido llevar consigo unas horas más. Aunque no parecía que nadie lo estuviera siguiendo, Jorge no dejó de estar atento en ningún momento y tomó rutas que dejarían al descubierto a cualquiera que tratara de hacerlo.

El avión de la DEA ya estaba en la base aérea Marco Fidel Suárez. El despegue estaba programado para las dos de la tarde. Les habían pedido que llegaran a la una, lo que les dio tiempo de almorzar en casa por última vez. Mientras lo hacían, sonó el teléfono. Era el Pecoso, el sicario que había matado a uno de sus propios hermanos por traicionar al cártel.

El hombre parecía preocupado y se dirigió a Jorge como a un amigo... como a un hermano.

—Tenemos que hablar —le dijo—. ¿Dónde podemos vernos?

—Por supuesto —respondió Jorge, con la esperanza de ganar tiempo—. Estoy almorzando con mi familia. ¿Qué tal si nos vemos a las dos? Puedo ir a su casa.

Era posible que, tras confirmar que Jorge estaba en su apartamento, el Pecoso no esperara. Podía estar vigilando el edificio en ese momento o haber llamado desde el apartamento de su madre. Jorge pensó que era el momento de llevar a su familia a un lugar seguro. Había llegado la hora de partir.

La familia se subió al Mazda plateado, el coche del cártel que usaba Jorge. Condujo con la mano derecha, mientras con la izquierda sostenía la ametralladora, que había metido entre su pierna y la puerta. El cañón corto del arma la hacía muy ágil, especialmente apropiada para disparar de cerca en caso de que fuera necesario. Una vez más, tomó desvíos y rutas sinuosas para perder a cualquiera que los estuviera siguiendo y se esmeró por conducir normalmente, sin acelerar mucho. No quería llamar la atención. Solo logró relajarse cuando llegó a la base aérea y vio a Feistl y a Mitchell.

A las dos de la tarde, cuando se suponía que iba a encontrarse con el Pecoso en la otra punta de la ciudad, Jorge presentó a Chris y a Dave a su familia. Poco antes de las dos y media de la tarde, los llamaron para subir al avión y partir hacia Bogotá. Jorge y Lena condujeron a la familia al Beechcraft bimotor que los esperaba en la pista.

Hacía unos instantes el busca de Jorge había comenzado a zumbar, y a medida que se acercaban al avión parecía hacerlo con mayor intensidad, sin descanso. Frente a la puerta de la aeronave, Jorge lo sacó del cinturón, lo levantó para que Lena lo viera y lo apagó.

—Se acabó —le dijo a su mujer.

—¡Por fin! —exclamó ella, sonriendo.

Entonces subieron al avión del gobierno de Estados Unidos con rumbo a Bogotá. Cuando llegaron a su destino, el busca de Jorge había recibido ciento cincuenta y ocho mensajes.

La familia Salcedo llegó a una Bogotá sacudida por las intrigas: el presidente luchaba por mantenerse en el poder después de haberse descubierto sus vínculos con el cártel de Cali; funcionarios de su gabinete se enfrentaban a cargos por esos vínculos; había gran agitación en el sistema de justicia y en el Ministerio de Defensa por causa de escándalos de corrupción. Tanto Jorge Salcedo como Guillermo Pallomari podían corroborar información perjudicial contra funcionarios poderosos del gobierno, así como contra la cúpula del cártel de Cali. Jorge llegó a la conclusión de que la capital estaba llena de enemigos peligrosos.

La embajada los alojó en un lujoso ático de cinco habitaciones donde vivía un funcionario que se hallaba fuera del país. El apartamento estaba provisto con varias características inusuales. La puerta de entrada tenía cuatro chapas independientes y el aseo contaba con un cerrojo de seguridad por fuera. Jorge temía que no fuera lo suficientemente seguro, pero no había opciones mejores, a menos que quisieran dormir en el suelo de la embajada.

Al fin, los padres de Jorge dejaron su casa y se mudaron al ático. El general, de setenta y ocho años, se mostró reacio a marcharse de Bogotá, pero Jorge insistió en que era muy peligroso que se quedaran.

—Por favor, papá —le dijo—. Si el cártel no logra encontrarme, es muy probable que vaya tras mi familia. Por favor, no corras el riesgo de convertirte en el objeto de su venganza.

Finalmente, el general y su esposa accedieron a irse a Estados Unidos con Jorge, pero con la condición de que regresarían a casa tan pronto como fuera posible.

Eran nueve personas, en vísperas de un viaje internacional planeado con poca antelación. Algunos necesitaban visa y la embajada se dispuso a resolver el problema; pero la espera se alargó más de lo que Jorge había anticipado. Como no podían salir del apartamento, la gente iba a verlos. El miércoles 16 de agosto, Feistl y Mitchell visitaron a Jorge para hacerle una pregunta alarmante.

—¿Qué crees que pasaría si la esposa de Pallomari regresa a Cali?

—Sin importar lo que tengan que hacer, no le permitan regresar. La van a matar. —Jorge interpretó el silencio de los agentes de inmediato—. Es demasiado tarde, ¿no es cierto? Ya regresó a Cali.

Los agentes asintieron.

Cuatro días antes, la mañana del sábado 12 de agosto, una hora después de que Jorge hablara con los agentes de la DEA sobre la misteriosa muerte de Yusti, los dos hombres condujeron su coche hasta el aeropuerto El Dorado de Bogotá para recoger a Patricia y a sus dos hijos, quienes venían en un vuelo comercial, y llevarlos al piso franco donde la embajada había instalado a Guillermo.

Sin embargo, Patricia tenía otros planes. Entregó los chicos a los agentes y les anunció con toda tranquilidad que iba a tomar el avión de regreso a Cali, como si el viaje fuera una cosa rutinaria y su seguridad no estuviera en riesgo. Les dijo que debía finiquitar ciertos negocios, vender muebles y propiedades y hacer efectivos algunos documentos financieros. Regresaría a Bogotá a mediados de la semana.

—¿Sus muebles son más importantes que su vida? —le preguntó Feistl, sin creer en los argumentos de la mujer.

Mitchell le dijo a Patricia que sus planes eran dementes y tontos, incluso suicidas. Discutieron casi una hora, sin resultados. La mujer estaba decidida a regresar a Cali. Los agentes no tenían autoridad para retenerla o arrestarla, ni siquiera por su propio bien, así que tuvieron que dejarla ir. Antes de que se marchara, insistieron en que se llevara el número telefónico directo de Tony Senneca, en caso de que necesitara contactar a alguien que pudiera enviar de urgencia un equipo de rescate.

Feistl y Mitchell llegaron a donde se encontraba Pallomari con sus dos hijos. Tuvieron que explicarle por qué su esposa no había llegado con ellos. El hombre gimió de desesperación y literalmente golpeó las paredes con la cabeza y los puños. Sus temores por la seguridad de Patricia tuvieron una repercusión inmediata para Estados Unidos.

—No saldré del país sin ella —anunció.

Ese miércoles por la noche, cuando Feistl y Mitchell fueron a ver a Jorge, se suponía que Patricia ya debía de haberse reunido con su familia en Bogotá. Presa de la impaciencia, Pallomari había llamado a su casa en Cali y había hablado con la empleada, quien le aseguró que había visto a Patricia por la mañana; la señora estaba perfectamente bien. Sin embargo, también le contó que un hombre había dejado en el contestador un mensaje escalofriante: «Sabemos lo que están haciendo».

Patricia no volvió a casa ese miércoles por la noche. La empleada dijo que había dejado las maletas listas a la entrada pero no había vuelto a por ellas. Al parecer, Patricia y Freddy Vivas salieron de su oficina en Universal Link alrededor de las siete y media de la noche y se marcharon en el Fiat rojo de él. Nadie supo adónde fueron.

—Creo que ya está muerta —les dijo Jorge a los agentes de la DEA.

Durante los siguientes dos días, Pallomari puso en riesgo su seguridad al hacer varias llamadas desesperadas en busca de información sobre Patricia. Terminó hablando con Bruno Murillo, sicario de confianza de Gilberto y antiguo ayudante de los hermanos Rodríguez Orejuela.

—Su esposa ha sido secuestrada porque usted se ha negado a obedecer las órdenes de don Miguel —le dijo el sicario.

Cuando Pallomari suplicó por la vida de ella y preguntó qué podía hacer para que la devolvieran sana y salva, Murillo le dijo que regresara a Cali y que cortara su contacto con la DEA.

—No coopere con las autoridades —concluyó.

La situación de Pallomari resultaba abrumadora. Era evidente que si regresaba a Cali, lo iban a matar. Y Patricia también estaba condenada, si no es que ya la habían matado. Un doliente y perturbado Pallomari voló a Florida el sábado 19 de agosto y se acogió al programa de protección de testigos. Para evitar complicaciones diplomáticas, el contable prófugo de la justicia contrató un avión privado y se marchó de Colombia sin la ayuda oficial de los agentes de la DEA.

A la semana siguiente, la familia Salcedo siguió a Pallomari en su viaje al norte, repartida en dos vuelos comerciales con rumbo a Miami. Solo Jorge se quedó en Bogotá, lidiando con las complicaciones burocráticas. El DAS estaba presionando para entrar en contacto con él, tras recibir noticias de que se encontraba bajo la protección de la DEA. Un grupo de policías irrumpió en la casa de los padres de Jorge en Bogotá, al parecer con la intención de buscar pistas sobre su paradero; no se llevaron nada. Entre más esperaba Jorge, más vulnerable se sentía. Algunos de sus enemigos más poderosos vestían el uniforme del Estado.

El cártel había interceptado el teléfono de Tony Senneca, el director de la DEA; al parecer había conseguido el número a través de Patricia. Aunque Jorge no lo sabía en ese momento, sí estaba enterado de que algunos teléfonos de la embajada habían sido intervenidos. Solo usaba los del piso franco si era estrictamente necesario.

El jueves 24 de agosto, Jorge estaba solo en el ático. Sus padres, los últimos en viajar, habían partido ese día. No sabía cuándo podría irse. Estar separado de su familia incrementaba su ansiedad. Entonces sonó el teléfono.

—Hola. Estoy llamando para hacerle unas preguntas —dijo una voz femenina—. Estamos realizando una encuesta sobre los hábitos de ver televisión.

—Yo no vivo aquí, solo estoy trabajando. Soy el... pintor. La familia está de viaje —dijo Jorge.

Se dispuso a colgar, pero la mujer insistió.

—La encuesta solo dura unos minutos. Estoy segura de que usted también ve televisión, ¿no? Su opinión es muy importante para nosotros. —La mujer siguió parloteando animadamente, sin permitir que Jorge colgara.

De repente, una alarma se prendió en la cabeza de Jorge. Colgó bruscamente, con una descortesía inusual en él. Se preguntó si la mujer trabajaba para el cártel o para el gobierno. «Tal vez rastrearon la señal. Tal vez saben dónde estoy. Tal vez estaban cotejando mi voz para confirmar que estoy en este apartamento.» Se asustó muchísimo.

Se puso en contacto con la embajada, describió la llamada que acababa de recibir y solicitó que de inmediato lo trasladaran a otro lugar. En ese momento sus dos enlaces habituales estaban fuera del país. Feistl se hallaba con Pallomari en Estados Unidos, enfrascado en un interrogatorio maratoniano, y Mitchell en Florida, con la familia Salcedo.

Quienes se encargaban de Jorge menospreciaron el riesgo y trataron de tranquilizarlo, repitiéndole que allí estaba seguro.

—No se preocupe, todo está bien —le dijeron.

Solo tras las cuatro cerraduras, sin nadie con quien hablar, Jorge pensó en la larga lista de hombres poderosos a quienes debía considerar sus enemigos: desde los despiadados sicarios del cártel hasta los funcionarios corruptos de alto nivel en el gobierno colombiano. También pensó en los oficiales de la policía a quienes había sobornado, en los políticos a los que había conducido a reuniones con los padrinos, en los militares de alto rango cuya amistad con el cártel conocía. Entre sus enemigos se encontraban desde policías rasos hasta el presidente y su gabinete. Jorge sabía lo suficiente como para arruinar las vidas y las carreras de muchas personas. Así las cosas, las cuatro cerraduras no parecían suficiente garantía para su seguridad.

—No me pienso quedar aquí esta noche —declaró, en un último intento por ser reubicado—. Me marcho. Voy a buscar un lugar para esconderme; prometo mantenerme en contacto.

No era un farol, pero surtió efecto. A última hora, un funcionario de la embajada estuvo de acuerdo en un traslado. El nuevo apartamento todavía no estaba limpio ni arreglado, pues su último ocupante se había ido hacía poco. El funcionario se disculpó; como Jorge tenía tanta prisa, no habían tenido tiempo de acondicionarlo. Jorge dijo que no le importaba; estaba agradecido de que lo trasladaran a otro lugar.

Después de dejar sus cosas, se puso a organizar el apartamento, que estaba hecho un desastre. Parecía haber sido ocupado por una familia de tres miembros o más. En la sala y en la cocina había cajas vacías de pizza y pollo frito, patatas a la francesa echadas a perder, vasos y platos de cartón usados y toda suerte de desechos. Jorge estaba tratando de meter todo eso en el cubo de la basura cuando vio algo que lo hizo desplomarse en un sillón.

Era un dibujo infantil, seguramente el cariñoso homenaje a una madre. Parecía obra de un niño de diez u once años, el retrato juvenil de una mujer de apariencia inconfundible, con grandes ojos oscuros y pelo largo. Jorge la conocía.

Examinó el dibujo y se puso a llorar. Era Patricia Pallomari.

El hombre que solía ser

El dolor que sintió Jorge por los hijos de Pallomari dio paso rápidamente a la ira y a la incredulidad. Sus contactos en la embajada lo habían trasladado de un lugar peligroso a otro incluso más peligroso. Estaba seguro de que los últimos esfuerzos desesperados de Pallomari por encontrar a su esposa habían puesto en riesgo la seguridad de ese apartamento. Sin duda, policías corruptos o sicarios del cártel ya debían de saber la dirección, o la sabrían pronto. Tal vez ya lo estaban vigilando.

Probablemente, pensó Jorge, una de las razones por las cuales Pallomari se había ido a Estados Unidos sin confirmar la muerte de su esposa, era que la seguridad de aquel piso franco estaba comprometida. No cabía ninguna duda de que Patricia estaba muerta. Jorge supuso que la habían matado igual que a la dulce Emilia, aquella noche, hacía un año ya. Tuvo que obligarse a pensar en otra cosa cuando imaginó los enormes ojos de Patricia mirándolo desde una bolsa de plástico.

Entre los sicarios que buscaban congraciarse con sus jefes, los policías corruptos que ya formaban parte de la nómina del cártel pero que estaban ansiosos de ganarse una bonificación, y los políticos poderosos que querían silenciar a un testigo, Jorge supuso que el número de personas buscándolo en Bogotá en ese momento bien podía ascender a mil o más. Incluso, dejando de lado el exceso de paranoia que lo invadía, tenía derecho a sentirse en peligro. La embajada los consideraba, a él y a Pallomari, los dos hombres más amenazados bajo protección de Estados Unidos. Les preocupaba que el gobierno colombiano quisiera bloquear la salida de Jorge y ejercer su derecho a interrogarlo, o incluso a procesarlo, antes de entregarlo a las autoridades estadounidenses. Esa era una de las razones por las cuales su salida del país todavía estaba en el limbo. Ya llevaba más de diez días esperando, desde su huida de Cali.

Jorge insistía en que la espera, larga o corta, transcurriera en un lugar realmente seguro. Y justo cuando estaba empezando a impacientarse otra vez, le dijeron que se preparara para marcharse el sábado. Estaba esperando que lo llevaran a un nuevo apartamento cuando llegaron dos camionetas negras blindadas a recogerlo. Agentes estadounidenses armados le ordenaron cortésmente que se echara en el suelo de uno de los vehículos. Cerrada la puerta, la camioneta aceleró y comenzó a circular sobre curvas pronunciadas y en medio de sacudidas dolorosas. Jorge sentía como si el conductor estuviera tomando atajos sobre cunetas y medianas, pero no podía saberlo a ciencia cierta, porque no veía nada.

Finalmente, el convoy se detuvo y los estadounidenses ayudaron a Jorge a levantarse y a salir de la camioneta. Se encontró en el complejo amurallado de la embajada de Estados Unidos, dentro de los mismos muros que casi había intentado penetrar con un disfraz dos meses antes. Tony Senneca salió a recibirlo, le estrechó la mano y le dijo que era un hombre de increíble valentía. Bromeó diciéndole que probablemente en ese momento era el hombre más buscado en Colombia por sicarios y policías corruptos. Y añadió, oficialmente:

—Solo quería decirle en persona que la gente de Estados Unidos está muy agradecida por lo que ha hecho.

Hasta ese momento Jorge supo que inmediatamente iba a salir del país. De nuevo, le pidieron que se echara en el suelo de una de las camionetas y no le permitieron levantar la cabeza hasta que entraron en el hangar que la embajada alquilaba en el aeropuerto.

Un Beechcraft bimotor de hélice, blanco, lo esperaba. Sus escoltas lo apremiaron a que subiese a la avioneta.

Una vez dentro, descubrió que podía escoger entre varios asientos, pues era el único pasajero. Se sentó delante, en el asiento más cercano a la cabina. Las puertas del hangar todavía estaban cerradas, pero el piloto y el copiloto lo invitaron a ponerse el cinturón de seguridad. Encendieron los motores y el piloto pidió a la torre permiso para despegar. Solo después de que recibieron el visto bueno, el piloto hizo la señal para que abrieran las enormes puertas. El avión salió a la luz y se dirigió deprisa al extremo de la pista que le habían asignado. Se situó en la pista y despegó de inmediato. A Jorge le pareció que no habían pasado más de tres o cuatro minutos entre la salida del hangar y el despegue.

La reluciente nave se alzó sobre Bogotá, con dirección norte, a unos nueve mil metros de altura. Por la ventana, Jorge vio cómo los imponentes Andes daban paso al exuberante paisaje verde del valle del río Magdalena y después a las tierras bajas de la costa caribeña. Bajo las alas del avión, Colombia iba quedando atrás rápidamente.

Jorge se marchaba del país con una mezcla de orgullo y de melancolía. Estaba orgulloso de su contribución a la caída del cártel de Cali, orgulloso de haber ayudado a salvar la vida de Pallomari, ufano por haber conducido a las autoridades hasta los documentos que demostraban la terrible corrupción de algunas instituciones y de muchos funcionarios del Estado, lo cual había desencadenado investigaciones, juicios, dimisiones de altos funcionarios oficiales y despidos masivos.

Se vislumbraban indicios de reformas, alimentados por una ola de indignación ciudadana. No sucedería de la noche a la mañana, pero la democracia imperfecta de Colombia parecía dar señales de recuperación.

Seis años y medio atrás, Jorge Salcedo había sido tentado por el cártel de Cali para cazar a Pablo Escobar, una misión que él consideraba un servicio a la patria del cual saldría convertido en héroe. Pero fue la entrega del capo que lo había contratado lo que lo convirtió en un paladín de la democracia colombiana.

El 26 de agosto de 1995, a bordo de un avión de la DEA y a punto de salir del espacio aéreo colombiano, Jorge era un héroe sin patria. Era consciente de que probablemente nunca regresaría y de que el costo de sus acciones sería el exilio permanente.

Era un momento desgarrador para toda su familia. Sus ancianos padres se habían visto obligados a huir del país al que el general tan orgullosamente había dedicado su vida a defender. No había manera de medir el costo de los amigos perdidos, de haber suspendido cualquier contacto con su numerosa familia y de la ruptura definitiva de los lazos con su comunidad.

Iban a esconderse en una tierra desconocida, donde por razones de seguridad tendrían que cambiarse el nombre y borrar su pasado. Pero estaban vivos. Jorge, Lena y los niños todavía tenían un futuro juntos, en alguna parte de Estados Unidos. Por esa posibilidad, elevó una plegaria en agradecimiento.

Era un día despejado y hermoso; ni una nube adornaba el cielo cuando la blanca aeronave sobrevoló Barranquilla y planeó sobre las aguas color turquesa del Caribe.

El hombre que solía ser Jorge Salcedo miró de nuevo por la ventanilla hacia la costa de su patria perdida y trató de convencerse de que no se arrepentía de nada de lo que había hecho.

TRASFONDO

HISTORIAS DETRÁS DE LA HISTORIA

Jorge y yo

No sé dónde vive Jorge Salcedo: ni la ciudad, ni el estado, ni la calle. No conozco a sus familiares ni sé sus nombres. Salcedo es el apellido que dejaron atrás en Colombia; las autoridades estadounidenses les proporcionaron nuevas identidades al acogerlos en el programa de protección de testigos, hace más de quince años. Después de casi mil horas de entrevistas muy reveladoras —casi todas por teléfono—, entre nosotros todavía existen muchos secretos.

El objetivo de esos secretos es proteger la vida de Jorge y de su familia. No puedo, por ejemplo, programar una cita con él. Durante los más de diez años que trabajé sobre esta historia solamente nos vimos tres veces, fuera de un tribunal federal, siempre a petición de Jorge y bajo estrictas medidas de seguridad establecidas por él.

Jorge es siempre quien llama; lo hace desde números restringidos o a través de teléfonos móviles desechables, para impedir que alguien rastree la llamada e identifique su ubicación. Antes de que accediera a participar en el proyecto de este libro, sus llamadas eran irregulares e impredecibles; sin embargo, produjeron cientos de horas de entrevistas a lo largo de ocho años. Durante ese período pasaban meses, incluso años, entre un contacto y otro. Más recientemente, durante el punto culminante del proyecto, sus llamadas se volvieron más frecuentes y prolongadas: duraban horas enteras. Jorge contestó a todas las preguntas que le hice.

Siento que somos amigos, aunque suene extraño, teniendo en cuenta que no sé dónde vive ni cómo se llama. Ahora nuestro contacto ha vuelto a disminuir, a medida que él regresa a la seguridad que le brindan la reclusión y el aislamiento.

Conocí a Jorge en un tribunal de distrito de Miami, en octubre de 1998. Él iba a comparecer, sin previo aviso, ante el juez federal William Hoeveler. Se había declarado culpable de extorsión y soborno y estaba en espera de que le decretaran libertad condicional. Hasta el día de hoy desconozco las fuentes que me alertaron sobre este procedimiento legal que tendría lugar al otro lado del país.

Esa mañana, Jorge estaba de pie en el estrado, flanqueado por dos fornidos alguaciles que hacían las veces de guardaespaldas. Era fácil verlo. Me dirigí a la barandilla que separaba al personal del tribunal y la galería, le ofrecí mi tarjeta de *Los Angeles Times* a uno de los alguaciles y le dije que quería presentarme al acusado. Jorge asintió y los guardas se hicieron a un lado.

Fue el inicio de un proyecto desafiante: una historia seductora, años de interrupciones frustrantes y contactos interrumpidos hasta llegar, doce años después, a este libro. Hasta donde ha sido posible, he corroborado la historia de Jorge con registros históricos, resultado de otras investigaciones y fuentes oficiales. La DEA me brindó un gran apoyo, permitiéndome acceder a sus registros y tener contacto con los agentes involucrados en el caso.

Esa audiencia de 1998 culminó para Jorge con cinco años de libertad condicional no vigilada. Los curtidos fiscales antinarcóticos dijeron que su petición de una pena tan ligera no tenía precedentes. Alabaron el valor de Jorge y los servicios que había prestado a Estados Unidos y a Colombia. Afuera del tribunal, en una conversación más casual, el fiscal Edward Ryan, levantando las manos como si llevara en ellas una pelota de baloncesto, me dijo: «¡Jorge tiene unos huevos de este tamaño!».

Desde nuestras primeras conversaciones, fue evidente que Jorge estaba ansioso por contar su versión. Quería, me dijo, que la historia y su familia supieran la verdad. Sus hijos eran muy pequeños cuando la familia huyó a Estados Unidos y él decidió —por seguridad y para no asustarlos— no contarles casi nada de su vida en Colombia, ni siquiera cuando fueron mayores. Ellos van a conocer la historia ahora, al leer este libro. Su esposa también encontrará aquí detalles que él nunca le contó. Debo mencionar que esa mujer no se llama Lena Duque. Es el único nombre ficticio del libro; lo cambié por razones de seguridad, para que su familia pueda continuar en el anonimato.

Jorge tiene la esperanza de que su experiencia con el cártel de Cali disuada a otros de hacer pactos con el diablo. «La gente debería saber lo que yo sé ahora —me dijo—. Mi historia debería empezar diciéndoles a todas las personas que si las invitan a formar parte de una organización como esa, digan que no y salgan a perderse. Una vez que se ha entrado allí, es imposible salir.»

WILLIAM C. REMPEL
24 de febrero de 2011

Epílogo

Conclusiones

Las relaciones entre los gobiernos de Colombia y Estados Unidos siguieron siendo difíciles después de 1995. La administración Clinton le revocó la visa al presidente Samper, tomando la inusual decisión de vetar al jefe de Estado de un país amigo debido a problemas de corrupción. La visa del general Zúñiga no fue renovada y el oficial se vio obligado a renunciar a su cargo como comandante general de las fuerzas militares después de que el gobierno norteamericano se negara a certificar a Colombia como su aliado en la lucha contra las drogas. Esto significó para el país la pérdida de miles de millones de dólares en préstamos y créditos. Samper se impuso a los esfuerzos de la justicia por destituirlo gracias al apoyo de los congresistas de su partido, el Liberal.

A continuación se menciona lo que ocurrió con otras personas involucradas con el cártel de Cali después del arresto de Miguel.

Jorge Salcedo

Al llegar a Estados Unidos, Jorge se reunió con su familia en un hotel Embassy Suites; todos, incluidos sus padres, desaparecieron al acogerse al programa de protección de testigos. La transición a su nueva vida se facilitó con una recompensa de 1,5 millones de dólares proporcionada por los gobiernos de Colombia y Estados Unidos. Sin embargo, la promesa de recibir la ciudadanía estadounidense sigue sin cumplirse más de quince años después.

Guillermo Pallomari

El contable del cártel dejó Colombia en un terrible estado de perturbación por la pérdida de su esposa, cuyo cadáver nunca apareció. Llegó a Florida con sus dos hijos y de inmediato fue sometido a una serie maratoniana de interrogatorios a cargo de Chris Feistl. Mencionó nombres, explicó documentos y brindó información incalculable sobre el personal y las operaciones de la organización. Dijo que durante sus últimos seis meses en el cártel siempre temió por su vida y la de su familia. Particularmente temía al jefe de seguridad, Jorge Salcedo.

—El que llamamos Richard... él estaba tratando de matarme —le dijo a Feistl.

—¿En serio? ¿Qué te hace pensar eso? —le preguntó el agente.

—Él era la mano derecha del Señor y, por lo tanto, la opción más probable. Además, una vez lo vi por la ventana afuera de mi departamento. Estoy seguro de que estaba tratando de encontrar una manera de matarme.

Feistl tomó algunas notas.

—Volveremos a ese tema más adelante —le dijo.

Los interrogatorios duraron más de una semana. El último día, Feistl cerró su libreta de notas y le hizo una pregunta final al contable.

—Guillermo, ¿sabes por qué estás aquí?

—Por supuesto —respondió, encogiéndose de hombros—. Porque tú y Dave me rescataron.

—No —respondió el agente—. Quien te salvó fue Salcedo.

—¿Qué quieres decir?

—Salcedo te salvó la vida.

—¡Eso es imposible!

—Se negó a marcharse de Colombia hasta que estuvieras a salvo. ¿Te acuerdas de los retenes de la policía que hubo en tu barrio los últimos días? Fue Jorge quien nos hizo saber que un sicario iba por ti y nos dijo dónde poner las barricadas para protegerte. También nos dijo dónde encontrar a tu esposa y nos presionó para que la contactáramos. Solo quería que lo supieras: la principal razón por la cual estás aquí, y no muerto, es Jorge Salcedo.

El interrogatorio había llegado a su fin.

El contable se convirtió en el testigo clave en los juicios contra los abogados estadounidenses que habían trabajado para el cártel. Sus declaraciones y sus testimonios jurados sirvieron de evidencia en otras investigaciones contra el cártel en Estados Unidos, Colombia, México y Europa. En Colombia, la evidencia proporcionada por Pallomari sirvió para juzgar a numerosos políticos y despedir a cientos de policías y militares. Con su ayuda, un destacamento de agentes federales logró rastrear, desenmascarar y desmantelar células del cártel en Estados Unidos. Como parte del acuerdo con las autoridades de ese país, Pallomari cumplió una corta sentencia en prisión y se acogió al programa de protección de testigos. Lo mismo que en el caso de Jorge, no sé cuál es su nombre actual, ni dónde se encuentra.

Los padrinos

Miguel y Gilberto Rodríguez Orejuela

Los esfuerzos conjuntos de las autoridades colombianas y estadounidenses para desmantelar el cártel de Cali se intensificaron después del arresto de los hermanos, en buena medida gracias a investigaciones basadas en la información provista por Guillermo Pallomari y Jorge Salcedo. En 1997, Colombia volvió a aprobar el tratado de extradición con Estados Unidos, pero solo para nacionales que hubieran cometido delitos de narcotráfico después del 17 de diciembre de ese año.

Los padrinos de Cali quedaron con la misma opción que habían tratado de negociar anteriormente con las autoridades colombianas: retirarse del narcotráfico sin temor a ser enjuiciados en Estados Unidos. Pero los hermanos Rodríguez Orejuela no se retiraron; por el contrario, convirtieron sus celdas en apartamentos de lujo y oficinas del cártel. Una redada de la policía encontró en ellas radioteléfonos, televisión por cable, equipos de sonido, alfombras y vinos franceses. «Estaban viviendo más como huéspedes en un hotel que como criminales en la cárcel La Picota», escribió Ron Chepesiuk en su libro *The Bullet or the Bribe*. Algunos días tenían decenas de visitas. *The Miami Herald* informó que en el lapso de una semana Gilberto recibió a ciento veintitrés personas que afirmaron formar parte de su equipo de abogados.

Para su desgracia, los Rodríguez Orejuela no tuvieron en cuenta lo frágil que había quedado el cártel. Pallomari y Jorge habían proporcionado tanta información, incluso sobre mensajeros, envíos y operativos de segunda categoría, que tanto las autoridades colombianas como las estadounidenses sabían a quién vigilar y qué buscar. Los investigadores confirmaron que los hermanos habían seguido manejando sus negocios de narcotráfico mucho después de 1997.

Los Rodríguez Orejuela fueron extraditados a Florida, primero Gilberto y después Miguel, lo que puso fin al largo y lucrativo reinado del cártel de Cali. En 2006, cuando ambos tenían más de sesenta años de edad, aceptaron entregar activos por más de 2.000 millones de dólares y fueron condenados a treinta años de prisión. En 2010, miembros de la familia dijeron a los medios colombianos que Gilberto padece problemas de colon y que Miguel está perdiendo la audición debido a su trabajo en la lavandería de la cárcel.

Si su pena es rebajada por buena conducta, podrían quedar libres alrededor del 9 de febrero de 2030.

José «Chepe» Santacruz Londoño

Después de su arresto en el restaurante Carbón de Palo de Bogotá, el tercero de los padrinos pasó seis meses en el pabellón de máxima seguridad de la cárcel La Picota, pero logró fugarse en enero de 1996, a base de sobornos. Se marchó a plena luz del día, al parecer fingiendo formar parte de un grupo de fiscales que habían ido a interrogarlo. El gobierno ofreció una recompensa de dos millones de dólares a quien diera información útil para su captura. Se rumoreaba que Chepe estaba tratando de formar una alianza con las FARC cuando alguien lo traicionó. Según informes oficiales, fue tiroteado en una emboscada de la policía cerca de Medellín, dos meses después de su fuga. Sin embargo, agentes de la DEA encontraron discrepancias significativas entre las declaraciones oficiales y la evidencia recogida en el sitio del tiroteo; esta indicaba que el padrino había sido torturado, y seguramente asesinado, antes de que la policía encontrara su cadáver acribillado. Los investigadores estadounidenses atribuyeron el crimen a traficantes de la zona de Medellín, enfurecidos por los intentos de Chepe de hacer una alianza con las FARC. Probablemente los asesinos robaron los dos millones de dólares en efectivo que, se decía, el padrino llevaba a todas partes en el maletero de su coche por si necesitaba realizar algún soborno de emergencia.

Hélmer «Pacho» Herrera

El cuarto de los padrinos fue el último en ir a prisión. Se entregó al general Serrano el primero de septiembre de 1996 y fue enviado a una cárcel cerca de Palmira, su ciudad natal. El 5 de noviembre de 1998, después de jugar a fútbol en el campo de la cárcel, un hombre que se había hecho pasar por abogado se acercó, sacó una pistola y le disparó cinco veces en la cara. Lo contrataron sus rivales del cártel del Norte del Valle. El asesinato desencadenó una terrible *vendetta* en la que cayó, en su celda, uno de los hermanos de Pacho. En 2001, los otros dos hermanos también murieron en la guerra entre narcos, uno en Venezuela y el otro en Ecuador.

PRINCIPALES FIGURAS DEL CÁRTEL DE CALI

William Rodríguez Abadía

Con su padre y su tío presos en una cárcel colombiana, las operaciones cotidianas del cártel quedaron a cargo del joven abogado, a quien alguna vez Jorge había aconsejado: «Sin importar lo que hagas, no heredes el trono». Mientras Miguel y Gilberto seguían dirigiendo la empresa criminal desde la prisión, William manejaba el imperio financiero de la familia, especialmente el blanqueo de dinero y los sobornos, igual de generosos a pesar del cambio de gerencia. También trató de cazar a Jorge, ofreciéndole dos millones de dólares a una amiga de la familia Salcedo para que le consiguiera su dirección en Estados Unidos.

Unos nueve meses después del arresto de Miguel, la supremacía de la familia Rodríguez Orejuela en el cártel fue desafiada. Un viernes de finales de mayo de 1996, William fue a almorzar a un elegante restaurante brasileño con su séquito habitual de amigos y guardaespaldas, entre ellos Óscar Echeverri, hermano de Martha Lucía; Darío Delgado, el antiguo asistente de Jorge, y Nicol Parra, su sicario favorito.

A la una y media de la tarde, sicarios provistos de armas con silenciador mataron a los dos guardaespaldas que vigilaban la entrada del restaurante. Al menos doce hombres con ametralladoras se levantaron de las mesas alrededor del grupo y dispararon a quemarropa. El ataque duró un instante.

CONCLUSIONES

Al principio parecía que todos habían muerto, hasta que William se puso de pie con mucho esfuerzo; Nicol Parra le había servido de escudo. Sin embargo, tenía heridas graves en el abdomen y tuvo que ser trasladado de urgencia a una clínica, donde fue sometido a una larga intervención quirúrgica. Solo él sobrevivió a la matanza.

Seis semanas después, los agentes Chris Feistl y Dave Mitchell comían en una pequeña pizzería del sur de Cali cuando un grupo de guardaespaldas entró al lugar escoltando a un hombre joven que cojeaba.

—Mira, ese es William —le dijo Feistl a su compañero—. Vamos a saludarlo.

Mitchell empezó a objetar, pero Feistl ya se había levantado e iba hacia la mesa del hijo de Miguel. Al llegar allí, se presentó y señaló a Mitchell, que estaba al otro lado del comedor.

—Nos alegra ver que está mejor —le dijo a William, que respondió con una sonrisa; él y sus guardaespaldas se mostraban muy amistosos. William incluso saludó con la mano a Mitchell, quien no pudo corresponderle porque tenía las manos ocupadas bajo la mesa amartillando un arma que llevaba en el regazo—. Solo quería decirle que nos gustaría ayudarlo. Si necesita tratamiento médico en Estados Unidos, hágamelo saber; puedo encargarme del trámite para conseguirle una visa médica.

Era un señuelo, por supuesto. Feistl sabía que William se enfrentaba a cargos en Estados Unidos, por lo que sería arrestado una vez que pusiera un pie en ese país, fuera cual fuera la razón del viaje. Probablemente el joven gángster lo sabía también.

—Gracias, pero me encuentro muy bien —respondió.

En 2006, cuando afrontaba la posibilidad de ser extraditado a Estados Unidos, William se entregó a las autoridades estadounidenses y accedió a testificar en contra de su padre y de su tío. Fue condenado a veintiún años de prisión, que se redujeron a ocho después de que él mismo ayudara a identificar más de mil millones de dólares de activos del cártel. Más adelante, su pena fue reducida aún más por buena conducta; salió libre a mediados de 2010. Se afirma que temía regresar a Colombia y que había solicitado a funcionarios estadounidenses que le permitieran acogerse con su familia al programa de protección de testigos.

Mayor Mario del Basto

Después de pagar una condena por espionaje debido a los documentos reservados del gobierno que tenía en su poder cuando fue arrestado en el campo de entrenamiento del América de Cali, el mayor Del Basto estuvo preso por enriquecimiento ilícito. Pasó siete años en cárceles de Colombia.

Guillermo Restrepo Gaviria, «Memo Lara»

El principal sicario del cártel de Cali afrontaba cargos en Estados Unidos por su relación por lo menos con dos asesinatos cometidos en ese país. En Colombia fue enjuiciado por delitos financieros relacionados con el narcotráfico y condenado a varios años de prisión en La Picota. Informes de inteligencia de los últimos diez años sostienen que se quedó ciego; sin embargo, las autoridades estadounidenses creen que está muerto.

Andrés «el Pecoso» Vélez

El fiel sicario que le contó a Jorge que había matado a uno de sus hermanos por haber traicionado a Miguel, al parecer fue asesinado en Cali un año después del arresto de los hermanos Rodríguez Orejuela.

Henry «el Gamín» Gaviria

El sicario responsable del escuadrón que asesinó a Claudio Endo fue acribillado en Cali a finales de 1995, al parecer por amigos de la familia Endo que querían vengar esa muerte. La secretaria de Claudio que le dio al Gamín el número del teléfono móvil de su jefe también fue asesinada.

OTROS EMPLEADOS DEL CÁRTEL DE CALI

Capitán Efrén Buitrago, «el Buitre»

El oficial del Bloque de Búsqueda fue despedido de la Policía Nacional después del arresto de Miguel, cuando Jorge y Pallomari proporcionaron evidencias de que formaba parte de la nómina del cártel. Su escolta, el cabo a quien Jorge apodaba la Sombra, también fue relevado.

José Estrada

El antiguo jefe de seguridad del cártel, que se había dedicado al envío y almacenamiento de droga, decidió pasar a la clandestinidad cuando las autoridades empezaron a sitiar a los padrinos. Sin embargo, fue arrestado unas seis semanas después de Miguel en una hacienda de Sabaneta, su pueblo natal, donde se escondía. Fue condenado a ocho años de prisión por enriquecimiento ilícito. El gobierno incautó sus bodegas y otros bienes y le impuso una multa de dos millones de dólares. Estuvo en la cárcel de Palmira tres años, tras los cuales se le otorgó la libertad condicional.

EPÍLOGO

Carlos «Pinchadito» Espinosa

El experto en telefonía que había instalado todos los conmutadores Panasonic de Miguel y se había asegurado de que sus llamadas no pudieran ser rastreadas, fue uno de los empleados de Telecom arrestados por colaborar con el cártel de Cali. Quedó en libertad después de pasar dos años en prisión y fue asesinado en 1999, al parecer debido a rumores de que había accedido a colaborar con las autoridades.

Enrique «el Gordo» Sánchez

Poco tiempo después de que Jorge se acogiera al programa de protección de testigos, agentes de la DEA le informaron que su hombre de mayor confianza había sido condenado a muerte por el cártel. De inmediato, Jorge lo buscó para advertirle que su vida corría peligro, le dio el nombre y el teléfono de un contacto de las FARC y le aconsejó que se entregara lo más pronto posible. Dos días después, fue asesinado por sicarios del cártel.

Ricardo Bilonick

El ex diplomático panameño cumplió una breve condena después de servir como testigo en el caso contra Manuel Antonio Noriega por narcotráfico. Una vez libre, regresó a Panamá, donde trabaja como abogado. Según un reportaje de *The New York Times*, Bilonick hizo en la Corte una declaración jurada en la que sostuvo que no había aceptado ningún soborno del cártel de Cali y calificó de «idiota» tal aseveración. En un intercambio de correos electrónicos que sostuve con él, se negó a hacer comentario alguno.

David Tomkins

El traficante de armas británico regresó a Estados Unidos en 2003 en busca de oportunidades comerciales en la guerra de Irak, pero fue arrestado en el Aeropuerto Internacional Bush de Houston por haber violado el código de exportaciones del país, delito derivado de su intento de comprar el cazabombardero ligero A-37 Dragonfly para el cártel de Cali. Se negó a colaborar con las autoridades, por lo que pasó casi treinta meses detenido, algunos de ellos en la cárcel donde estaba Manuel Antonio Noriega.

Tomkins sigue siendo un mercenario. En el intercambio de correos electrónicos que sostuve con él en 2010, respondió por sus misiones en Uganda y Somalia, pues a Colombia ya se refiere en sus memorias, *Dirty Combat*, publicadas en 2008. En ellas declaró: «Soy un gángster y siempre lo he sido. He tenido un estilo de vida con yates, Rolls Royces, caballos de carreras y clubes campestres... Soy ambiguo moralmente. No me voy a disculpar por nada y me importa un bledo lo que la gente piense de mí».

Peter McAleese

El ex sargento y paracaidista de las fuerzas especiales británicas se estableció en Birmingham y abrió una cadena de pubs, entre ellos el Gunmakers Arms, una edificación de estilo victoriano y ladrillo rojo ubicada en Small Heath. Sin embargo, continuó aceptando alguna que otra misión mercenaria. Por un tiempo, el viejo anticomunista trabajó en la Rusia postsoviética entrenando a guardaespaldas en técnicas de seguridad. Más recientemente, aceptó contratos privados como agente de seguridad en Argel y en Irak. En *No Mean Soldier*, sus memorias, publicadas en 1993, McAleese describe su participación en la misión fallida para matar a Pablo Escobar y cita las palabras de Theodore

Roosevelt sobre el hombre que lucha con valentía: «En el peor de los casos, si fracasa, por lo menos fracasa después de haberse arriesgado mucho».

Personajes antagónicos al cártel de Cali

Coronel Carlos Alfonso Velásquez

El estricto ex comandante del Bloque de Búsqueda en Cali sobrevivió el escándalo sexual orquestado por los padrinos y pasó a ocupar el puesto de jefe de estado mayor de la Brigada XVII, que cumplía funciones antiguerrilla en el nordeste del país. Su sueño de convertirse en general de la República se vio truncado definitivamente después de que informara a sus superiores que el comandante de la brigada tenía vínculos con los paramilitares de la zona. Acusado de ser demasiado amistoso con los grupos defensores de derechos humanos, fue obligado a renunciar al ejército el primero de enero de 1997. Más adelante se convirtió en profesor de comunicación y políticas públicas en la Universidad de la Sabana, en Bogotá.

Chris Feistl

El agente especial de la DEA permaneció en Colombia hasta 1997, cuando fue ascendido y trasladado al cuartel general de la agencia en Washington. Volvió a Bogotá para una segunda misión en 1999, y luego en 2004. Su última misión lo mantuvo en el país seis años. A mediados de 2010 se mudó a Arizona, para hacerse cargo de la oficina de la DEA en Phoenix.

David Mitchell

El agente especial de la DEA también trabajó en Bolivia. En 1997 fue ascendido y trasladado a Estados Unidos, donde se le asignaron labores administrativas en Miami y Tampa. Sigue vinculado a la DEA y trabaja como investigador antinarcóticos en el sur de Florida.

Jerry Salameh

Al igual que Mitchell y Feistl, fue ascendido y se marchó de Colombia en 1997 para asumir un cargo administrativo en el cuartel general de la DEA en Washington, desde donde supervisó el programa de la agencia para Colombia. Sigue vinculado a la DEA y trabaja como coordinador del destacamento antidroga asignado a Florida y el Caribe.

Edward «Eddie» Kacerosky

El agente especial del Servicio de Aduanas de Estados Unidos que declinó ascensos para pasar casi diez años investigando el cártel de Cali, y que hizo los preparativos para que Jorge Salcedo colaborara con la DEA, se retiró en 2006, después de treinta años de servicio. Una de sus funciones en sus últimos años de trabajo fue interrogar a los hermanos Rodríguez Orejuela. Eddie viajó a Colombia para acompañar a Gilberto cuando fue extraditado a Florida, en diciembre de 2004. Durante el vuelo, el padrino calificó a Kacerosky como «sabueso», lo que él interpretó peyorativamente. Pero Gilberto explicó: «No, para nada. No te estoy diciendo que seas un perro. Al contrario, es un cumplido». En 2005, cuando interrogó a Miguel, Kacerosky aprovechó la oportunidad para aclararle la verdad sobre las cuatro personas que habían sido asesinadas en la hacienda de Pacho diez años atrás: Rhadamés Trujillo no era informante de la DEA: «Mataron a las personas equivocadas», le dijo. En la actualidad, el ex agente trabaja como investigador privado en el sudeste de Estados Unidos y continúa abogando por la colaboración entre las diferentes agencias del gobierno. «El caso del cártel de Cali demuestra lo bien que funciona esa colaboración», afirma.

OTROS PERSONAJES

Íngrid Betancourt

La política que saltó a la fama internacional después de permanecer secuestrada por las FARC más de seis años reconoció haberse reunido con los padrinos de Cali en 1995. Aunque algunos detalles de su versión difieren de la que Jorge facilitó a las autoridades estadounidenses, ambos coinciden en la motivación del encuentro y los asistentes al mismo. Los Rodríguez Orejuela y Chepe Santacruz querían que se legislara una amnistía para los delitos de narcotráfico y ofrecieron para tal fin retribuciones económicas. En lo que parecía ser una clara invitación, Gilberto le dijo a Íngrid: «La mayoría de los representantes a la Cámara están en nuestra nómina».

Cuando le pregunté en una entrevista telefónica sobre el cheque que Santacruz le entregó a Lucio, Íngrid contestó: «Nunca vi el cheque, ni me enteré de que se lo hubieran dado a Carlos». Me dijo que durante las semanas posteriores a la reunión notó que Lucio se mostraba amistoso con los padrinos de Cali y con el presidente Samper, lo que rompió la amistad entre ellos. Más adelante, los medios de comunicación informaron que Lucio era un visitante habitual de los Rodríguez Orejuela en la cárcel;

cuando el Congreso juzgó a Samper por la presencia de dinero del cártel en su campaña, lo apoyó incondicionalmente. Betancourt, por el contrario, condenó públicamente al presidente por sus vínculos con el cártel de Cali y votó a favor de su destitución. Declaró que «el país está siendo gobernado por un delincuente». A pesar de todo, Samper se mantuvo en el poder; fue absuelto en el Congreso por ciento once votos contra cuarenta y tres.

Íngrid Betancourt procede de la clase alta; es hija de un diplomático adinerado y una reina de la belleza que se interesó por la política. En 1994 fue elegida a la Cámara y cuatro años después al Senado, con la votación más alta en la historia del país. En 2002 se lanzó como candidata a la presidencia. En campaña, fue secuestrada por las FARC en la antigua zona de distensión, donde se habían llevado a cabo los diálogos de paz entre el gobierno y esa guerrilla. Estuvo cautiva en la selva durante más de seis años hasta que el ejército la rescató en julio de 2008. *No hay silencio que no termine*, el libro en el cual cuenta su experiencia como rehén de las FARC, fue publicado en 2010.

General Manuel Antonio Noriega

El papel desempeñado por el cártel de Cali en el caso contra Noriega se hizo público durante los interrogatorios a Jorge Salcedo. Esa información desencadenó una serie de acciones legales que buscaron sin éxito echar abajo la condena del ex dictador panameño. Noriega estuvo preso en Estados Unidos veinte años, hasta 2010, cuando fue extraditado a Francia, donde purga una pena de siete años por blanqueo de dinero. Una vez que la cumpla, se enfrenta a la extradición a Panamá, donde lo espera una condena de setenta años por asesinato y corrupción.

EPÍLOGO

Joel Rosenthal

El abogado de Florida que trabajó con el cártel se declaró culpable de blanqueo de dinero en 1996 y obtuvo una reducción de su condena por haber colaborado con las autoridades y haber puesto en contacto a Jorge con los agentes de la DEA. En 2005 le fue devuelta su licencia y pudo reanudar su práctica en Miami.

UN ÚLTIMO MISTERIO

La muerte de César Yusti, el sicario que tenía a su cargo el asesinato de Pallomari, sigue siendo un misterio. Fue hallado muerto en su coche, con un balazo en la cabeza, la misma noche en que el contable fue trasladado a Bogotá por los agentes de la DEA. Desde el punto de vista de Jorge, fue como un milagro. Sospechaba, me confesó, que había sido un golpe de la CIA, pero los agentes Feistl y Mitchell negaron esta hipótesis, aunque no quisieron discutir el tema. «Quienquiera que lo haya hecho, es un ángel», le dijo Mitchell a Jorge al día siguiente por teléfono. Jorge sintió que el agente le estaba agradeciendo, pero asegura hasta el día de hoy no haber tenido nada que ver con la muerte de Yusti. Todo ese fin de semana, dice, lo pasó atrincherado en su apartamento, temiendo que sicarios del cártel vinieran a matarlos a él y a su familia.

Hasta ahora no hay evidencias que incriminen a nadie en la muerte de Yusti; sin embargo, autoridades colombianas de alto nivel especulan que este crimen pudo haber sido la primera bala disparada en la lucha de poder que se desencadenó entre el cártel de Cali y los traficantes del norte del Valle del Cauca. Es posible que la rivalidad entre ambos cárteles también estuviera detrás de la muerte de Chepe Santacruz y el atentado a William Rodríguez.

Agradecimientos

Me fue posible contar esta historia gracias al apoyo de *Los Angeles Times*, mi casa durante treinta y seis años. Mis reportajes para la edición impresa del periódico, que se extendieron durante casi una década, exigieron de la gerencia editorial más recursos y paciencia de los permitidos por los análisis costo-beneficio comunes en el periodismo contemporáneo. Algo muy distinto a la realidad que se vive en la mayoría de redacciones en Estados Unidos. La cobertura de historias difíciles siempre ha sido costosa, y los proyectos de investigación lo son aún más. Todavía se llevan a cabo, pero cada vez menos, debido a reducciones de personal, restricciones económicas y grupos mediáticos medrosos. *Los Angeles Times* también ha padecido estas situaciones, pero fue y sigue siendo una ambiciosa y extraordinaria organización informativa. Y merece el crédito por haber hecho posible esta historia.

Estoy particularmente agradecido con algunos editores y colegas del periódico que desempeñaron un papel primordial en este proyecto. Marc Duvoisin, subgerente editorial, corrigió y comentó mi reportaje original para el *Times* hasta que se fue a imprenta; más recientemente, sus valiosos consejos transformaron apartes significativos del manuscrito. Roger Smith, editor nacional del periódico y compañero de muchas de mis aventuras periodísticas, desde el comienzo contribuyó con sugerencias prácticas y apoyo moral. Scott Kraft, el anterior editor nacional, le vio el potencial a la historia y apoyó mis esfuerzos incluso antes de que fuera evidente que se podía desarrollar un libro a partir de ella. Nona Yates, antigua investigadora del *Times*, que a lo largo de los años me ha hecho brillar gracias a sus habilidades para recopilar información, colmó mis archivos con antecedentes importantes, documentos claves y datos fidedignos de todo tipo.

Este manuscrito también se benefició de la colaboración, sugerencias, críticas y apoyo de amigos y familiares. Gracias a William Blaylock, Lee Chemel, Doug Frantz y Cathy Collins, Paul Goldsmith, Jim y Lynn Kouf, Teresa Reyes, Brian Sun y Stacey Cohen, Jason, Lara y Emma. Estoy especialmente agradecido con Barbara Pierce, quien realizó la primera edición de todas las páginas de todos los borradores de este manuscrito... y mucho más.

Siempre estaré agradecido con los agentes especiales de la DEA Chris Feistl, David Mitchell y Jerry Salameh por brindarme generosamente su tiempo y contarme su versión de los hechos. También con Garrison Courtney y Michael Sanders, de la oficina de información pública de la DEA, por abrirme tantas puertas.

David Halpern, mi agente literario en The Robbins Office, Nueva York, ha sido un calificado defensor y asesor. Sus siempre sabios consejos y sus sugerencias han hecho de él un socio muy valiosos de este proyecto, además de un maravilloso amigo.

Agradezco especialmente a Will Murphy, mi editor en Random House, por su agudo sentido de la historia y sus exigentes críticas, que me impusieron un nivel alto. Su inquebrantable entusiasmo me estimuló durante las largas sesiones de reescritura.

Finalmente, y por encima de todo, gracias a Jorge.

Fuentes

Como ya se ha mencionado, esta historia se basa principalmente en los detalles que Jorge Salcedo, ex jefe de seguridad del cártel de Cali, me ha contado a lo largo de los años. Abogados y agentes de la DEA y del Servicio de Aduanas de Estados Unidos corroboraron lo que Jorge contó y me dieron acceso a documentos, reportajes y entrevistas con otros agentes y supervisores que estuvieron involucrados en el caso. También usé extensamente transcripciones del testimonio jurado de Guillermo Pallomari y otros registros de la Corte. Pude consultar información histórica adicional en los documentos públicos de los Archivos de Seguridad Nacional, en Washington.

Entre los medios de comunicación de Colombia que consulté con frecuencia están *Semana*, *El Tiempo* y *El País*. De Estados Unidos, la revista *Time*, *Los Angeles Times* y *The New York Times*, que me ofrecieron una cobertura contemporánea de la época. Pero la fuente que me parece mejor con diferencia, y la que más me sirvió para la preparación de este manuscrito, fueron los reportajes de Douglas Farah, corresponsal de *The Washington Post* en América Latina durante esos años.

Uno de los pocos libros que contienen información histórica extensa sobre el cártel de Cali es *The Bullet or the Bribe*, de Ron Chepesiuk, y su edición actualizada, *Drug Lords*. Los libros que cubren de manera más completa la historia de Pablo Escobar y el cártel de Medellín son *Killing Pablo*, de Mark Bowden, y *Whitewash*, de Simon Strong.

FUENTES

Entrevistas y correspondencia

Otras fuentes que contacté en persona, por teléfono o por correo electrónico para la preparación de este libro fueron Íngrid Betancourt, Ricardo Bilonick, Robert F. Dunlap —abogado defensor de Miami—, Chris Feistl, Robert S. Gelbard, Edward Kacerosky, David Mitchell, Joel Rosenthal, Edward Ryan, Jerry Salameh, Tony Senneca, Dean Shelley, Susan Snyder y David Tomkins.

Bibliografía

Betancourt, Íngrid, *Until Death Do Us Part. My Struggle to Reclaim Colombia*, Harper Collins, 2002.
Bowden, Mark, *Killing Pablo. The Hunt for the World's Greatest Outlaw*, Atlantic Monthly Press, 2001. [Hay trad. cast.: *Matar a Pablo Escobar*, RBA, Barcelona, 2001.]
Chaparro, Camilo, *Historia del cártel de Cali*, Intermedio, 2005.
Chepesiuk, Ron, *Drug Lords. The Rise and Fall of the Cali Cartel*, Milo Books Ltd., 2007.
—, *The Bullet or the Bribe. Taking Down Colombia's Cali Drug Cartel*, Praeger, 2003.
Clawson, Patrick L., y Rensselaer W. Lee III, *The Andean Cocaine Industry*, St. Martin's Press, 1996.
DiCanio, Margaret, *Encyclopedia of Violence*, Facts on File Inc., 1993.
Duzán, María Jimena, *Death Beat. A Colombian Journalist's Life inside the Cocaine Wars*, trad. de Peter Eisner, Harper Collins, 1994.
Eddy, Paul, Hugo Sabogal y Sara Walden, *The Cocaine Wars*, W.W. Norton & Co., 1988. [Hay trad. cast.: *Guerras de la cocaína*, Ediciones B, Barcelona, 1989.]
Escobar, Roberto, y David Fisher, *The Accountant's Story. Inside the Violent World of the Medellin Cartel as Told by Pablo Escobar's Brother*, Grand Central Publishing, 2009.

García Márquez, Gabriel, *News of a Kidnapping*, trad. de Edith Grossman, Penguin Books, 1998. [Hay trad. cast.: *Noticias de un secuestro*, Mondadori, Barcelona, 1996.]

Gugliotta, Guy, y Jeff Leen, *Kings of Cocaine: Inside the Medellin Cartel. An Astonishing True Story of Murder, Money, and Corruption*, Simon & Schuster, 1989. [Hay trad. cast.: *Los reyes de la cocaína*, Planeta, Barcelona, 1990.]

Hylton, Forrest, *Evil Hour in Colombia*, Verso, 2006.

Kenney, Michael, *From Pablo to Osama*, Pennsylvania State University Press, 2007.

Kirk, Robin, *More Terrible than Death. Massacres, Drugs and America's War in Colombia*, PublicAffairs, 2003. [Hay trad. cast.: *Más terrible que la muerte*, Paidós, Barcelona, 2005.]

Kohn, Michael, Robert Landon y Thomas Kohnstamm, *Colombia. A Lonely Planet Guide Book*, Lonely Planet Publications, 2006.

McAleese, Peter, *No Mean Soldier, The Story of the Ultimate Professional Soldier in the SAS and Other Forces*, Cassell Military Paperbacks, 2003.

McGee, Jim, y Brian Duffy, *Main Justice. The Men and Women who Enforce the Nation's Criminal Laws and Guard its Liberties*, Simon & Schuster, 1996.

Noriega, Manuel, y Peter Eisner, *America's Prisoner. The Memoirs of Manuel Noriega*, Random House, 1997.

Pollard, Peter, *Colombia Handbook*, Footprint Handbooks Limited, 1998.

Strong, Simon, *Whitewash. Pablo Escobar and the Cocaine Wars*, Pan Books, 1996.

Tomkins, David, *Dirty Combat. Secret Wars and Serious Misadventures*, Mainstream Publishing, 2008.

Vásquez Perdomo, María Eugenia, *My Life as a Colombian Revolutionary. Reflections of a Former Guerrilla*, trad. de Lorena Terando, Temple University Press, 2005.